KB262537

자선으로 리드하라

자선으로 리드하라

지은이 이미숙
1판 1쇄 인쇄 2012. 1. 3
1판 1쇄 발행 2012. 1. 11

발행처_ 김영사 ● **발행인_** 박은주 ● **등록번호_** 제406-2003-036호 ● **등록일자_** 1979. 5. 17 ● **주소_** 경기도 파주시 교하읍 문발리 출판단지 515-1 우편번호 413-756 ● **전화_** 마케팅부 031)955-3100, 편집부 031)955-3250 ● **팩시밀리_** 031)955-3111 ● 저작권자 ⓒ 이미숙, 2012 이 책의 저작권은 저자에게 있습니다. 저자와 출판사의 허락 없이 내용의 일부를 인용하거나 발췌하는 것을 금합니다.

값은 뒤표지에 있습니다. ISBN 978-89-349-5601-3 03300 ● 독자의견전화_ 031)955-3200 ● 홈페이지_ http://www.gimmyoung.com ● 이메일_ bestbook@gimmyoung.com ● 좋은 독자가 좋은 책을 만듭니다 ● 김영사는 독자 여러분의 의견에 항상 귀 기울이고 있습니다.

존경받는
부자의 조건은
무엇인가

자선으로 리드하라

Philanthropy goes Global

이미숙

김영사

김수환 추기경1922~2009은 강론서한집 《하늘나라에서 온 편지》에서 "인생에서 가장 긴 여행은 머리에서 마음에 이르는 여행"이라고 했다. 김 추기경은 "머리에서 좋다고 생각하는 것을 마음에까지 닿게 함으로써 마음이 움직여야 하는데, 그것이 잘 안 됩니다"라고 했다. 나는 김 추기경의 말씀이 나눔의 본질을 정말 잘 나타내고 있다고 생각한다. 누구나 생각은 쉽지만 실천이 어렵기 때문이다.

이 책 《자선으로 리드하라》는 나눔과 기부, 자선으로 세상의 변화를 이끄는 리더들에 대한 것이다. 이들이 나눔과 기부에 관여하게 된 계기는 저마다 다르다. 유년시절 어머니가 가르쳐준 지혜였다는 사람도 있고, 우연히 읽은 신문기사 덕분이라는 이도 있고, 삶의 어느 순간 섬광처럼 찾아온 깨달음이었다고 얘기하는 사람도 있다. 그들은 나눔을 시작한 경로는 다르지만 모두 생활 속에서 나눔을 실천하고 있다는 점에서는 같다.

요즘은 자선과 나눔이 시대정신처럼 받아들여지고 있다. 정주영

현대 명예회장의 10주기를 맞아 정몽준 전 한나라당 대표가 현대
가 인사들과 함께 5,000억 원을 기부해 아산나눔재단을 만든데 이
어 정몽구 현대자동차그룹 회장도 개인 재산 5,000억 원을 출연,
저소득층 대학생들의 학자금 지원 등을 위한 현대차정몽구재단을
만들었다.

청년들의 멘토로 활동하는 안철수 서울대 융합과학기술대학원
장도 1,500억 원 상당의 주식을 사회에 내놓겠다고 선언, 신선한
감동을 줬다. 2000년 아름다운재단을 창립해 '세상에서 가장 아름
다운 돈쓰기'라는 이름의 나눔운동을 벌여온 박원순 변호사는
2011년 10월 대통령 다음으로 영향력이 높다는 서울시장에 출마,
단번에 당선됐다. 나눔의 에너지로 세상을 이끄는 리더들에 대한
대중적 관심이 어느 정도인지 잘 드러내주는 현상이다. 자선을 통
해 신뢰를 받고, 그 신뢰를 바탕으로 세상을 이끄는 리더들의 활동
은 하나의 뚜렷한 트렌드가 되고 있다.

왜 우리는 나눔과 기부, 자선에 새롭게 관심을 갖게 됐을까.
1980년대 말 동유럽 붕괴 이후 전 세계적 차원의 글로벌화가 본격
화될 때만 해도 개인적·국가적 차원의 경쟁력이 최고의 화두였
다. 높은 경쟁력을 가질수록 경제적으로 더 많은 보상을 받을 수
있다는 얘기가 당연하게 받아들여졌다. 우리사회의 60%가 스스로
를 중산층이라고 생각하던 때만 해도 그런 인식은 사회적으로 인
정받는 가치였다. 20 대 80 사회라는 개념이 소개될 때만 해도 부
의 편중, 부익부 빈익빈에 대한 위기의식은 그리 크지 않았다. 나
눔이나 기부, 자선이란 용어는 인도주의적이거나 종교적인 소수
인사들이 관심을 갖는 활동 정도로 여겨졌다.

그러나 전 세계적 차원의 글로벌화가 본격화되면서 상황은 바뀌었다. 20 대 80 사회는 1대 99 사회로 양극화되는 추세이고 중산층은 점점 경쟁에서 낙오되어 중하층으로 전락하고 있다. 경쟁력 최우선주의 논리로는 지속가능한 사회 구축이 힘들어진 것이다. 이런 상황에서 나눔과 기부, 자선에 대한 사회적 관심이 뜨거워지는 것은 승자독식 Winner takes all 의 불안정한 사회가 아니라 낙오자들도 다시 일어설 수 있도록 배려하고 기회를 주는 사회로 가야 한다는 시대정신의 변화 때문이다.

이 책에서 소개하는 나눔의 리더들은 세상의 약자들에게 따뜻한 시선을 보내고 이들이 함께 나갈 수 있도록 힘을 만들어주는 사람들이다. 승자독식 사회의 불안정성은 결과적으로 우리 자신에게도 해를 입히지만 부자와 빈자가 협력하며 공존하는 세상에서는 모두가 평화롭게 살 수 있어 장기적으로 더 유리하다는 게 이들의 주장이다.

1부에서는 사람들이 왜 나눔과 기부에 참여하는지, 나눔은 왜 글로벌 현상이 됐는지에 대해 탐색하고 있다. 특히 빌 클린턴 전 미국 대통령이 글로벌 자선의 리더로 우뚝 서게 된 과정을 다뤘다.

2부는 삶 속에서 자선의 가치를 발견해 나눔운동에 나선 리더들에 대한 얘기다. 영화배우 안젤리나 졸리는 난민에 대한 동정심 속에서 시작한 난민보호운동을 통해 삶의 가치를 재발견했고, 조지 클루니는 스타 파워를 자선 에너지로 전환시키며 아프리카 수단의 수호천사가 됐다. 나눔과 기부, 자선은 삶에 대한 성찰 속에서 얻어지는 아주 개인적인 체험이라는 것을 느낄 수 있다.

3부는 돈을 기부하는 데서 한발 더 나아가 어떻게 하면 효과적으로, 더 가치있게 쓸 것인가를 고민하는 슈퍼 거부들의 생활을 탐구했다. 슈퍼 부자들의 기빙플레지기부서약운동를 주도한 빌 게이츠 마이크로소프트 전 회장과 워런 버핏 버크셔해서웨이 회장, 자선의 혁신성과 정치의 효율성을 동시에 추구한 억만장자 마이클 블룸버그 뉴욕시장, 하나의 스토리로 세상을 바꾸겠다는 제프 스콜, 익명의 기부를 실천해온 척 피니 등의 생생한 얘기들이 담겨 있다. 이들의 스토리는 돈 기부를 나눔운동의 전부라 생각하는 우리나라 슈퍼 부자들에게 방향성을 제시해준다. 또한 자선은 물질적 기부에 기부자의 철학과 구상이 함께 담겨야 비로소 완성된다는 것을 재확인할 수 있다. 특히 기빙플레지에 참여한 69명의 슈퍼 부자들이 재산은 자신들에게 어떤 의미이고 자선에 관심을 갖게 된 이유는 무엇인지 밝힌 편지는 감동적이다.

4부에서는 미국 자선의 오랜 전통을 만들어온 수많은 자선재단의 역사와 정주영 현대 명예회장 일가의 대를 이은 자선 얘기, 한국의 미래를 만드는 삼성꿈장학재단과 관정이종환장학재단에 대한 얘기가 담겨 있다. 자선의 불모지였던 우리나라에도 이제 한국의 록펠러, 한국의 카네기를 얘기할 만한 자선의 명가들이 형성되고 있음을 느낄 수 있다.

이 책은 원래 2004년 말 출간된 《존경받는 부자들》의 개정판을 내기 위한 작업으로 시작됐다. 존 D. 록펠러, 앤드류 카네기 등 미국 산업 시대의 영웅들이 자선을 통해 미국 사회의 문제점을 해소하려 했던 것처럼 우리도 나눔과 기부로 산업화의 역기능과 사회 문제를 해결할 수 있을 것이라는 게 당시 내 생각이었다. 그리고 6년이 지난 2010년 개정판 준비를 시작했다. 그해 5월 휴가 때 뉴욕의 파운데이션센터와 워싱턴의 브루킹스연구소 등을 방문하며 자선 관련 새 자료를 모았다.

찰스 암스트롱Charles Armstrong, 1961~ 컬럼비아대학교 역사학과 교수는 뉴욕에서 만났을 때《존경받는 부자들》에 대해 "미국에서 자선은 자연스러운 생활전통이어서 특별한 연구의 주제가 아닌데 자선의 관점에서 미국을 접근한 것은 아주 새로운 시도"라며 지속적인 연구를 권했다. 그의 격려 덕분에 개정판 준비 작업은 이내 새로운 책 쓰기로 발전했다.

책을 읽고 잡지를 보고 자료를 모으면서 미국적 특수성이 강했던 자선이 지난 6년 새 글로벌화의 진전과 더불어 전 세계적으로 퍼져 글로벌 현상이 됐다는 것을 발견했다. 아울러 자선으로 자신의 삶을 새롭게 변화시키고 세상을 이끄는 수많은 자선의 리더들을 만날 수 있었다. 2011년 9월 뉴욕에서 열린 클린턴 글로벌 이니셔티브 회의는 글로벌 나눔 리더십의 위력을 새롭게 확인하는 자리였다.

영어 자료와 책을 읽고 글을 쓰는 일은 생각보다 더뎠지만 지난 1년 여간 책을 쓰면서 행복했다. 세상 곳곳에서 활동하는 자선계 리더들의 생각이 왠지 마음에 와 닿았다. 돌이켜보니 7년 전 펴낸《존경받는 부자들》은 머리로 쓴 책이었다. 자선에 대한 주장과 당위가 너무 앞섰다는 반성이 든다. 그런데《자선으로 리드하라》는 작업을 하는 내내 행복했다. 머리에서 마음으로의 자선 여정을 펴고 있는 안젤리나 졸리, 힐러리 클린턴, 스티브 린튼, 조지 소로스, 빌 게이츠, 워런 버핏과 함께했기 때문일지도 모른다.

이제 그 행복을 독자들과 나누고 싶다. 이 책을 쓸 수 있도록 격

려해준 가족과 친구, 동료, 지인들, 그리고 흔쾌히 책을 출판해준
김영사 박은주 사장에게 감사의 마음을 전한다.

2012년 1월
이미숙

나눔은 세상을 바꾸는 스마트 파워다

변화를 꿈꾸는 이들이 벌이는 나눔과 기부

이 책《자선으로 리드하라》에서는 글로벌 현상이 된 나눔과 기부에 대해 다루려 한다. 세상의 모든 것이 연결된 글로벌 세계에서는 나쁜 것도 빨리 퍼지지만 좋은 것도 금방 번져나간다. 인터넷과 미디어의 발달로 세상의 모든 문제들이 속속 보도되면서 나눔과 기부 활동도 한 나라에 머물지 않고, 전 세계를 대상으로 이뤄지기 시작했다.

인도네시아에서 쓰나미가 났을 때 전 세계 사람들은 마치 자신의 일처럼 인도네시아 사람들의 삶을 덮친 재해에 마음 아파하며 돈을 기부했다. 아이티에서 지진이 났을 때도, 동일본 대지진과 후쿠시마 원전사고가 났을 때도 그랬다. 먼 나라에서 발생한 재난에 대해 서로 아파하고, 극복을 위한 지원을 함께하는 마음이 생겨난 것이다.

빌 게이츠 Bill Gates, 1955~를 대표로 하는 미국의 존경받는 부자들의 활동도 미국이 아닌 아프리카의 말라리아 퇴치, 인도의 에이즈 퇴치 등 글로벌 문제를 대상으로 한다. 이들의 활동은 또 글로벌 미디어를 통해 전 세계 각국으로 전파되어 모든 이들에게 알려지고 있으며 나아가 사람들은 게이츠의 활동에 공감해 또 다른 기부와 나눔에 나서고 있다.

이제 나눔과 기부는 한 사회, 한 국가 차원에서만 머물지 않고 글로벌 차원으로 확산되었다. 즉 한 국가의 시민으로서 나눔과 기부에 참여하는 동시에 글로벌 시민으로서 전 세계적 문제 해결을 위해 동참하고 있다. 나눔과 기부에 관한 한 국가의 울타리는 사라지고 있다.

나눔과 기부하면 생각나는 얘기가 있다. 일본의 작은 어촌 타이지에서 매년 자행되는 돌고래 학살을 고발한 루이 시호요스 감독의 다큐멘터리 영화 〈더 코브 The Cove〉 2009이다. 우리나라에는 '슬픈 돌고래의 진실'이란 부제목이 붙었던 이 영화에 이런 말이 나온다.

"세상을 바꾸는 것은 정부의 정책이 아니라 한 개인의 열정이다."

주인공들은 타이지에 숨어들어 돌고래 학살 장면을 촬영, 다큐멘터리 영화로 만들어 전 세계에 고발했다. 매년 3만 2,000마리의 야생돌고래가 타이지 해변에서 학살되는데 일본 정부는 돌고래 사냥 및 식용이 일본의 오랜 전통이라는 이유로 허용하고 있다. 일본 정부가 돌고래 학살정책을 바꿀 가능성이 없는 만큼 돌고래를 사랑하는 이들이 열정으로 똘똘 뭉치면 바꿀 수 있다는 메시지가 강하게 담긴 영화다.

나눔과 기부에 대한 얘기를 시작하기에 앞서 〈더 코브〉 스토리를 꺼낸 것은 많은 사람들이 나눔과 기부, 나아가 자선을 하는 이유가 크던 작던 '세상을 변화시키고 싶다'는 열망의 반영이라고 생각하기 때문이다.

스위스의 빌 게이츠로 불리는 억만장자 금융인 슈테판 슈미트하이니_{Stephan Schmidheiny, 1947~}는 "자선은 긍정적인 사회변화를 추구하는 도구"라고 말했다. 사회를 변화시키겠다는 열망을 갖고 자신의 돈과 열정, 에너지를 쏟아붓는 게 자선이라는 것이다. 듀크대학교의 자선 전문가 그렉 디스_{Greg Dees}도 나눔을 비슷하게 정의했다.

> "우리가 그저 단순히 돈을 기부하는 것이 아니라 우리가 살고 있는 이 세상을 변화시키기 위해 돈과 시간, 사회자본과 전문지식 등을 투입하는 것이라고 말할 수 있다."
>
> _Mattew Bishops & Michael Green, 《Philanthrocapitalism》, p. 97

불우한 이웃에 대한 동정심에서 나눔에 참여하거나 기부하는 이들도 많지만 거액을 기부하는 사람들에게 그 목적을 물으면 대개 '~을 위해서'라는 얘기를 한다. 가난한 사람이 없는 세상을 만들기 위한 것이든, 말라리아 퇴치를 위한 것이든, 에이즈 퇴치를 위한 것이든, 이들은 '~이 없는 세상'을 지향한다는 점에서 '세상을 변화시키려는 사람들'의 범주에 든다.

이런 측면에서 나는 《존경받는 사람들》에서 나눔을 실천하는 사람들을 마른땅에 비를 뿌리는 '레인 메이커_{Rain maker}'라고 봤지만, 이 책에서는 어떤 의미에서든 자신이 지향하는 쪽으로 '세상을 변화시키려는 사람들'로 규정하고 싶다. 전자가 '비를 뿌리는 행위'에 초점을 맞춘 과정적 개념이라면 후자는 '비가 뿌려짐으로써 나타나는 효과와 결과'에 초점을 맞춘 목적 지향적 개념이다.

어떤 변화를 꿈꾸나

많은 사람들은 변화를 꿈꾸며 다양한 일을 한다. 어떤 변화를 꿈꾸느냐에 따라 접근법도 달라진다.

김대중 전 대통령은 자서전에서 정치를 하게 된 동기를 "세상을 바꾸고 싶어서"라고 썼다. 김 전 대통령은 해방 후부터 6·25로 이어지는 혼란상을 접하면서 "부패한 사회를 바꿔야겠다"는 생각을 굳혔고 이런 이유로 정치에 뛰어든다. 김 전 대통령은 정치에 뜻을 두기 시작할 때 이미 성공한 청년 기업가였는데, 당시와 같은 사회 풍토에서는 기업으로 세상을 바꿀 수 없다고 판단, 정치에 투신한 것이다.

글로벌 세상을 바꾸자며 글로벌 자선운동가로 나선 빌 클린턴_{Bill Clinton, 1946~} 전 미국 대통령은 자선에 대한 책 《기빙_{Giving}》을 펴내면서 부제목을 '우리 각자의 나눔으로 세상을 바꾸는 법_{How Each of Us Can Change the World}'으로 정했다. 클린턴은 돈이 있는 사람은 돈을, 능력이 많은 사람은 재능을 기부해 세상을 바꾸자는 접근법을 쓰고 있다. 우리가 갖고 있는 돈과 시간, 물건, 기술, 아이디어 등을 세상에 내놓을 때 세상은 바뀔 수 있다는 것이다.

장하성1953- 고려대학교 경영대 교수는 "자본으로 자본주의를 바꾼다"는 말을 자주 한다. 장 교수가 삼성전자 등을 대상으로 소액주주운동을 시작한 것은 바로 오너 중심의 기업운영 풍토를 바꾸기 위한 시도였다. 여기엔 주주들의 목소리가 반영되어야 기업이 정상적으로 운영되고, 그런 과정을 통해 자본주의 시스템이 건강하게 운용될 수 있다는 믿음이 깔려 있는 것이다. 장 교수는 '자본으로 자본주의를 바꾼다'는 신념으로 경영학자로서 자신의 지혜와 경륜을 소액주주운동에 '기부'한 것인데 이미 우리 기업들의 행태는 소액주주운동 이전과 이후가 확연히 달라졌다. 자본으로 자본주의를 바꾸겠다는 그의 꿈이 현실화되고 있는 셈이다. 그는 또한 "상위 20%에 속하는 사람들이 하위 20%에 있는 사람들을 지원해야 한다"는 신념으로 '장하성 2020재단'을 만들어 자선활동을 시작했다. 그의 시선이 국내에 머물지 않고 글로벌 세계로 향하고 있다는 점도 주목할 만하다. 그의 재단 지원 목록에는 아시아 각국의 빈곤퇴치 관련 시민단체들이 포함되어 있다.

나눔과 기부, 자선은 어떤 변화를 꿈꾸느냐에 따라 어디에, 누구를 대상으로 활동할 것인가가 정해질 수 있다. 어린이 문제에 관심이 많은 사람은 유니세프 등 어린이 관련 재단이나 단체가 좋고, 버려지는 수많은 견공들을 생각한다면 유기견센터나 동물보호센터를 지원하려 할 것이다. 북한의 기아나 의료·보건 문제에 관심이 있다면 유진벨재단이나 우리민족서로돕기운동의 활동을 눈여겨볼 것이고, 국제분쟁이나 국제재해 해결 등의 이슈에 관심이 많다면 아프간 난민 지원이나 아이티 지진 구호운동을 위해 나눔과 기부활동을 하면 된다.

스티브 잡스Steve Jobs, 1955~2011 애플 최고경영자의 부인 로렌 파월 잡스1964~는 세 아이를 낳고 키우면서 샌프란시스코 팰로 앨토 지역에 비정부기구인 칼리지트랙College Track을 공동 설립, 운영하고 있다. 그녀는 43세 때인 1997년 지인들과 칼리지트랙을 설립했는데 당시 아들 리드는 6세, 딸 에린은 2세였다. 억만장자 기업인의 아내이기 전에 아이를 키우는 엄마로서 주변의 가난한 아이들이 대학 진학으로 어려움을 겪는 것을 보면서 마음이 아팠기 때문이라는 게 이 단체를 설립한 이유다. 그녀는 지난 10여 년간 칼리지트랙을 통해서 저소득층 학생 1,000명 이상을 대학에 진학시켰다. 그중 90%는 4년제 대학에 들어갔다.

로렌은 2008년 지역신문과의 인터뷰에서 "칼리지트랙 설립할 당시 어떻게 이 단체를 이끌어야 할지 몰랐지만, 소수인종 저소득층 학생들이 대학에 가기 어렵다는 현실에 화가 많이 나 있었다"고 회고한 바 있다. 가난한 집 아이들이 대학에 가지 못함으로써 결과적으로 빈곤의 늪에서 헤어나지 못하는 현실에 마음 아파하던 로렌은 아이들에게 대학 진학의 기회를 줌으로써 좀 더 나은 기회를 갖게 하겠다는 열정으로 이 일을 한 것이다.

잡스 부부는 칼리지트랙에 많은 돈을 기부해 운영을 도왔다. 현재 칼리지트랙은 팰로 앨토 외에 샌프란시스코, 오클랜드, 뉴올리언스 등에 지부가 있다. 스티브 잡스는 생전에 공개적으로 기부한 바가 없어 인색하다는 지적을 받아왔는데 사실 그의 부인 로렌을 통해 보이지 않는 기부를 해온 것이다. 잡스는 70억 달러의 유산을 남기고 타계했는데 로렌은 그의 유산 상속자라는 점에서 로렌의 자선활동은 앞으로 훨씬 더 강화될 것이라는 관측도 나오고 있다.

이처럼 나눔과 기부는 뭔가에 대한 문제의식에서 시작, 그것을 바꾸겠다는 열정으로 변화·발전한다. 그런데 여기서 한발 더 나아가 좀 더 적극적인 사회변화를 꿈꾼다면 문제는 달라진다. 어떤 변화를 꿈꾸느냐에 따라 정치적 성격을 띠게 되기 때문이다.

열린 사회의 대부인 조지 소로스 George Soros, 1930~ 는 1990년대 동유럽 민주화운동 때 민주화세력을 지원한데 이어 러시아와 우크라이나의 야당세력을 지원했고, 미국에서는 대선 때마다 반부시운동의 선봉에 서 왔다. 조지 W. 부시와 딕 체니로 대표되는 공화당 출신 정치인들이 미국의 민주주의를 위협하기 때문에 낙선운동을 해야 한다는 게 그의 논리였다. 이 때문에 미국의 공화당 지지자들이나 보수주의자들은 소로스를 보수주의의 공적으로 규정해 비판한다.

반면 에드윈 퓰너 Edwin Feulner, 1941~ 헤리티지재단 이사장은 미국 보수주의 가치를 전파하기 위해 헤리티지재단의 연구를 강화하며 이 재단을 미국 보수주의 운동의 핵심 싱크탱크로 키워온 인물이다. 그가 헤리티지재단을 미국 보수주의의 핵심기구로 키울 수 있었던 것은 수많은 독지가들이 미국 보수주의의 강화가 필요하다는 인식에서 이 재단에 크고 작은 기금을 출연했기 때문이다.

존 M. 올린재단은 보수주의 운동을 적극 지지하며 보수적인 성향의 학자들이 연구활동을 지속할 수 있도록 지원한다. 말하자면 보수주의의 강화를 위해 재단 차원에서 기부와 투자활동을 하는 셈이다.

미국만이 아니다. 우리나라에서도 이젠 인도주의 단체나 운동에 대한 지원이나 기부를 넘어서서 정치적 지향성 차이에 따른 나눔과 기부, 자선활동이 극명하게 드러나고 있다. 보수주의를 지지하는 층은 보수주의의 강화를 위한 싱크탱크나 단체 등에 대한 기부를 강화하고 있으며, 그 반대주의자들도 마찬가지다. 자신들이 꿈꾸는 사회를 미래에 실현시키기 위해, 재능과 시간, 돈을 투자하기 시작한 것이다.

세상을 한꺼번에 통째로 바꿀 수는 없다

자선과 나눔, 기부만으로 세상이 변할 수는 없다. 나는 모든 문제를 자선과 나눔, 기부로 환원시키는 교조적 자선주의자가 아니다. 나는 자선이 절대적이라고 보지는 않지만 나눔과 기부는 세상의 문제를 풀고 세상을 효과적으로 변화시키는 데 좋은 도구가 된다고 생각한다.

자선적 자본주의philanthrocapitalism란 용어가 생겨날 정도로 자선과 나눔이 기업활동의 한축이 되어야 한다는 주장도 제기되고 있다. 하지만 나는 그것을 절대적으로 보지 않는다. 기업의 사회적 책임에 대해선 필요하다고 생각하지만, 기업은 어디까지나 영리활동을 하는 주체이고, 수많은 근로자들을 고용하며 경제성장에 기여하는 것 자체가 기업의 존립 이유다. 물론 '고용과 나눔, 성장'을 동시에 추구하는 사회적 기업에 대한 논의가 본격화되고 있긴 하지만, 기업에 경제외적으로 과도한 사회적 의무를 부과하는 것은 결과적으로 기업의 발목을 잡게 되고 사회 전체적으로도 역기능이 생길 수 있다.

세상을 통째로 바꾸려면 아마도 볼셰비키혁명을 해야 할지 모른다. 그렇지만 현실사회주의의 일그러진 모습은 혁명가들이 주도해서 추진한 급격한 사회변화 시나리오가 웬만해선 성공할 수 없다는 것을 경험적으로 보여주고 있다. 젊었을 때엔 누구나 '혁명만이 이 세상을 바꿀 수 있다'는 믿음을 가져 보지만, 나이가 들면서 '세상은 한꺼번에 원하는 대로 바꿀 수도 없고 바뀌지도 않는다'는 사실을 깨닫는다. 자선은 혁명을 통한 사회변화의 가능성이 사라진 현실에서 그나마 현실사회를 미래지향적으로 바꿀 수 있는 하나의 수단인 것이다.

정치로 세상을 바꾸고 싶은 사람은 정치로, 휴머니즘만이 세상을 구원할 수 있다고 믿는 사람은 인도주의 운동으로, 돈으로 자본주의를 바꾸고 싶은 사람은 돈으로 그리고 문화로 세상을 바꿀 수 있다고 보는 사람은 문화로 세상을 변화시키는 운동을 할 것이다. 이 책에선 나눔과 기부, 자선을 통해 자신의 삶과 사회를 바꾸고 정치, 나아가 역사를 바꾸려고 시도하는 여러 사람들의 스토리를 다루고 있다.

독자들은 이 책을 통해 궁극적 목표, 변화를 지향해가는 자선의 다양한 얼굴들을 볼 수 있을 것이다. "사람은 누구든지 나눌 수 있는 무엇인가를 갖고 있다Everyone can give something." 빌 클린턴이 《기빙》에서 한 말이다. 나눌 것이 아무것도 없는 사람은 세상에 없다는 말인데 돈이 많은 사람이든, 시간이 많은 사람이든, 기술이 많은 사람이든, 누구나 자신이 갖고 있는 것을 타인을 위해 베풀고 나누면 된다는 말이기도 하다.

글로벌 나눔의 리더가 된 미국의 전직 대통령 클린턴은 이 같은 나눔 메시지를 전하기 위해 클린턴재단을 만들어 전 세계를 대상

으로 나눔운동을 벌이고 있다. 그는 슈퍼 부자들의 기부 행위에 초
점이 맞춰진 홍보성 이벤트 대신 기부를 하려는 사람과 기부가 필
요한 사람들을 이어주고 기부의 결과까지 꼼꼼히 점검하는 식으로
나눔운동을 전개하고 있다. 클린턴에게 나눔은 우리가 갖고 있는
그 무엇을 이웃과 나누는 것이다. 그 결과 나눔과 기부, 자선 에너
지는 세상을 좀 더 살기 좋게 변화시키는 동력이 되고 있다.

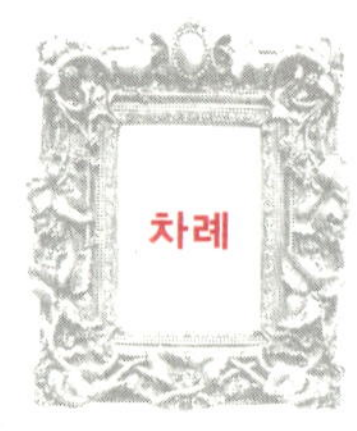

차례

2^부 세상이 나를 나눔으로 이끌었다

3^부 부자들의 스마트한 자선

4부 자선 휴머니즘이 희망이다

1부

글로벌 시대의 나눔 세계화 현상

1

존경받는 부자들은 왜 기부를 하는가?

나눔은 나를 기쁘게 한다

사람들은 왜 나눔에 참여할까. 나눌 때의 기쁨이 크기 때문일까. 아니면 어렵게 사는 이들에 대한 동정심 때문일까. 아니면 가진 것은 나눠야 한다는 도덕적 의무감 때문일까. 세상을 변화시키고 싶다는 열망 때문일까.

나눔의 동기에 대해서는 많은 논의가 있어 왔다. 철학자나 심리학자, 사회학자들은 나눔의 심리와 사회적 배경, 철학적 근원에 대해 물음을 던져왔다. 나눔과 기부를 왜 하는가 물으면 대부분 나눔이 가져오는 효과를 얘기하는 이들이 많다. 나눔으로써, 기부를 함으로써 기쁘고, 그 기쁨 때문에 또다시 더 많이 기부하게 된다는 것이다.

빌 클린턴은 저서 《기빙》에서 "남들과 나누면 행복해지는가"라는 질문을 던진 뒤 빌 게이츠, 영화배우 바브라 스트라이샌드, 뉴스코퍼레이션의 루퍼트 머독 등 기부에 적극적인 수많은 지인들의 이름을 거론하면서 "그들이 나눌 때 행복해 보였다"라고 썼다. 말하자면 타인을 위한 기부와 나눔이 행복을 가져다준다는 게 그의 지론이다.

2010년 국내에 번역·출간되어 100만 부가 팔린 베스트셀러 《정의란 무엇인가 What's the Right Thing to Do》의 저자 마이클 샌델 Michael Sandel, 1953~ 하버드대학교 교수는 자선에 대한 독일 철학자 임마누엘 칸트의 견해를 소개하고 있다. 칸트의 견해는 아주 특이하다. 샌델도 "칸트의 견해에서 가장 공감하기 어려운 부분은 타인을 도울 의무에 관한 것이 아닐까 싶다"는 단서를 단 채 소개할 정도다.

어떤 사람은 이타적이다. 이들은 타인에게 동정심을 느끼고 그들을 도우면서 쾌락을 느낀다. 칸트가 생각하기에 동정심에서 나온 선행은 "아무리 옳고 아무리 다정해도" 도덕적 가치가 떨어진다. 우리의 통념과는 정반대가 아닌가. 타인을 도우면서 쾌락을 느끼는 사람은 선한 사람이 아니던가? 칸트는 선한 사람이라고 대답할 것이다. 칸트도 동정심에서 우러난 행동이 잘못되었다고는 생각하지 않는다. 하지만 그는 타인을 도울 때, 쾌락을 느끼는 선행 동기와 의무 동기를 구별한다. 그리고 의무 동기만이 그 행동에 도덕적 가치를 부여한다고 주장한다. 이타주의자의 동정은 "칭찬과 격려를 받을 자격이 있지만 존중받을 수는 없다."

그렇다면 선행에 도덕적 가치를 부여하려면 무엇이 필요한가? 칸트는 한 가지 상황을 가정한다. 즉 이타주의자는 불행히도 어느 날 인류에 대한 사랑이 식어버려, 연민과 동정이 메마른 인간 혐오자가 된다. 그러나 이 냉정한 영혼은 자신의 무관심을 떨쳐내고, 다른 사람을 돕는다. 내키지는 않지만 '순전히 의무감에서' 타인을 돕는 것이다. 이때 비로소 인간의 행동은 도덕적 가치를 지닌다.

결론이 어째 좀 유별나다. 그렇다면 칸트가 인간 혐오자에게 도덕적 본보기라는 가치를 부여했다는 뜻일까? 엄밀히 말해 그건 아니다. 옳은 일을 하며 쾌락을 느낀다고 해서 그 행동의 도덕적 가치가 떨어지지는 않는다. 중요한 점은 선행의 동기가 그 행동이 옳기 때문이라야지, 쾌락을 주기 때문이어서는 안 된다는 것이다.

_마이클 샌델, 《정의란 무엇인가》, pp. 161~162

샌델은 "칸트의 결론이 좀 유별나다"고 평가했지만, 자선을 쾌락적 관점에서 접근하기보다 도덕적 가치 측면에서 접근해야 할 필요성을 제안한 것이라고 생각한다. 그러니 타인을 위하는 행위나 활동, 즉 나눔이나 기부가 좀 부담스럽더라도 한 개인이 공동체를 위한다는 의무감에서, 인간의 책무로서 접근할 필요성이 있다는 게 샌델의 주장이다.

미국 선아메리카보험 회장을 역임한 자선사업가 엘리 브로드Eli Broad, 1933~ 도 샌델 교수처럼 나눔을 부자의 책무식으로 접근한다. 그는 슈퍼 부자들의 기부서약운동인 '기빙플레지The Giving Pledge'에 참여하며 이렇게 썼다.

"엄청난 부의 축복을 받은 사람들은 행운을 얻은 사람들인데 보통 사람들은 그런 사람들이 사회에 대한 책임을 갖고 있다고 생각한다. 그런데 우리는 그것을 하나의 특권이라고 생각한다. 부의 축

기빙플레지 The Giving Pledge. 억만장자들이 재산의 절반 이상을 자선사업에 쓰겠다고 서약하는 것으로 빌 게이츠, 워런 버핏, 마이클 블룸버그 등 69명이 참여하고 있다

복을 자신이 살고 있는 커뮤니티나 지역사회, 국가, 전 세계에 되돌리는 것은 우리가 마땅히 해야 할 일이다. 비록 우리 부부가 풍족한 가정에서 태어나지 않았지만 우리 부모들은 우리에게 사회에 기부하는 것이 얼마나 중요한지, 우리보다 행운을 덜 가진 사람들을 돕는 일이 왜 중요한지를 가르쳐줬다.”

미국 사람들이 존경하는 투자가인 버크셔해서웨이의 회장 워런 버핏 Warren Buffett, 1930~ 은 310억 달러를 ‘빌&멜린다게이츠재단’에 기부하겠다고 발표, 세상을 놀라게 했다. 그런데 기부를 발표할 때 그의 표정은 너무나 담담해서 많은 재산을 내놓으면서 어떻게 그렇게 초연할 수 있을까 하는 생각이 들 정도였다. 그는 한 인터뷰에서 자신의 기부 이유를 이렇게 밝혔다.

“내 재능은 특별한 게 아니다. 나는 내 재산의 1% 미만만 갖고도 내가 하고 싶은 모든 일을 할 수 있다. 나는 아주 적합한 나라에 아주 적합한 시점에 태어나서 돈을 벌었을 뿐이다. 내가 해온 일은 교사나 군인들이 한 일에 비해서 너무 놀랄 정도로 많은 보상을 받았다. 그래서 그런 초과분을 사회에 돌리려는 것뿐이다. 내겐 의미 없는 가치를 사회에 돌리면 수많은 사람들이 혜택을 볼 수 있게 된다. 내가 진정으로 찬미하는 사람들은 적은 돈을 기부하는 사람들이다. 영화관에도 가고 싶고, 좋은 레스토랑에 가고 싶더라도 좀 더 필요로 하는 사람들을 위해 그런 욕망을 희생하고 기부한 것이다."

빌&멜린다게이츠재단의 공동 회장인 멜린다 게이츠는 자신들 부부가 자선사업을 벌이는 이유를 '책임'과 '열정'이란 측면에서 설명했다. 게이츠 부부는 슈퍼 부자들의 기빙플레지 때 쓴 서신에서 책임의 문제를 이렇게 얘기했다.

"우리는 우리가 꿈꿨던 것보다 훨씬 더 많은 자산을 갖게 되는 행운을 누렸으며, 이에 대해 감사하고 있다. 그러나 이러한 선물이 위대한 것만큼이나, 우리는 그 선물을 잘 활용해야겠다는 엄청난 책임감도 느낀다."

이들은 그렇다고 책임과 의무로서만 자선을 무겁게 접근하지는 않는다. 그것보다 중요한 것은 세상을 변화시키겠다는 열정이라고 말한다.

"자선을 생각할 때 가장 중요한 요소 중의 하나는 돈을 기부하는 사람들이 무언가에 대해 열정을 갖고 한다는 것이다. 열정이 없는 사람들은 자선을 하지 않는다." _〈월스트리트저널〉, 2000.6.16

무엇을 하겠다, 바꾸겠다는 열정이 가진 돈을 내놓게 하고 전심

Parents all over the world do their best to give their children great opportunities. They work to give their children every chance to pursue their own dreams.

However for too many parents, their dreams of giving their families better lives are dashed. In the United States, their children don't get the education they need to succeed in life. In the developing world, their children succumb to diseases that have long since been eradicated in rich countries.

Years ago, when we began to learn about global health, we were especially shocked to read that one highly preventable disease – rotavirus – was killing half a million children every year. Airplane crashes are always front-page news, yet here was a killer of half a million children every year, and most people couldn't put a name to it, much less put a stop to it.

We have committed the vast majority of our assets to the Bill & Melinda Gates Foundation to help stop preventable deaths such as these, and to tear down other barriers to health and education that prevent people from making the very most of their lives. Our animating principle is that all lives have equal value. Put another way, it means that we believe every child deserves the chance to grow up, to dream and do big things.

We have been blessed with good fortune beyond our wildest expectations, and we are profoundly grateful. But just as these gifts are great, so we feel a great responsibility to use them well. That is why we are so pleased to join in making an explicit commitment to the Giving Pledge.

The idea of the pledge came out of discussions we had with other givers about what they were doing, about what had worked in philanthropy and what had not worked. Everyone shared how giving had made their lives richer. Everyone who attended was inspired by listening to the others' passion and encouraged to do even more.

For the two of us, because we see amazing progress every day, but also, how much more work remains, we're honored to be a part of this pledge effort.

For example, to us, vaccines are miracles, tiny vessels of hope and promise. And the world has made progress in vaccinating millions of children. But there are still millions more who die of preventable diseases.

So we want to make sure lifesaving vaccines reach everyone who needs them, and that the world develops new vaccines.

We've seen similar progress in America's education system. We have visited schools that are breaking down old barriers and preparing every child for college and life. These are great schools—but there are not nearly enough of them. Now the task is to make sure that every student gets the same opportunity to succeed in college and in life.

Both of us were fortunate to grow up with parents who taught us some tremendously important values. Work hard. Show respect. Have a sense of humor. And if life happens to bless you with talent or treasure, you have a responsibility to use those gifts as well and as wisely as you possibly can. Now we hope to pass this example on to our own children.

We feel very lucky to have the chance to work together in giving back the resources we are stewards of. By joining the Giving Pledge effort, we're certain our giving will be more effective because of the time we will spend with this group. We look forward to sharing what a wonderful experience this has been for us and learning from the experience of others.

Best wishes,

Bill and Melinda Gates

빌 게이츠와 멜린다 게이츠의 기부서약 편지

전력으로 그 일에 투신하게 만든다는 것이다. 빌 게이츠 부부가 마이크로소프트에서 벌어들인 돈을 아프리카와 아시아 지역 건강보건사업에 투입하는 것은 치유 가능한 전염병으로 희생되는 사람들을 구하겠다는 열정이 있기 때문이다.

자선은 세상을 변화시키는 가장 창의적인 방법이다

세계적인 자선의 거장들이 얘기하는 '기부 이유'는 우리나라 사람들이 생각하는 이유와 크게 다르지 않다.

아름다운재단의 〈기빙코리아 2010〉에 따르면, 기부를 하는데 있어 영향을 미친 내적 동기가 무엇이냐는 질문에 대해 동정심 때문이라는 응답이 72.9%로 가장 높았고, 이어 개인적 행복감 65.4%, 시민으로서 사회에 대한 책임감 54.8%, 종교적 신념 36.6%순이었다. 기부의 가장 큰 동기가 행복, 사회적 책임감이라고 응답한 이들은 고학력·고소득 대도시 거주자들이 많았다면, 동정심이라고 응답한 층은 여성과 학생, 중소도시 서민층에서 상대적으로 높게 나타났다. 자선 행위를 하게 되는 동기는 서양이나 동양이나 큰 차이가 없고, 서양의 유명 인사나 한국의 평범한 사람들이 생각하는 자선에 대한 인식 또한 큰 차이가 없는 셈이다.

자선의 동기를 클린턴처럼 개인의 기쁨을 위한 행동으로 볼 수도 있고 칸트처럼 공동체를 위한 인간적 책무, 또는 버핏처럼 사회로부터 받은 것을 되갚는 행위로도 볼 수 있다. 하지만 그 궁극적 귀결점이 '자선을 통한 사회변화'를 추구한다는 점에서 목적은 동일하다. 즉 돈이든, 재능이든, 시간이든 자신이 가진 것을 내놓을 때의 생각은 조금씩 차이가 있을 수 있지만 기부와 자선이 추구하는 목표는 '변화지향'이라는 점에서 같다. 또한 그 변화에 대한 열정이 큰돈을 과감히 내놓게 만든다는 것이다.

여러 자선가 중에서 내가 존경하는 사람은 조지 소로스다. 내가 생각하는 나눔과 자선은 소로스적인 자선에 가깝다.

소로스는 자신의 자선을 정치를 위한 자선이라고 규정하면서 이렇게 밝힌 바 있다.

> "내 돈을 정부의 정책에 영향을 미치는 쪽으로 쓰고 싶었다. 사회적인 문제에 대해 발언해 정부의 정책을 바꾸도록 하는 일은 부자들의 책무다. 정치권력이 개선되는 게 가장 중요하기 때문이다."
>
> _Mattew Bishops & Michael Green, 《Philanthrocapitalism》, p. 247

조지 소로스는 닫힌사회를 열린사회로 바꾸기 위해 자선사업을 시작했다. 40대 초반에 3,000만 달러 이상의 부를 일군 뒤 '닫힌사회를 무너뜨리고 열린사회로 가겠다'는 생각을 했고, 이어 열린사회연구소를 만들어 열린사회를 위한 프로젝트를 구체화했다. 그는 벌어들인 돈을 동유럽 민주화 지원에 썼다. 체코슬로바키아의 77헌장그룹, 폴란드의 자유노조운동, 헝가리의 민주화운동 등 동유럽 공산주의 체제의 연쇄적인 붕괴 과정에서 주요 반체제 그룹들은 모두 그의 지원을 받았다. 동유럽 국가들이 수십 년에 걸친 공산주의의 그늘에서 벗어나는 것을 적극적으로 돕고, 동유럽의 닫힌사회를 열린사회로 만들겠다는 그의 목적은 동유럽 체제 변화 과정에서 큰 성공을 거뒀다. 〈월스트리트저널〉에 따르면 현재 그의 자산은 110억 달러에 달한다.

마이클 블룸버그 Michael Bloomberg, 1942~ 뉴욕시장은 자선을 '부유한 사람만이 갖는 특권'이라고 생각한다. 그는 〈뉴욕타임스〉와의 인터뷰2009. 1. 27에서 "자선사업은 책임이 아니라 있는 사람의 특권"이라면서 "나처럼 행운이 따랐던 이들에게는 나빴던 경제가 더욱 악화된 지금이야말로 재산을 사회에 환원할 수 있는 적기다"라고 말했다.

미국의 금융위기로 실업자가 늘고 많은 이들이 고통받을 때 좀 더 적극적으로 나눔과 기부에 참여함으로써 어려움에 빠진 이들을 돕겠다는 게 그의 생각이다. 젊은 시절 금융업을 통해 억만장자가 된 그는 뉴욕시장으로 일하면서 월급을 한 푼도 받지 않으면서도 매년 각종 사회단체에 많은 돈을 기부했다. 시장이자 자선사업가인 그는 금융위기 이후 기부액수를 대폭 늘렸다. 2008년 2억 3,500만 달러를 120개 단체에 기부한 데 이어 2009년엔 2억 5,400만 달러를 140개 단체에 기부했다.

블룸버그가 자선사업을 통한 변화를 정치 쪽에서 추구하게 된 것은 정치가 자선보다 좀 더 효율적으로 세상을 바꿀 수 있다는 믿음 때문이다. 일찍이 금융업으로 큰돈을 번 그는 전업적 자선사업가로 활동했으나 "세상을 변화시키는 데 자선사업가보다 뉴욕시장으로서 훨씬 더 많은 영향을 끼칠 수 있다"면서 정치에 뛰어들었다.

예컨대 그는 금연연구를 위해 1억 2,500만 달러를 기부한 적이 있는데, 그 효과는 미미했다. 반면 뉴욕시에서 흡연규제와 관련된 작은 법률을 통과시켰을 때 그 효과는 돈을 기부하는 것보다 더 직접적이었다는 게 그의 설명이다. 금연에 대한 그의 신념 덕분에 블룸버그가 뉴욕시장이 된 이후 뉴욕의 모든 공공시설은 물론 음식점 등 모든 건물 내 흡연이 금지됐다.

블룸버그 시장은 정치를 시작한 이후 더 열심히 자선사업을 하고 있다. 오랜 고민 끝에 막상 정치 쪽에 발을 들여놓고 보니 정치가 자선활동에 비해 효율적일 수는 있으나 혁신적이지는 못하다는 것을 실감했기 때문이었다. 정치가 자선활동에 비해 큰 영향을 미칠 수는 있지만, 정치는 입법 과정에서 수많은 정치적 흥정이 수반되어야 하기 때문에 혁신성이 많이 줄어든다는 것이다. 사회를 혁신적으로 변화시킬 수 있는 것은 정치가 아니라 자선활동임을 피부로 느낀 그는 한편으론 효율성이 중시되는 정치를 하면서 다른 한편으로는 정치보다 혁신적인 자선사업을 지속하고 있다. 효율성과 혁신성을 동시에 겸비한 스마트 자선을 추구하는 셈이다. 그는 〈월스트리트저널〉과의 인터뷰에서 2000. 6. 16 "내가 갖고 있는 가장 멋진 재정 계획의 목적은 이 수표가 어떤 이들을 위해 쓰일 수 있을까 생각하며 사인하는 데 있다"며 자선활동의 즐거움을 털어놓은 바 있다.

블룸버그가 경험을 통해 확인했듯이 나눔과 기부, 자선은 세상을 가장 창의적으로, 혁신적으로 변화시킬 수 있는 최상의 수단이다. 뭔가 꿈꾸는 게 있다면 자신의 시간과 재능, 돈을 투자해 실현시켜 나갈 수 있기 때문이다.

1. 기부를 하는 단체나 조직에 대해 깊은 신뢰를 갖고 있으며 진지한 기부 목적을 갖고 있다.

2. 기부를 하는 단체가 지역사회를 위해 매우 중요한 역할을 하는 곳임을 알고 있다.

3. 기부를 하는 단체에 대해 충성심과 애정을 갖고 있으며 동시에 그 조직에 대해 고마운 마음을 갖고 있다. 기부자들은 기부하는 조직과 일을 해온 사람들이며, 이사회 구성원들이거나 그들의 가족일 수도 있다.

4. 어떤 단체에 기부를 요청하는 사람들이 친구이거나 아니면 존경하는 사람들이기 때문에 기부를 한다. 요청을 받고 기부를 함으로써 기부자들은 그들의 친구나 존경하는 이들에 대한 지지를 보여주게 된다.

5. 기부하는 단체가 과거 해온 봉사활동에 대해 깊이 감사하기 때문이다. 또한 그 조직을 위해 자원봉사활동을 했던 사람들도 친근감을 갖고 기부를 한다.

6. 기부하는 단체가 지속적으로 지역사회의 공동선을 위해 봉사를 하며 임무를 수행하길 원한다.

7. 기부하는 단체의 이사회활동이나 자원봉사활동에 참여한 동료 그룹에 대해 감사를 표하고 싶다.

8. 자선과 기부를 할 때 세금감면 효과가 있다는 것을 알고 있으며 이를 통해 세금 문제에서 유리한 조건에 서고 싶다.

9. 한 단체를 지지하며, 그 단체를 위해 기부한다는 사실이 사회적으로 인식되고 평가받길 원한다.

10. 현재 이 시점에서 한 단체나 조직을 지지하고 기부를 하는 것이 옳은 일이라고 판단한다.

* 출처 = 기빙 인스티튜드 Giviang Institute

2

글로벌 공감 현상이
나눔 세계화의 힘이다

나눔은 더 이상 미국적 현상이 아니다

미국에 몇 달이라도 살아본 사람들은 미국인들의 삶 속에 뿌리내린 나눔의 전통을 체험하게 된다. 아마도 미국처럼 나눔과 기부가 일상의 생활문화가 된 나라는 지구상에 없을 것이다. 초등학교의 컴퓨터를 바꾸기 위한 모금 파티, 운동시설을 개선하기 위한 바자회, 학교기금을 모으기 위한 모금 파티, 교회나 사회단체의 자선 파티 등이 수시로 개최된다. 신기한 점은 이런 모임에서 도움을 요청받았을 때 누구나 스스럼없이 적게는 몇십 달러에서 많게는 몇백 달러를 흔쾌히 낸다는 점이다.

2005년 8월 허리케인 카트리나 재해가 발생한 뒤 시카고를 방문한 적이 있다. 추석 연휴를 시카고에서 보내기 위해 며칠 머물렀는

허리케인 카트리나 재해를 당한 뉴올리언스 지역 학생들을 돕기 위해 카트리나 쿠키를 파는 학생들.
왼쪽 맨끝이 저자

데, 거리에서 '카트리나 쿠키'를 파는 학생 그룹을 여럿 만났다. 초등학생들도 있었고 중학생들도 있었다. 네댓 명씩 모여 쿠키 좌판을 들고 다녔는데 의외로 많은 이들이 웃으면서 쿠키를 샀다. 시카고 미술관 앞에서 쿠키를 파는 중학생들에게 다가가 쿠키를 하나 집어 들고 10달러를 내면서 한 여학생에게 물었더니, "카트리나 재해를 당한 뉴올리언스 지역 학생들을 돕기 위해 친구들과 함께 쿠키를 만들어 팔고 있어요"라고 답했다. 우리나라의 경우 학교에서 수해기금을 모을 때 학생들은 대부분 엄마 아빠로부터 기금을 받아다 학교에 낸다. 내 경험으로 비춰볼 때 초등학교 때부터 고등학교 때까지 늘 수해의연금, 국군장병 위문성금 등을 그렇게 냈다. 그런데 미국에서는 학생들이 모여서 아이디어를 짜고 물건을 만들어 그것을 팔아 자체적으로 기금을 만든다.

나눔과 기부, 자선은 미국인들의 일상생활에 깊이 뿌리 내린 어떤 정서와도 같은 것이다.

프랑스의 귀족출신 학자 알렉시 드 토크빌은《미국의 민주주의》1835에서 "미국인들은 공동의 사회적 문제에 대응하기 위해 열심히 지역단체를 만든다"고 썼다. 유럽인들은 그런 일이 있을 때 국가와 정부에 의존하는 데 반해 미국인들은 나눔과 기부, 자선을 통해 해결한다. 토크빌적 관점에서 볼 때 나눔은 '나라도 해결 못할 사회적 문제를 시민들이 자발적으로 해결하려 한 활동'으로 볼 수 있다. 이 같은 자선과 기부의 전통은 지속적으로 이어지고 있으며 경제가 좋을 때나 어려울 때나 큰 변화가 없다.

미국에서 재해나 사고가 났을 때 신고하는 긴급대응 시스템인 911은 미국 연방정부가 만든 게 아니다. 애틀랜타의 로버트우드존슨재단이 처음 시작, 전국적인 시스템을 갖추게 됐다. 미국의 공영방송 PBS는 앤드류 카네기가 만든 카네기재단에서 초기재원을 댔다. 영국의 BBC가 정부예산으로 움직이는 것과는 천양지차인 것이다.

미국 NGO 협의체인 인디펜던트섹터 Independent Sector가 지난 1980년 실시한 미국의 기부 및 자원봉사에 대한 여론조사에 따르면 미국인의 13%약 2,000만 명는 연간 수입의 5%를 사회단체에 기부하고 있으며, 14%약 2,300만 명는 주 5시간 이상 자원봉사를 하고 있다. 또한 보통 미국인들의 90%는 NGO 등 사회단체에 수입의 2%를 기부하고 50% 이상은 주 2시간 이상을 자원봉사활동에 쓰고 있는 것으로 나타났다. 또 중산층과 중하층을 이루는 보통 사람들의 기부총액이 상류 부유층 인사들의 기부액보다 크다.

인디펜던트섹터는 16년 뒤인 1996년 다시 여론조사를 실시했는데 이 조사에 따르면 68.5%의 가구가 자선기관에 돈을 기부하고 있으며 평균 기부액은 가구당 1,017달러였다. 이것을 백분율로 환산하면 각 가정 연평균 수입의 2.2%를 기부하는 것으로 볼 수 있다. 특이한 점은 자선과 기부활동에 적극적인 이들은 소수의 부자들이라기보다 연봉 4~5만 달러 안팎을 버는 보통 사람들이라는 점이다. 부자들의 활동은 명사로서 쉽게 드러나기 때문에 몇 명만해도 눈에 띄지만 보통 사람들의 기부활동은 미국 사회를 수호하는 보이지 않는 아름다운 손들이다. 미국 사회의 부유층 가운데 기부활동에 참여하는 사람들은 2% 안팎이지만 보통 사람들은 70% 이상 자선활동에 참여한다.

미국인들의 연간 자선기금 액수도 매년 그 기록을 갈아치우고 있다. 미국의 자선모금액은 1990년대 초 1,000억 달러를 돌파한데 이어 1996년 1,390억 달러, 1999년 1,700억 달러가 걷혔고, 2000년 뉴밀레니엄을 맞아 2,000억 달러를 돌파했다. 그리고 이 같은 기부 액수는 2009년 2,908억 달러를 기록, 3,000달러대에 근접하고 있다.

웬만한 나라의 무역수출액보다도 더 많은 돈을 기부하고 있는 게 미국인들이다. 이 때문에 많은 자선과 기부는 미국적 현상, 미국에서나 볼 수 있는 특수한 현상이라는 게 일반적 얘기였다. 《존경받는 부자들》에서도 '자선과 기부는 미국적인 특수 현상'이라는 관점에서 접근했다. 미국이 자선과 기부로 사회의 여러 문제를 극복했듯이 우리나라도 자선과 기부를 강화해 사회양극화 등의 문제를 풀자는 게 당시의 생각이었다. 그런데 미국의 고유한 특성이던 자선과 기부 현상이 최근 들어선 글로벌 사회의 진전과 더불어 전 세계적 현상이 됐다.

나눔은 더 이상 부자들만의 특권이 아니다

자선과 기부가 미국적 현상에서 글로벌 현상으로 변화하게 된 원인은 무엇일까. 빌 클린턴은 《기빙》에서 미국적 특수 현상이던 자선과 기부가 글로벌 현상으로 변화된 원인을 설명했는데 상당히 설득력이 있다.

첫째, 인터넷의 급속한 확산으로 글로벌 매스미디어 문화가 발전하게 되면서 지구상의 모든 문제들이 실시간으로 전 세계인들에게 공유되고 있다.

클린턴은 자신이 대통령에 취임했던 1993년 당시 인터넷 웹사이트의 숫자가 50개 정도였는데 퇴임하던 2002년엔 900만 개로 불어났고 2007년 후반엔 그 수를 헤아리기 어려울 정도, 즉 수천만 개로 확산됐다고 기록했다. 인터넷과 미디어의 발달로 세상의 모든 문제들이 속속 전달되면서 나눔과 기부활동도 한 나라에 머물지 않고, 전 세계를 대상으로 이뤄지기 시작했다.

둘째, 1990년대 초 냉전이 종식되

빌 클린턴의 자선관을 엿볼 수 있는 책 《기빙》

면서 전 세계적으로 독재 체제가 막을 내리고 민주주의 정부수립이 확산되면서 비정부기구NGO의 활동이 급속히 확산됐다. 각국의 NGO들이 글로벌 매스미디어 문화의 확산 속에서 그 수가 크게 증가하자 자선과 기부, 나눔에 대한 인식도 함께 확산된 것이다.

클린턴은 자신이 대통령에 취임했던 1993년과 퇴임하던 2002년, 그리고 최근 중국과 러시아의 NGO 숫자, 인터넷 웹사이트 개수를 비교했다. 1993년 중·러 양국에는 실질적인 NGO가 한 개도 없었지만, 그가 《기빙》을 집필하던 2007년에는 중국에 28만 개, 러시아에 40만 개의 NGO가 등록됐다는 것이다. 미국 또한 마찬가지의 변화를 겪고 있다. 2007년 미국에 100만 개 이상의 자선단체가 있었는데, 이것은 2000년 초반에 비해 2배 이상 늘어난 것이다. 말하자면 지난 10년간 NGO운동이나 인터넷 문화가 각국에서 대폭발 현상을 일으켰다는 게 확인된 셈이다.

셋째, 정보통신기술IT 혁명 속에서 천문학적인 돈을 번 IT 분야의 억만장자들이 전 세계를 대상으로 자선 및 기부활동을 벌이고 있는 점도 주목할 만하다. 글로벌 비즈니스를 통해 거대한 부를 축적한 이들은 자선 및 기부활동도 글로벌 세상을 대상으로 실행, 글로벌 자선운동을 본격화했다. 글로벌 거부들은 자신의 재산 상당 부분을 자국의 국민들에게 기부하는 것과 동시에 개발도상국의 빈곤, 질병, 문맹에 빠져 있는 사람들에게 기부해 그들이 숙명과 같은 가난에서 빠져나오도록 돕고 있다.

넷째, 네티즌의 인터넷 기부가 보편화되면서 전 세계 현안에 대한 글로벌 기부활동이 활성화되었다. 세계 각국의 네티즌들은 글로벌 재난이 발생했을 때 다양한 구호단체에 인터넷 기부를 한다.

액수는 많지 않아도 공동의 관심사에 대해 소액 기부를 하는 사례
가 많아졌다.

인도네시아에서 쓰나미가 발생했을 때 전 세계 사람들은 인도네
시아 사람들이 재해로 고통받고 있는 현장을 눈으로 생생하게 보면
서 이들이 쓰나미를 극복할 수 있도록 돈을 기부했다. 미국인들은
순식간에 기금을 모아 10억 달러 이상을 지원했다. 미국의 가구 중
30% 이상이 기부했는데 그중 절반은 인터넷을 통한 기부였다. 이
같은 기부 현상은 다른 선진국에서도 비슷하게 일어났다. 특히 영
국과 호주, 뉴질랜드, 스칸디나비아 반도의 국가에서는 쓰나미 희
생자에 자국의 국민들이 포함되자 더 많은 기부를 하기도 했다. 아
이티에 지진이 났을 때도 마찬가지였다. 먼 나라에서 발생한 재난
에 대해 서로 아파하고, 극복을 위한 지원을 함께하는 마음이 생겨
난 것이다.

글로벌 차원에서 이뤄지는 나눔과 기부는 역사적 부채를 안고
있는 한국과 일본의 관계도 변화시키고 있다. 폐쇄적인 경제대국
일본의 사회적 관행과 법제마저 바꾸고 있다.

일본은 그간 외국에 재난 지원을 하면서도 외국으로부터는 어떤
지원도 받지 않는 전통을 유지해왔다. 1995년 고베 대지진 때 외국
의 구호요원 파견과 지원을 정중하게 거절한 것은 잘 알려진 사실
이다. 그런데 일본 동북 지역의 후쿠시마 대지진과 연이은 원자로
사고 이후 이 같은 문화가 바뀌었다. 재해 규모가 상상을 초월하는
수준이라는 점이 감안된 조치겠지만 일본은 외국의 지원을 수용하
기 시작했고 한국 사람들은 역사적 부담감을 뒤로하고 구호성금을
냈다. 후쿠시마 대지진 때 한국인들이 일본에 기부한 기금은 940억

원이다. 2011년 9월 도쿄에서 열린 '한일 저널리스트 다이얼로그'에 참석했을 때 일본의 대학 교수들과 언론인들은 "한국인의 따뜻한 마음에 감동했다"면서 이에 대한 감사의 표시를 먼저 했다. 유례없는 재난에 대해선 글로벌 시민으로서 서로 돕고 나눈다는 새로운 흐름이 한일 양국민이 갖고 있던 과거사의 불편함, 역사의 부담감도 극복하게 만든 셈이다.

후쿠시마 원전사고 이후 나타난 더 큰 변화는 전통적으로 비영리 자선단체의 활동에 대해 우호적이지 않았던 일본 정부가 비영리기구의 중요성에 대해 새롭게 눈을 뜨고 적극적인 지원 쪽으로 돌아섰다는 점이다. 일본은 경제대국임에도 불구하고 글로벌 트렌드에 뒤처지는 관행을 유지해왔는데 천재지변과 같은 후쿠시마 원전사고는 기부와 자선 면에서 닫혀 있던 일본의 옛 관행을 깨는 의외의 역할도 한 셈이다.

〈이코노미스트〉2011. 7. 9~15에 따르면 일본에는 9만 여개의 비영리기구가 있는데 이 가운데 223개만이 세제혜택을 받아왔다. 서구의 자선단체나 자선재단들은 대부분 세제혜택을 받고 있으나, 일본은 자선재단에 세제혜택을 부여하지 않는 게 관행으로 지속됐다. 영국의 경우 세제혜택을 받은 비영리기구나 재단이 16만 개, 미국의 경우 180만 개인 것과 비교할 때 일본은 경제적으로 G2, G3를 다투면서도 자선과 기부 면에서는 후진국이었던 셈이다. 이뿐만이 아니다. 일본의 모든 비영리기구나 재단은 5년 내 기부 받은 기금의 70%를 써야 한다는 규정 때문에 재단을 설립하는 것 자체가 거의 불가능한 게 현실이었다. 그런데 후쿠시마 사태 이후 이 같은 엄격하고 배타적인 규정이 현실에 맞지 않는다는 지적 속에서

2011년 6월 22일 비영리기구에 세제혜택을 부여하는 내용의 법이 통과됐다. 이에 따라 앞으로 일본의 재단이나 단체의 70%가 세제혜택을 받게 될 전망이다. 현재 재단이나 단체에 기부할 때 10% 이하밖에 세제혜택을 보지 못하던 것이 앞으로는 70% 이상이 혜택을 받을 수 있게 될 것으로 기대된다.

글로벌 트렌드에 상관없다는 자세로 일관해온 고루한 일본의 정부 관리와 의회가 법을 바꾸게 된 것은 후쿠시마 재난이 정부차원에서 해결해낼 수 있는 범위를 넘어선 엄청난 것이라는 점, 그리고 무엇보다도 일본의 시민들이 기부와 자선, 자원봉사에 대한 글로벌 트렌드를 실천하기 위해 후쿠시마 지원에 나섰기 때문이다. 〈이코노미스트〉에 따르면 일본의 다양한 비정부기구들에 소속된 48만 명의 자원봉사자들은 국내법의 제약에도 불구하고 후쿠시마 지원에 나섰고, 한국을 비롯한 각국의 네티즌들은 후쿠시마 지원을 위한 기금을 보냈다. 이 같은 글로벌 피플 파워가 일본의 정부와 의회까지 바꿔놓은 셈이다. 2000년대 초반까지만 해도 '자선은 미국적 특수 현상'이라고 설명할 수 있었지만 2010년을 넘어서면서 더 이상 그런 명제는 성립하지 않게 되었다. 자선이 세계화가 본격적으로 시작되면서 글로벌 현상으로 발전했다는 것을 여기서도 확인할 수 있다.

나는 《존경받는 부자들》에서 "미국은 인색해도 미국 사람들은 다른 나라 사람들보다 너그럽다"고 썼는데, 이것 또한 '글로벌 국가들은 여전히 인색해도 글로벌 시민들은 너그럽다'로 정정해야 할 것 같다. 20세기가 미국 중심의 자선혁명 시대였다면 이제 21세기는 글로벌 자선혁명의 시대가 됐기 때문이다. 세계 여러 곳의 어려운 이웃들을 위해 기부하고 자원봉사를 한다는 것은 21세기 글로벌 네티즌들의 기본 덕목이 됐고, 이들은 기부와 자원봉사활동에 장애가 되는 법제와 의식마저도 거침없이 변화시키고 있다.

20세기 미국에서 자선은 부유한 엘리트층의 독특한 문화이자 생활 스타일이었는데, 유럽과 달리 귀족적 전통이 없는 미국에서 자선주의는 엘리트들이 분리된 문화를 만들어가는 하나의 기제였다는 분석이 있다. 오스틴텍사스대학교 자선 전문가 프란시 오스트로어 Francie Ostrower는 뉴욕 부자들의 기부문화를 분석한 저서《부자들은 왜 기부하는가: 엘리트 자선사업의 문화적 배경》에서 "귀족 계급이 존재하지 않는 중산층의 문화 속에서 엘리트들은 자선을 통해 자신들만의 문화를 만들어갔다"고 설명한 바 있다. 충분한 돈을 기부할 수 없는 사람은 부유한 엘리트들이 모이는 기부 파티에 접근할 수 없어 결과적으로 그들은 상류층 문화에서 배제된다는 것이다. 그런데 이런 폐쇄적인 문화가 인터넷 매체가 발전하고 글로벌 시대가 열리면서 점점 개방되어 이제 자선은 누구나 즐기는 세계인의 생활 스타일이 됐다. 평등하고 민주적인 가치가 강조되는 글로벌 시대에 자선은 소셜 네트워크와 인터넷을 통해서 액수에 구애받지 않고 즐겁게 전개되는 하나의 문화가 되었다.

3

클린턴은 왜
글로벌 나눔 리더가 됐을까

모든 사람은 봉사를 통해 위대해질 수 있다

미국의 대통령들은 세계 최고의 지도자로 항상 최상의 대접을 받게 된다. 세계 최강국 미국을 움직이는 리더답게 언제 어디를 가나 스포트라이트를 받지만 퇴임 후엔 모든 게 달라진다. 세상을 호령하던 대통령도 물러나는 순간 평범한 시민이 된다. 8년간 에어포스원을 타고 다니며 특별경호를 받았던 조지 W. 부시 대통령이 퇴임 후 방한할 때 인천공항을 통해 입국하는 모습을 본 사람이라면 만감이 교차했을 것이다. 노타이 차림의 평범한 중년 신사인 그는 자신의 짐 가방을 직접 끌고 세관을 통과했다. 그 어떤 스포트라이트도 없었다.

빌 클린턴은 대통령직에서 물러난 지 10년이 되었지만 그의 인기는 여전하다. 현직에 있을 때만큼이나 정력적인 활동을 하며 스포트라이트를 받고 있다. 지미 카터 전 대통령은 현직에 있을 때보다 퇴임 후 활동을 더 잘하는 인물로 평가받아 'post presidency'라는 말까지 만들어냈지만 클린턴은 그런 경계마저 무너뜨렸다. 현직이었을 때나 전직이었을 때나 똑같이 뜨거운 인기를 누리는 지도자는 아마도 그가 유일한 듯하다.

2001년 퇴임당시 55세한 그는 몇 년을 고민한 끝에 윌리엄 J. 클린턴재단을 만들어 개발도상국의 에이즈 퇴치운동에 힘쓰며 글로벌 자선운동을 이끌고 있다. 클린턴은 《기빙》에서 재단을 만들게 된 동기를 이렇게 설명했다.

"2001년 내가 미국 대통령직에서 물러날 때, 나는 나머지 내 생애의 시간과 돈, 기술을 뭔가 의미 있는 일에 쓰고 싶다는 생각을 했는데 그것을 구체적으로 어떻게 실현시켜야 할지 방법을 몰랐다. 사람들의 생명을 구하고 중요한 문제를 풀고, 젊은 사람들의 꿈이 실현될 수 있도록 기회를 주는 일을 하고 싶다는 게 내 생각이었다.

그리고 내 삶이 가족을 돌보고 친구들과 함께하는 그런 시간의 단계를 넘어서면서, 내가 해야 할 일을 깨달았다. 그것은 어린 아이들이 일찍 생을 마감하고, 그들의 꿈이 실현되기도 전에 거부되는 일이 없도록 돕는 것이었다." _Bill Clinton, 《Giving》, 〈Introduction〉, ix

이 같은 모색 속에서 클린턴은 백악관을 떠난 2001년 클린턴재단을 만들었는데, 재단에 대한 생각을 이렇게 기록했다.

"내가 대통령직에서 물러난 2001년은 새로운 밀레니엄이 막 시작되는 시기였다. 그런 도전과 기회, 그리고 우리가 상호 연결되어 있다는 자각 속에서 나는 세상의 불평등과 불안정을 줄이고 미국 및 글로벌 세계 사람들이 그들의 꿈을 실현시킬 수 있도록 기회를 주기 위해 내가 할 수 있는 일을 무엇이든 하겠다고 생각했다.

나는 내가 아직도 시민으로서 영향을 미칠 수 있는 것이 있다고 판단했고 그것을 잘 활용하면 좋은 결과를 낳을 수 있다고 생각해 클린턴재단을 만들었다. 정부와 기업, 비정부기구가 상호 연결되어 있다는 점을 잘 활용하면 보다 효과적인 실행방안을 찾을 수 있다고 생각했기 때문이다."

클린턴재단은 창설 이듬해인 2002년 HIV/AIDS 관련 사업을 시작했다. 사람들의 생명을 좌지우지하는 약의 전 세계 유통에는 기업들의 이해관계보다 공공성이 가미되어야 한다는 점에 착안, 클린턴 HIV/AIDS 이니셔티브Clinton HIV/AIDS Initiative, CHAI를 만들었다. 클린턴이 관여하자 기업들의 무대였던 HIV/AIDS 약품공급 시장에 제동이 걸렸다. 클린턴재단은 HIV/AIDS 관련 의약품 가격을 낮추고 배분 시스템을 향상시키는 데 기여했다. CHAI는 전 세계 44개의 개발도상국에 값싸게 의약품을 구입·제공하고 있다. 그 결과 개도국의 75만 명이 CHAI 합의에 따라 의약품을 저렴하게 구매할 수 있게 됐고, 개발도상국 사람들의 1/3은 CHAI에 따라 치료를 받고 있다.

클린턴재단의 첫 이니셔티브인 CHAI에 대해 클린턴은 후에 "미국과 세계가 빈곤, 질병, 갈등, 기후변화 등으로부터 벗어날 수 있도록 돕고 싶었다"고 설명했다. 이후 CHAI는 개발도상국의 에이즈 문제를 다루며 진단, 치료, 보호활동을 구체화했다. 클린턴재단은 또한 CHAI 모델을 응용, 다양한 글로벌 이슈에 대해 '클린턴 ○○○ 이니셔티브'라는 명칭으로 대응을 하기 시작했다. 글로벌 이슈 전반에 대해선 클린턴 글로벌 이니셔티브Clinton Global Initiative, CGI라는 기구를 만들었고, 개발도상국 문제 일반에 대해선 클린턴 개발 이니셔티브Clinton Development Initiative, CDI, 기후 문제에 대해선 클린턴 기후 이니셔티브Clinton Climate Initiative, CCI라는 식으로 분화됐다. 클린턴이란 브랜드에 특정 이슈를 정하고 이니셔티브를 붙이는 변주곡 형식의 프로젝트인데 하나하나가 모두 성공적이었다.

예컨대 CDI는 아프리카 르완다와 말라위의 소규모 농민들이 가족과 지역사회를 위해 생계를 유지할 수 있도록 돕고 있다. 특히

클린턴 전 대통령이 아프리카에서
나무를 함께 심고 있다

수확과 수입을 늘리기 위해 필요한 기술과 방식을 알려주는 데 주
력하고 있다. 르완다 정부와 협력해서 농민들에게 발전된 농업기
술을 가르쳐주고 보다 안정적인 농산품 판매 시장까지 마련해주는
시스템을 만든 것이다. 이로써 지역사회가 궁극적으로 지속가능하
게 되었다. 말라위의 클린턴 개발 이니셔티브는 살리다자본재단
Salida Capital Foundation의 재정 지원을 받고 있고, 르완다에서는 헌터
Hunter재단과의 파트너십에 의해 시작된 클린턴 헌터 개발 이니셔티
브CHDI가 재원을 제공하고 있다. 특히 CHDI는 르완다 농민들이 생
산하는 커피를 거상에게 헐값에 팔아넘기는 대신 농민들이 질 좋
은 커피를 생산해 로스팅, 포장까지 완성할 수 있게 르완다 농민커
피회사RFCC를 만들도록 지원했다. 그 결과 RFCC는 연간 3,000톤의

커피 원두 가공 능력을 갖게 되었고 5만여 지역 커피 농민들의 수입증가에 크게 기여했다. 클린턴 덕분에 르완다 농민들은 내전의 상처를 딛고 세계 최고의 커피를 경작하고 수출한다는 자부심 속에서 새로운 삶을 개척하고 있다.

전 세계의 성공한 젊은 리더들을 위한 이니셔티브도 있다. CGI 리드Lead는 성공한 젊은 리더들이 세계의 가장 시급한 문제들에 대해 창의적인 해법을 마련하기 위한 프로젝트로 시작되었다. 여기에 참여한 구성원들은 2년에 걸쳐 리더십 개발 훈련을 하고 특정 이슈에 대한 실용적인 해법을 마련하기 위해 노력하고 있다. CGI 리드 첫 회의에서 워런 버핏의 며느리로 아프리카 여성 권익 옹호 활동을 해온 제니퍼 버핏Jennifer Buffett과 조지 W. 부시 대통령의 조카이자 랠프 로렌의 며느리인 로렌 부시Lauren Bush 등은 난민 문제에 집중하기로 결정, 콩고 난민을 위한 지원 방안을 모색 중이다.

클린턴 지우스트라 지속가능한 성장 이니셔티브CGSGI라는 특이한 프로젝트도 있다. 이것은 캐나다 출신 자선사업가 프랭크 지우스트라Frank Giustra, 1957~와 공동으로 벌이는 빈곤국 지원 프로젝트다. 개발도상국 사람들의 기술 접근권과 기회를 강화해서 빈국과 부국의 격차를 줄인다는 게 목표다. CGSGI의 대표적 프로젝트는 페루의 빈곤층 백내장환자들에게 무료수술을 해주는 일인데 백내장을 앓고 있는 페루 빈곤층 1만 6,000명이 혜택을 입었다.

스티브 잡스는 애플의 발명품 아이팟iPod을 만든 뒤 'i'를 기축으로 아이튠iTune, 아이폰iPhone, 아이패드iPad로 끊임없이 진화시켰다. 이처럼 클린턴도 '클린턴' 브랜드 C에 'I이니셔티브'를 접맥하여 수없이 많은 글로벌 현안 해결에 나선 것이다.

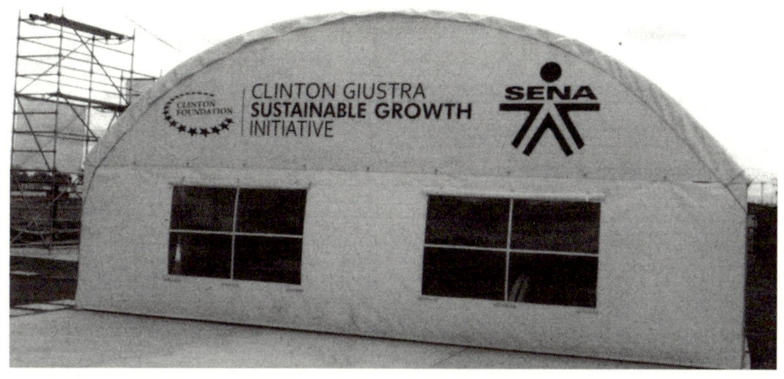

콜롬비아의 소아차에 있는 건설교육을 위해 설치된 CGSGI의 텐트

물론 그가 성공한 대통령이었다고 해서 그의 글로벌 나눔이 처음부터 성공적이었던 것은 아니다. 그는 클린턴재단 창설 후 2~3년간의 모색기를 거쳤다. 클린턴이 재단을 만들었을 때 "전직 대통령이 만든 수많은 재단 중 하나가 아니겠느냐"는 반응이 지배적이었다. 세계 최강국의 최고 지도자를 지낸 사람으로서 명예로운 봉사 활동 정도가 될 것이라는 관측이었다. 그런데 클린턴은 달랐다. 특히 2004년 급작스러운 심장병 발병 이후 죽음의 경계를 체험하면서 나눔운동에 분명한 방향성을 갖기 시작했다. 클린턴은 심장병 수술 후의 소회를 이렇게 기록했다.

"가까스로 죽음에서 벗어난 이후부터 타인을 도와야 한다는 생각이 더 간절해졌다. 누구나 그들의 수입이나 시간, 나이, 기술에 관계없이 누군가에게 도움을 줄 수 있고 그런 활동을 통해 우리의 공동체가 더 튼튼해질 수 있다고 생각한다. 나는 내 시간과 경험을 활용해 사람들의 목숨을 살리고, 문제를 풀고, 사람들이 원하는 목표를 이룰 수 있도록 힘을 주고 싶었다."

심장병 수술을 통해 회생한 뒤 클린턴이 구상한 것은 '글로벌 기빙을 위한 유엔총회격인 회의'였다. 그는 매년 9월 뉴욕에서 유엔총회가 열리는 기간 중 뉴욕을 방문하는 각국의 전현직 국가수반 및 비정부기구 대표들이 많다는 점에 착안, 2005년부터 '클린턴 글로벌 이니셔티브 회의'를 개최하기 시작했다. 여기에는 전 세계의 자선사업가와 대학 총장, 기업인, 정치 지도자, 비정부기구 대표가 초대된다. CGI에 매년 참석하는 세계 각 분야의 리더들은 세상을 살기 좋게 만들 각종 아이디어를 협의하고 기부를 약정하게 된다.

클린턴은 CGI를 구상하게 된 동기를 이렇게 설명했다.

"개발도상국 내 시민사회의 성장과 나눔에 관대한 새로운 부유층의 증가, 소액 기부자들의 영향력 확대라는 세 가지 경향은 개발도상국 정부와 다양한 비정부기구들의 노력 덕분에 점점 더 힘을 얻게 되었다. 그러나 국제적으로 볼 때 저개발국의 빈곤은 여전하고 미국을 포함한 여러 선진국에서도 빈곤 및 사회 문제가 심각하기 때문에 비정부기구가 성장할 여지와 그 활동의 필요성은 아직도 엄청나게 크다. 나는 이러한 문제를 해결하는 데 보탬이 되기 위해 유엔총회가 열릴 무렵인 9월에 CGI를 개최하기로 했다."

모든 사람은 나눌 수 있는 그 무엇을 갖고 있다

클린턴은 CGI를 "자선적 자본주의에 관한 아이디어를 테스트하는 일종의 실험실"이라고 말한 바 있다. 실험실 성격의 회의답게 CGI 에는 다양한 분야의 집단이 참여한다. 기금을 제공하는 자선재단과 각국의 정부 지도자, 기금 지원을 원하는 개발도상국의 다양한 비정부기구, 그리고 개도국에서 활동하는 다양한 국제 NGO 대표 및 학자들이 참여해 나눔과 기부를 어떤 방법으로 어떻게 할 것이냐를 놓고 논의한다.

막연히 도움이 필요한 국가나 지역사회, 단체에 재원을 기부해버리는 식이 아니라, 구체적인 목표를 제시하고 그 목표에 맞는 지원을 한다. 그런 점에서 CGI는 과거 부국이 빈곤국에 지원하던 일방적 자선이 아니다. 거대 자선재단이 가난한 지역에 물자나 약품등을 제공하는 일회성 기부도 아니다. 현지 지역사회에 맞도록 현지 NGO와 협력해 지원하되 그 결과는 철저히 계산하고 효과를 예측하는 맞춤형 나눔이다.

CGI에는 매년 1,200명 안팎의 글로벌 명사들이 참여하는데 참석자 중 상당수는 클린턴이 과거부터 알던 정계인사들, 또는 퇴임 후 친분을 쌓은 재계인사들이다. 그런 이유로 클린턴 행정부에서 노동부 장관을 지낸 로버트 라이시 Robert Reich, 1946~ 캘리포니아 버클리대학교 교수는 2007년 출간된 저서 《슈퍼 자본주의》에서 CGI를 비판했다. CGI적 접근법은 미국 사회의 병이 자선을 통해 치유될 수 있다는 환상을 줄 뿐, 실제로는 아무것도 변화시키지 못한다는 게 그의 비판이다. 라이시 교수는 "자선보다 정치적 건강성을 되찾기 위한 시민운동의 강화가 미국 사회 체질개혁을 위해 필요하다"고 주장했다.

나는 라이시 교수의 주장에도 공감한다. 그의 논지에 일리가 있다고 생각한다. 그렇다고 해서 클린턴 자선론의 의미가 퇴색되는 것은 아니다. 두 사람이 바라보는 사회변화의 목표는 같다. 다만 서로 강조점이 다를 뿐이다. 라이시 교수는 시민사회운동을 통한 보다 근본적인 변화를 추구하는 것이고, 클린턴은 자선이라는 방법으로 변화에 접근할 수 있다는 점을 강조하는 것뿐이다. 클린턴도 자선을 통해 미국 사회의 온갖 문제가 해결된다고는 보지 않았다.

이런 이유 때문인지 영국의 주간지 〈이코노미스트〉도 라이시 교수의 주장에 공감하면서도 CGI에 대해 의미 있게 평가하고 있다. 특히 CGI가 매년 회의 마지막에 발표하는 클린턴 글로벌 시민상에 대해선 '자선사업의 오스카상'이라는 후한 평가를 내리고 있다. 클린턴이 CGI를 통해 세계 나눔활동을 혁신시키고 확장시킨 리더가 됐다는 평가다.

클린턴은 자선사업이 이미 붐을 일으키고 있을 뿐만 아니라, 앞으로도 계속될 현상이라며 다음과 같이 말했다.

"나는 이것이 매우 실제적이며, 앞으로 계속될 현상이라고 생각한다. 부의 집중은 자선사업의 성장보다 더 빠르게 진행되어왔다. 우리는 클린턴재단을 통해 모두 함께 수백만 명의 생명을 살리고 지역사회를 궁극적으로 바꿀 수 있는 지속가능한 시스템을 만드는 데 주력하고 있다. 이것이 우리가 해야 할 일이라고 생각한다. 사람들은 자신들을 위해 좀 더 좋은 세상을 만들 수 있는 역량을 갖고 있다. 르완다의 마을에서부터 미국 각 도시의 학교와 이웃들에까지 이런 전환적인 변화가 일어나고 있는 것을 보고 있다. 우리는 이런 전환적인 모델을 6개 대륙 도시의 기후변화에 적용하고 아프리카와 라틴아메리카에 경제적 기회를 강화하여 미국과 전 세계에서 좀 더 건강한 유년시절을 보낼 수 있도록 작업을 하고 있다.

우리의 21세기는 의심할 여지없이 수많은 도전에 직면하고 있다. 개인들이 공공의 이익을 위해 벌이는 활동은 내게 미래에 대한 희망을 갖게 한다. 50개국 1,300명의 스텝과 자원봉사자들의 도움으로 이 같은 일이 가능하게 됐다."

클린턴은 클린턴재단 창설 7년째인 2007년, 글로벌 자선운동의 경험과 방향을 담은 《기빙》을 펴냈는데 나눔에 대한 그의 생각과 비전을 솔직하게 엿볼 수 있는 좋은 책이다. 그는 이 책에서 베이비부머 세대의 지도자답게 '우리가 세상을 바꿀 수 있는 여러 방법 중의 하나'로 자선과 나눔에 접근하고 있다. 그는 "내 세대의 미국인은 누구나 그렇듯이 나는 내가 다니던 교회에서 기부와 자선에 대해 처음 배웠다"고 말했다. 아칸소 주지사로 일할 때엔 수입의 10%를 교회와 모교 그리고 학대를 받는 여성 및 아동 관련 지역 프로젝트에 기부해왔다고 공개하기도 했다.

클린턴재단은 2011년 10월 15일 로스앤젤레스에서 출범 10주년 기념 음악회도 개최했다. 재단 측은 레이디 가가, 록스타 보노 등이 함께한 이 음악회의 제목을 '차이를 만들어낸 10년 A Decade of Difference'이라고 정했다. 미국 사람들은 '차이를 만들다 make difference'라는 표

클린턴 전 대통령이 2011년 9월 뉴욕에서 열린 CGI 회의에서 연설을 하고 있다

현을 좋아하는데 무언가 새로운 것으로 세상을 변화시킨다는 좋은 의미로 쓰는 경우가 많다. 실제로 클린턴은 클린턴재단을 10년간 운영하면서 큰 차이를 만들어냈다. 클린턴재단의 10주년 기념 자료에 따르면 눈에 띄는 변화는 바로 이런 것들이다.

"지난 10년간 클린턴 대통령의 비전과 리더십 덕분에 400만 명이 생명을 구할 수 있는 HIV/AIDS 치료혜택을 받았고, 1만 2,000개의 미국 학교가 건강친화적인 환경 속에서 교육을 하게 되었다. 또한 전 세계의 2만 6,000명이 소액대출을 통해 자영업자나 농부로 거듭나 생활조건을 향상시켰고 세계 거대도시에서 220만 톤의 온실가스 배출이 감축됐다."

구체적인 수치와 통계로 변화를 확인하고 싶어 하는 게 바로 미국적 실용주의의 특징인 만큼 클린턴재단이 제시한 이 같은 손에

잡히는 통계는 한 전직 대통령의 결심이 세상을 얼마나 심대하게 변화시키고, 아무런 존재감 없이 그림자처럼 살아가는 빈곤국의 수많은 사람들의 삶을 바꿨는지 보여준다.

클린턴재단이 해온 지난 10년의 글로벌 기빙은 미국의 가치와 재원을 일방적으로 제공하는 식의 나눔이 아니다. 재원은 제공하지만 어디까지나 각 나라의 조건에 맞도록 그 나라의 비정부기구와 정부가 연대, 사람들의 실질적인 자생력을 키우고 생활기반을 만들어가는 방향으로 나눔이 이뤄진다. 르완다에서는 농업비즈니스를 개발하고, 페루에서는 빈곤층 사람들이 금융재원에 접근할 수 있도록 도와 자립기반을 마련해주며 오클랜드에서는 비즈니스와 비즈니스를 연결하는 멘토링을 전개하는 식이다. 각국의 사람들이 지역사회의 역량을 강화하고 자립기반을 키워 외부의 지원 없이도 지속가능한 삶을 살 수 있도록 하는 데 집중하고 있다. 클린턴의 자선은 부국이 빈국에게, 부유층이 빈곤층에게 베푸는 시혜적인 기부가 아니다. 오히려 빈국의 가난한 사람들이 장기적으로 자생력을 갖출 수 있도록 철저하게 계산하며 지역 NGO와 공조해 지원하는 협력적 기부다.

클린턴재단의 구호는 '더 좋은 미국 만들기'가 아니라 '더 좋은 세상 만들기_{Building Better World}'이다. 빌 클린턴은 미국의 대통령직에서 퇴임하면서 시선을 미국에서 글로벌 세계로 확장시켰다. 그리고 지난 10년간 그는 미국이란 국경을 벗어나 전 세계를 좀 더 나은 세상으로 만들기 위한 일에 전력해왔다. 이제 그는 미국의 대통령이 아니라 지구촌 70억 명을 위한 자선 대통령으로, 전무후무한 글로벌 나눔 리더로 우뚝 선 것이다.

클린턴은 "모든 사람은 봉사를 통해 위대해질 수 있다"는 마틴 루터 킹의 말을 좋아한다. 그는 킹 목사의 말을 응용해 "사람은 누구든지 나눌 수 있는 무엇인가를 갖고 있다"며 나눔의 생활화를 강조하고 있다.

인생이 나른하고 의미 없게 느껴질 때 "사람은 누구든지 나눌 수 있는 무엇인가를 갖고 있다"는 클린턴의 말을 떠올려보자. 그리고 아직도 인류의 절반은 하루에 2달러 이하로 연명하며, 1억 명에 달하는 빈곤국 어린이들은 학교 근처에도 못 가본 채 자라고 있다는 그의 말에 귀 기울여보자. 나에게 있는 그 무엇이 이웃에게 도움이 될 수 있다는 생각만으로도 새로운 활력을 얻을 수 있지 않을까.

21세기의 새로운 도전
'클린턴 글로벌 이니셔티브'

빌 클린턴 전 미국 대통령이 자선의 리더로 변화하는 과정을 지켜보면서 클린턴 글로벌 이니셔티브란 회의에 관심을 갖게 됐다. 2005년부터 시작된 이 회의에 대해 수많은 기사를 읽었고, 클린턴의 《기빙》이나 매튜 비숍·마이클 그린의 《박애자본주의》에 기술된 부분을 읽으며 그의 자선을 접했지만 감이 오지 않았다. 글만 읽어서는 CGI가 어떤 회의인지, 왜 자선의 오스카상으로 불리는지 알기 어려웠다. 2011년 CGI 회의에 대한 정보를 클린턴재단 웹사이트에서 확인하고 저널리스트 자격으로 취재신청을 했다.

CGI 회의에는 글로벌 나눔에 관심을 갖고 일하는 전현직 국가수반이나 학자, 기업 대표, 자선재단 관계자, 그리고 기금을 지원받아야 하는 개발도상국 비정부기구 대표들만이 초청받기 때문에 이들 범주에 들지 않으면 참여할 수 없다. 이들도 매년 참석할 수 있는 게 아니다. 앞서 약속했던 기금 출연이나 달성 목표를 제대로 실천하지 않을 때에는 다음해 회의에 참석할 수 없다. 클린턴의 절친한 친구라 해도 예외는 없다. 여지없이 초대 명단에서 제외된다. 클린턴의 친구로 CGI에 매년 참석해 글로벌 자선 명사들과 어깨를 함께하려면 약속한 것을 실천하고 좀 더 나은 실천과 대안을 모색하는 일을 매년 해야 한다. 숙제를 하지 않은 상태에서 새로운 과제를 논의하는 자리에 참석할 수 없다는 원칙이 CGI에서는 일찌감치 정착되었다. 말뿐인 나눔, 제스처뿐인 자선은 사양한다는 실용주의적이고 결과중심적인 회의 운영철학이 그대로 관철된 것이다.

유일한 예외는 저널리스트들이다. 저널리스트들은 어쩌면 '글을 통해 기부와 나눔을 하는 사람들'이라는 점에서 초대받는지도 모른다. 그렇지만 저널리스트들에겐 '참관 자격'만 주어질 뿐 회의에 참석하는 자선 명사들을 직접 접촉하는 것은 엄격히 제한된다. 그런 제한이 있을지라도 CGI를 이해하기 위해선 회의 참석이 최선이라는 생각에 9월초 언론인으로서 신청을 했더니 취재 허가 답신이 왔다. 이렇게 해서 사흘에 걸친 CGI 2011년 회의 취재가 시작됐다. 회의는 뉴욕 맨해튼 52번가에 위치한 쉐라톤호텔을 통째로 빌린 상태에서 2011년 9월 20일부터 22일까지 사흘간 열렸다. 일찌감치 뉴욕에 도착해 시차적응을 마치고, 2박 3일간 이른 아침부터 늦은 저녁까지 진행되는 수십여 개의 회의에 빠져들었다.

2011년 CGI 주제는 ▲ '잡 잡 잡 Job, Job, Job' 21세기 고용창출 ▲ 소녀와 여성의 일에 대한 평가 ▲ 지속가능한 소비와 장기 번영을 위한 모색 등 3개다. 2005년 시작한 이래 가장 성공적인 회의로 평가된 2010년 CGI 회의 때엔 ▲ 여성과 소녀 ▲ 현대 기술에 대한 접

2011년 CGI의 주제를 자세히 설명해놓은 홈페이지 화면

근성 향상 ▲ 인간의 잠재적 능력 향상 Harnessing Human Potential ▲ 시장 기반의 해법 강화 등 4개 주제가 제시됐는데, 2011년에도 소녀 및 여성 문제가 주제로 채택된 것은 일부 선진국을 제외하고 개발도상국에서는 여전히 사회적 약자인 소녀 및 여성에 대한 지속적 관심을 표명하고 있다는 측면을 보여준 것이다. 또한 시장 기반에 대한 강조가 일자리, 장기 번영을 위한 조건 등으로 바뀐 것은 2008년 시작된 경제위기가 점점 악화되어 경제 번영과 일자리 창출이 초미의 관심사로 대두됐기 때문인 것으로 보인다.

나눔과 기부의 새로운 물결, CGI

2011년 CGI 회의에는 빌 클린턴 전 미국 대통령은 물론 버락 오바마 미국 대통령, 프레드릭 라인펠트 Fredrik Reinfeldt 스웨덴 총리, 토니 블레어 전 영국 총리, 미셸 바첼레트 전 칠레 대통령 등 전현직 국가수반, 존 챔버스 John Chambers 시스코 Cisco 회장, 인드라 누이 Indra Nooyi 펩시 회장, 밥 맥도널드 Bob McDonald 프록터앤드갬블 P&G 이사회 의장 등 기업 지도자, 주디스 로딘 Judith Rodin 록펠러재단 회장, 리타 로이 Reeta Roy 마스터카드재단 회장 겸 CEO, 무하마드 유누스 그라민은행 전 총재 등 자선재단 및 비정부기구 대표 등 총 1,200명이 참석했다. 그런 만큼 보안검색도 철저했다.

사흘간 진행된 회의는 모두 클린턴의 사회로 시작해 다양한 소주제 회의와 네크워킹 회의, 특별 오찬연설이 이어졌고 오후엔 세션별 회의가 동시다발적으로 열렸다. 전 세계의 전현직 정상과 비정부기구 대표, 자선단체 대표, 기업체 대표들은 주제별 회의에서 토론하고 네트워킹 회의 땐 좀 더 구체적인 현안을 놓고 토론했다. 사흘간에 걸친 모든 회의의 시작과 끝은 클린턴재단 이사장인 클린턴이 맡았다. 두 차례의 심장수술을 거치며 채식주의자로 변신한 탓인지 한창때에 비해 많이 야위고 기운이 없어 보였지만 훨씬 여유 있는 자세로 모든 회의를 주관했다.

9월 20일 오전 8시 30분 첫날 회의의 오프닝 세션은 클린턴의 사회로 진행된 '기후변화에 대한 지도자들의 대화'였다. 참석자들은 조제 마누엘 바호주 Jose Manuel Barroso 유럽연합 집행위원장, 펠리페 칼데론 Felipe Calderon 멕시코 대통령, 옌스 스톨텐베르그 Jens Stoltenberg 노르웨이 총리, 제이콥 주마 Jacob Zuma 남아프리카공화국 대통령 등 각국 정상 8명이었다.

회의장엔 영어와 프랑스어, 터키어, 스페인어로 통역이 가능하다는 안내방송이 나왔고 동시통역기가 주어졌지만, 모두 유창한 영어로 기후변화에 대한 리더십의 필요성을 강조했다. 칼데론 멕시코 대통령은 '교토의정서'가 내년에 끝나는데 대안이 없는 상태라고 호소했고, 주마 남아공 대통령은 코펜하겐, 칸쿤회의가 모두 성과를 내지 못한 것은 지도력의 부족 때문이라고 질타했다. 클린턴이 노르웨이 총리를 소개하면서 "노르웨이는 국가총생산 GDP 대비 개발도상국에 기부를 제일 많이 하는 너그러운 나라인데 그 비결이 무엇이냐"고 묻자 스톨텐베르그 총리는 "우리는 서로에게 뭔가 영감을 주는 일을 해야 한다"며 "국가적 기부는 여유 있게 사는 나라의 책무"라고 강조했다.

CGI 첫날 첫 회의부터 클린턴이 8개국의 현직 국가수반을 초청해 기후변화에 대응하기 위한 리더십의 중요성을 부각시킬 수 있었던 것은 바로 전 세계 리더들을 연결하는 클린턴 파워 덕분이다.

이어 클린턴은 '70억 인구 시대의 지구촌'을 주제로 니컬러스 크리스토프 Nicholas Kristof, 1959~ 〈뉴욕타임스〉 칼럼니스트와 함께 등장해 대담 형식으로 자신의 메시지를 전했다. 크리스토프는 클린턴 글로벌 이니셔티브가 지난 7년간 전 세계 180개국을 대상으로 2,100개 이상의 약속을 실행하는 것을 높이 평가하면서도 "미국은 경제위기 속에서 많은 이들이 실업상태에 빠져 있는 등 어려운 상태인데 왜 미국 밖의 문제 해결에 더 집중하느냐. 국내 문제를 먼저 풀고 나서 국제적 문제에 관심을 가져야 하는 것 아니냐"고 질문했다. 이에 대해 클린턴은 이렇게 답했다.

"물론 미국도 어렵습니다. 그러나 미국은 세계에서 무슨 일이 일어나는지에 대해 직접적이고 실제적인 이해관계를 갖고 있습니다. 미국은 홀로 고립된 나라가 아니며 홀로 고립되고 싶어도 그럴 수 없습니다. 미국이 경제위기에 있다고 하지만, 우리는 다른 나라보다 훨씬 나은 상태입니다. 전 세계의 수많은 개발도상국은 미국의 경제위기로 인해 더욱더 어려운 처지에 놓여 있습니다. 만일 미국이 그 나라의 어린이와 여성들을 돕지 않는다면 심각한 인도적 위기에 처할 가능성이 있습니다."

CGI 창립자로서 클린턴의 시각은 이미 미국에서 전 세계로 확장되어 있다. 미국의 전 대통령이지만 그가 중점적으로 생각하고 있는 영역은 이미 미국만이 아니라 글로벌 세상 전반이고, 미국의 문제 또한 글로벌 맥락에서 풀어나가는 글로벌 리더가 된 것이다.

둘째 날인 9월 21일 오전 전체회의에서 클린턴은 인터뷰어 찰리 로즈와 함께 등장해 전직 국가정상 모임인 '디 엘더스 The Elders'의 대표 데스몬드 투투 Desmond Tutu, 1931~ 주교, 그리고 미얀마의 야당 지도자인 아웅산 수치 Aung San Suu Kyi, 1945~ 를 위성으로 연결해 대화를 나누었다. 주제는 '인도주의적 행동의 리더십과 용기'였다. 남아공의 인종차별 시대를 겪은 투투 주교는 "세계의 리더들이 침묵하면서 아무 행동을 하지 않으면 개도국의 1,000만 명 어린 소녀들이 매년 조혼의 굴레에 빠져 평생 불행하게 살게 된다. 하지만 우리가 나서면 이들을 학교에 보낼 수 있다. 여성들이 교육을 받게 되면 결과적으로 그 사회가 더 발전할 수 있다"며 행동을 촉구했다.

이어 위성으로 아웅산 수치 여사가 연결됐다. 투투 주교가 미얀

'인도주의적 행동의 리더십과 용기'를 주제로 이야기를 나누고 있는 투투 주교와 수치 여사. 대화는 위성연결을 통해 이루어지고 있다

마의 상황을 묻자 그녀는 "이미 남아프리카공화국에서는 정권교체와 민주화가 이뤄졌는데 미얀마에서는 현재 힘든 투쟁이 진행 중"이라면서 긴장한 듯 약간 떨리는 목소리로 다음과 같이 말했다.

"우리는 공포로부터 벗어나 한발 한발 미래를 위한 여행을 시작했습니다. 외부에 알려지지 않은 수많은 미얀마 사람들이 민주주의를 위해 일하고 있고 그들의 희생이 결국 미얀마의 새로운 미래를 만들 것이라고 믿습니다. 수많은 젊은이들이 변화를 요구하고 있는데 민주주의와 인권에 대한 이들의 자각awareness이 결국 변화의 길을 열 것입니다. 물론 언론통제가 심해 커뮤니케이션이 쉽지 않지만 가능한 한 국민들과 대화를 많이 함으로써 그와 같은 자각을 넓혀갈 것입니다."

위성을 통한 수치 여사와의 대화는 화면이 흔들리고 중간 중간 목소리도 끊기는 등 상태가 좋지 않았지만, 단호한 그녀의 표정엔 자신감이 배어 있었고, 차분한 목소리는 지적이고 설득력이 있었다. 대화 말미에 투투 주교가 "당신을 사랑합니다 I love you"라고 공개적으로 고백하자 장내는 웃음바다가 됐다. 수치 여사도 당황한 듯한 표정이 역력했지만 이내 환하게 웃음을 지었다. 미 국무부의 협조 덕분에 수치 여사와의 최초 위성대화가 이뤄진 것인데, 이 또한 클린턴의 파워 인맥 덕분에 가능한 일이었다.

둘째 날 오후 전체회의엔 버락 오바마 Barack Obama, 1961~ 대통령이 특별연설을 해 분위기를 고조시켰다. 클린턴이 "백악관에 입성하기 전 오바마 대통령은 가장 전형적인 비정부기구 활동가 walking NGO였다"라고 소개하자 오바마는 클린턴을 향해 "좋은 일을 하는 우리의 대장 our do-gooder-in chief"이라고 화답하며 포옹했다.

대통령 취임 3년차인 오바마 대통령은 "CGI에 3번 참석했는데 매년 유엔총회에 올 때마다 CGI 회의에 들르는 것은 바로 CGI가 변화된 시대의 나눔과 기부는 어떠해야 하는가를 정확하게 보여주기 때문이다. 경험이 풍부한 클린턴이 비정부기구와 기업지도자 등과 힘을 합쳐 도움이 필요한 전 세계 국가의 어려운 사람들의 삶을 바꾸기 위해 노력하는 것은 전혀 새로운 모델"이라며 이같이 말했다.

"세상의 어떤 힘도 새롭게 도래하는 사상을 막을 수 없다는 말이 있습니다 No power on earth can stop an idea whose time has come. 빌 클린턴의 CGI 구상이 바로 그런 경우인데, CGI는 누구도 중단시킬 수 없는 시대적 소명을 갖고 있습니다. 클린턴이 이끄는 CGI는 2,100여 개의 약속을 이끌어냈는데 이것은 세계 200개 국가의 수천만 명의 삶을 바꾸고 그들에게 기회를 주는 새로운 희망을 만들었습니다. 한 사람의 생각이 수천만 명의 삶을 바꾸는 일은 자주 일어나지 않습니다. 빌 클린턴이기에 가능한 것입니다. CGI는 문제 해결을 위해 모든 사람들의 참여를 이끌어내고 있습니다. 클린턴의 리더십으로 각국 정부와 비정부기구, 기업이 참여해 새로운 기회를 만들고 있는데 현재 세계의 문제를 풀기 위해선 바로 이런 협력 모델이 필요합니다. 어떤 정부도 어떤 NGO도 혼자 할 수 없습니다. CGI는 워싱턴 정가에도 많은 시사점을 줍니다. 미국은 현재 한 세대에 한번 오는 위기 once-in-a-generation crisis 상태에 빠져 있는데 우리가 그것을 극복하려면 CGI와 같은 단체의 협력이 워싱턴에 필요합니다."

CGI는 글로벌 이슈에 접근하고 해법을 마련하는 데 있어 가장 효과적인 협력 모델이고 앞으로 CGI적 접근법은 미국은 물론 각국 정부에게 문제 해법의 모델이 될 것이라는 게 오바마 대통령의 생각이다.

2008년 대선 때 클린턴 전 대통령은 부인인 힐러리 클린턴을 민주당 대선후보로 만들기 위해 필요 이상의 각을 세우며 오바마를 비판했지만, 대선 이후 두 사람의 사이는 좋은 멘토와 멘티 사이로 전환됐다. 특히 이날 연설에서 CGI에 대한 오바마 대통령의 평가는 그가 NGO 활동가 경험이 있는 대통령이기 때문에 가능한 것이었다. 클린턴 전 대통령도 멘티 오바마를 위해 전향적으로 나서고 있다. 클린턴은 오바마 대통령의 재선이 8~9%대에 달하는 실업률을 어떻게 경감시키느냐에 달렸다는 민주당 내부의 평가에 따라 오바마 대통령을 돕기 위한 일자리 창출 작업에 적극 나서고 있다.

오바마 대통령은 이날 연설에서 "미국의 일자리를 만들기 위해

CGI 회의장에 들어서는 오바마 대통령과 클린턴 전 대통령

나는 '더 좋은 건물 이니셔티브Better Buildings Initiative, 건물 에너지 효율화 프로그램'를 연초에 제안한데 이어 클린턴에게 협력을 요청해 지난 6월 CGI 아메리카를 발족했다"고 공개했다. CGI 아메리카는 노후한 미국의 군 시설 및 대학 캠퍼스 건물을 증개축함으로써 에너지 효율을 높이고 건설 부문 일자리를 창출하기 위한 프로젝트인데 오바마 대통령의 '더 좋은 건물 이니셔티브'와 공동으로 작업을 함으로써 일자리를 만들고 있다.

클린턴의 오바마 대통령 지원은 CGI를 통한 공동 프로젝트에서 그치지 않고, 경제 활성화 전반을 위한 본격적인 저술 행보로 발전하고 있다. 클린턴은 11월 《다시 일자리로Back to Work》라는 책을 출간했는데 일자리를 만들고 금융적 책임성을 높이며 에너지를 절약하기 위한 정부의 역할을 주요하게 담고 있다. 클린턴은 책 출간에 앞서 〈뉴욕타임스〉2011. 9. 23와 가진 인터뷰에서 "내가 사랑하는 미국이 어려운 상태에 있고 미래는 더더욱 어둡기 때문에 이를 극복하기 위한 방법을 모색하기 위해 책을 썼다"고 설명했다. 그는 11월 노프사에서 책이 출간된 후 미 전역을 방문하는 북 투어를 통해 경제 번영을 낳았던 클린턴 시대를 그리워하는 유권자들을 다시 결집시키고 있다. 이런 활동을 통해 클린턴은 오바마 대통령의 재선을 측면 지원하는 역할을 하고 있는 셈이다.

CGI 회의의 또 다른 하이라이트는 'CGI 교환Exchange'으로 이름 붙여진 전 세계 비정부기구의 엑스포 같은 행사이다. 경제적 능력 강화, 교육, 환경과 에너지, 글로벌 보건 등 다양한 분야의 전 세계 비정부기구 97개가 CGI 회의가 개최되는 쉐라톤호텔에 부스를 차려놓고 견본시를 연다. 아프리카의 르완다, 말라위, 케냐 등에서 온 어린이 교육 및 보건의료 관련 NGO 대표들, 인도와 방글라데시, 파키스탄에서 온 여성 보건 관련 NGO 대표들이 각 단체의 활동상이 담긴 자료를 배포하며 열심히 설명을 했다. 이 자리에서 미

CGI 교환 행사에서 부스를 차려놓고 홍보 중인 각국의 NGO 대표들

국 등 선진국의 기업 및 재단 관계자들은 관심사가 맞는 NGO 대표들과 함께 향후 프로젝트와 지원 문제에 대한 즉석협의도 진행했다. 여기에 참석한 아시아 아프리카의 NGO 대표들은 CGI 측이 엄격한 심사 끝에 선별, 국제 항공료와 숙박비까지 제공하며 초청한 이들인데 이 같은 CGI의 구상이 놀랍기만 하다. 현장에서 만난 아프리카의 어린이 교육 관련 NGO 대표는 "CGI가 초청을 해주고, 새로운 기부자도 만나게 해줘서 수천 여 어린이들의 학교 교육과 교재비를 조달할 수 있게 됐다"고 감사를 표했다.

자선으로 지속가능한 세상을 만든다

CGI 회의 기간 중 클린턴 전 대통령은 모든 회의에 앞서 등장, 새로운 기부자들의 새로운 약속을 소개했고, 이들과 기념 촬영을 했다. 클린턴이 이처럼 반복적인 행사를 가진 덕분에 올해 CGI에서 새롭게 맺은 약속commitment은 194개이며 60개는 협의가 현재진행 중이다.

2010년 CGI 회의 때엔 600여 명의 비즈니스 리더, 500여 명의 자선 및 비정부기구 대표, 62명의 전현직 국가수반 등이 참석해 304개의 새로운 약속을 체결했는데, 경제위기가 깊어진 탓일까 지난해에 비해 새롭게 맺어진 약속은 적었다. 전체적으로 보면 2005년 CGI 발족 7년 만에 약속은 총 2,100개를 돌파하게 됐다. 이 같은 약속들은 지구상 180개국 3억 인구의 삶을 향상시키기 위한 것이다. 모두 실행이 될 때 이 약속들이 갖는 가치는 630억 달러를 넘어서게 된다. 한 전직 대통령의 구상으로 시작된 글로벌 나눔 바자회가

7년 만에 이만한 가치의 회의체로 성장했다는 것은 기적과 같다.

클린턴이 만든 클린턴재단과 CGI는 글로벌 기빙의 의미를 재정의하고 21세기에 걸맞은 자선의 역할을 새롭게 정립했다는 데서 의미가 크다.

클린턴재단 측은 CGI에 대해 이렇게 평가하고 있다.

"21세기의 새로운 도전은 새로운 책임을 필요로 하는데 역사적으로 상호의존성이 깊어진 시대인 만큼 세상의 긍정적 변화를 위한 활동을 함께할 필요가 있다. 긴박한 이슈를 효과적으로 전달하기 위해서는 최상의 자원을 최상의 아이디어와 연결시키고 그 아이디어를 행동에 옮기기 위해 열심히 일해야 한다. 수십 년간 사람들의 회의 모임은 많이 있어 왔지만 문제 해결을 위한 구체적 액션은 적었다. 클린턴은 CGI를 시작함으로써 전 세계의 지도자와 비즈니스 기업인, 자선사업가, 비정부기구 대표들을 한 자리에 모아 그들의 장점을 나누고 공동의 협력 방안을 마련하도록 하고 있다. CGI는 참여자 모두에게 행동을 위한 약속을 하게 하는데 그것은 구체적인 글로벌 도전을 어떻게 풀겠다는 식으로 새롭고 계측가능하고 구체적이어야 한다. CGI는 자선을 혁명적으로 바꾸어 놓았고 영향력을 급속하게 증가시켰다. 글로벌 커뮤니티가 계량가능하고 의미 있고 지속가능한 방식으로 수백만 명의 생명을 살리고 세상을 지속가능하게 만드는 데 혁명적인 기여를 한 것이다.

CGI 사명은 영감을 주고 서로를 연결하며 글로벌 리더 커뮤니티를 강화해 세계의 가장 긴박한 도전을 해결할 수 있도록 하는 것이다.

파트너십을 육성하고 전략적 자문을 제공하고 효과적인 아이디어를 지원함으로써 CGI는 기업 및 공공부문, 시민사회의 멤버들이 빈곤을 퇴치하고 깨끗한 환경을 만들어 건강보호와 교육의 접근권을 확대하는 데 주력해왔다.

CGI는 이런 이유로 기존의 자선형태를 혁명적으로 바꿔놓았다는 평가를 받고 있으며 영향력도 극대화시키게 됐다. 또한 글로벌 커뮤니티가 구체적이며 의미 있고 지속가능한 방식으로 수백만 명의 생명을 구할 수 있도록 제안하고 있다."

클린턴재단에 따르면 2005년 이래 CGI 참여자들이 제안한 약속들은 이런 변화를 가져왔다.

- ▲ 1,600만 명 이상의 여성과 소녀들이 역량강화 프로그램에 참여하게 됐다
- ▲ 1,000만 명 이상의 빈곤층이 소액대출을 받게 됐다
- ▲ 500만 명 이상의 사람들이 컴퓨터 정보통신기술을 배우게 됐다
- ▲ 200만 명 이상의 소녀들이 학교 교육을 받게 됐다
- ▲ 5,000만 명 이상의 어린이들이 교육 프로그램에 접근하게 됐다
- ▲ 9,000만 에이커 이상의 산림이 복원되거나 보호됐다
- ▲ 4억 톤 이상의 온실가스 배출이 감축됐다
- ▲ 40만 가구 이상이 깨끗한 에너지를 공급받게 됐다
- ▲ 7,500만 명의 산모와 신생아가 모자보건 프로그램을 제공받게 됐다
- ▲ 2,000만 명이 안전한 식수 접근권을 갖게 됐다
- ▲ 17억 5,000만 달러 이상의 재원이 소규모 기업에 대여되거나 투자됐다

클린턴 전 대통령은 9월 22일 저녁 CGI 2011년 회의를 마무리하면서 세상을 돕는 게 결국은 우리 스스로를 돕는 일이라면서 이렇게 얘기했다.

"우리가 부와 권력을 얻기 위한 싸움에서 큰 성공을 거뒀다면, 우리가 사람들의 위엄과 자존심을 빼앗는 일에 지나치게 몰두했다면, 우리는 반드시 그 대가를 치러야 할 것입니다. 여러분이 경제적으로 풍요롭다면 그런 조건에 놓이게 된 것에 대해 감사해야 할 것입니다. 나 또한 여러분이 그런 풍요로움을 충분히 즐기기를 희망합니다. 하지만 과연 그게 여러분의 후대에까지 지속될 수 있는 풍요인지 생각해봐야 합니다. 만약 그 풍요가 많은 사람들이 누리지 못하는 것이라면 그것은 여러분의 후대에까지 지속되기 어려울 수 있습니다."

클린턴 전 대통령의 이 말은 혼자 잘사는 상태는 오래 지속될 수 없는 불안정한 것이기 때문에 사회 전체가 풍요로워지는 상태를 만드는 게 개인의 풍요는 물론 안전한 삶을 위해 최선이라는 의미다. 그는 또 심각한 경제위기 속에서 개최한 2011년 CGI를 마무리 지으면서 "비관주의를 갖지 말라"고 당부했다. "미국은 물론 전 세계를 강타한 경제위기와 불확실성은 길어야 10년 정도밖에 지속되지 않을 것이기 때문에 오히려 지금은 우리가 새로운 세계를 만들기 위해 준비하는 기간"이라는 게 그의 메시지다. 위기가 10년 내에 끝난다는 것은 좋은 일이지만 과연 그 안에 전혀 새로운 세상의 비전을 어떻게 만들지는 우리 모두에게 던져진 과제다.

클린턴의 이니셔티브로 뉴욕에서 열린 사흘간의 나눔 축제는 우리가 생각하는 바에 따라 세상을 변화시킬 수 있다는 자신감과 낙관주의를 불어넣어주었다. 또한 자선은 더 이상 돈을 기부하는 일회성 행위가 아니라, 기부하는 사람과 그 혜택을 받는 사람이 함께 머리를 맞대고 어떻게 하면 성과를 높일 수 있느냐를 고민하는 전략적 자선으로 나아가야 함을 보여준 행사라는 점에서 의미가 크다.

힐러리 클린턴의
'클린 쿡스토브' 운동

미국 국무부가 2011년 9월 22일 '클린 쿡스토브 Clean Cookstove를 위한 글로벌 연대'라는 다소 생소한 국제 비정부기구에 대한 미국의 지원 현황을 발표했다. 이 단체는 아시아 아프리카 개발도상국의 가난한 가정에 깨끗한 조리용 화덕을 공급해 여성의 건강을 향상시킨다는 목표로 결성된 비정부기구다. 미국은 지난해 이 기구가 창설될 때 창립 파트너로 참여, 향후 5년에 걸쳐 5,000만 달러를 제공하겠다는 약속을 한 바 있다. 국무부가 이날 발표한 현황은 미국의 에너지부, 국제개발처 USAID, 국립보건원 NIH, 질병관리본부 CDC 등과 협력, 5,500만 달러를 추가하여 총 1억 500만 달러를 지원하기로 했다는 내용이었다.

아무리 국무부 장관이 여성이라 해도 한국을 비롯해 전 세계 190여 개 국가들과 외교관계를 총괄해야 하는 등 할 일이 많은데 제3세계의 부엌 문제까지 관여한다는 것은 의외였다. 국무부에는 힐러리 클린턴 Hillary Clinton, 1947~ 에 앞서 두 명의 여성이 장관을 지냈지만 이 같은 제3세계 민생 현안은 다뤄지지 않았었다. 얼음 공주풍의 콘돌리자 라이스나 당찬 할머니 이미지의 매들린 올브라이트 때엔 상상도 할 수 없는 일이었다. 자료를 찾아보니 해답은 의외로 쉬운 데서 풀렸다. 국무부가 개도국 화덕개선사업을 지휘하게 된 것은 역시 힐러리 클린턴의 의지에 따른 것이었다.

클린턴 국무장관은 2010년 클린턴 글로벌 이니셔티브에 참석, "전 세계에서 매년 200만 명의 여성 및 소녀들이 조악한 화덕으로 인해 사망하고 있고 화덕으로 인한 공기오염은 개발도상국 사람들의 건강을 해치는 제5대 요인"이라며 "여성들을 살리고 오염을 줄이기 위해 환경친화적인 화덕을 공급하자"고 제안했다. 이어 유엔재단 주축으로 '깨끗한화덕공급운동본부'가 마련됐고 여기엔 '기후변화와의 전투 Combat Climate Change', '여성의 능력 강화 Empower Women', '생명 살리기 Save Lives' 등 국제 비정부기구가 참여했다.

클린턴 장관의 제안에 할리우드의 영화배우 줄리아 로버츠 Julia Roberts, 1967~ 가 홍보대사로 나섰다. '클린 쿡스토브를 위한 글로벌

화덕개선사업의 홍보대사인 줄리아 로버츠와 클린턴 국무장관

연대'에 두 여성이 얼굴로 등장하자 영국, 독일, 덴마크, 네덜란드, 핀란드, 노르웨이, 아일랜드 등 10개국이 재정 지원에 나섰다. 이런 폭발적 지지에 힘입어 이 단체는 나이지리아, 페루, 캄보디아, 탄자니아, 케냐 등 개도국 10개국을 파트너로 선정해 2020년까지 총 1억 개의 화덕을 제공하겠다고 야심찬 계획을 세웠다.

그리고 딱 1년이 지난 뒤인 2011년 9월 22일 CGI 회의 마지막 날 폐회에 앞서 빌 클린턴은 "1년 전 힐러리의 제안으로 시작된 클린 쿡스토브를 위한 글로벌 연대에 각국 정부와 비정부기구 그리고 다양한 기업들이 참여한 결과 큰 성과를 얻게 됐다"면서 "지난 1년간 8,500만 달러를 모금했고 2011년 말까지 20만 개의 환경친화적인 깨끗한 화덕을 제3세계에 공급하게 됐다"고 발표했다.

그러면서 클린턴은 자신의 부인이자 국무장관인 힐러리에 대해 "공직에 들어오기 전에도 평생 자력으로 움직이는 사실상의 비정부기구virtually a self generated NGO와 같은 역할을 해왔다"고 칭찬했다. 국무부와 미국 개발처가 이 사업에 아프리카 동북부Horn of Africa 지역에 75만 달러를 클린 쿡스토브를 위해 지원키로 한 것도 힐러리의 리더십 덕분이라는 말도 덧붙였다.

부부가 평생 동료로서 서로를 격려하며 사는 모습을 보는 것은 보기 좋은 일이지만, 빌 클린턴의 부인 예찬은 예상을 넘어서는 수준이다. 클린턴이 힐러리 덕분에 나눔에 나선 것인지, 힐러리가 대통령이었던 클린턴의 리더십 덕분에 과거의 여성 장관들과 격이 다른 파워를 발휘하는 것인지 헷갈릴 정도다.

클린턴은 《기빙》에서 힐러리가 자선과 기부에 관한 한 자신의 역할 모델이었다면서 이렇게 설명한 바 있다.

화덕개선사업으로 깨끗한 화덕을 사용하고 있는 아프리카의 한 가정

　"나는 힐러리를 예일대 로스쿨에서 만났는데 그때 그녀는 이미 지역사회 빈민들을 위한 법적인 지원은 물론, 특별히 도움을 필요로 하는 어린이들을 위한 활동도 하고 있었다. 법학대학원 졸업 후엔 빈곤 어린이 보호기금을 만들어 활동했다. 돈을 많이 버는 변호사 사무소에 가는 대신 그녀는 그 일을 택했다. 아칸소에서 변호사로 일할 때도 그녀는 늘 그 지역의 교회와 학교 등에서 활발한 자선활동을 했다. 그런 면에서 힐러리는 공직을 갖지 않은 공직자의 의미를 가장 잘 구현한 내 역할 모델이었다. 이제 우리는 역할을 바꿔 나는 시민으로서 공적 서비스를 하고 있고 그녀는 공직자로서 공적 업무를 하고 있다."

　CGI 회의 마지막 날 참석한 힐러리 클린턴 국무장관은 클린 쿡 스토브 지원사업에 보여준 전 세계의 뜨거운 관심에 감사하면서

"여성의 잠재력이 성장하면 경제성장에 도움이 되고 새로운 발전의 시대를 열 수 있다"면서 "개도국 여성들의 목숨을 앗아가는 화덕을 현대식으로 개량해 제공하는 것은 결국 개도국 전체의 생활조건을 높이는 일이고 개도국의 경제성장을 돕는 일"이라고 말했다.

힐러리의 당당하고 자신감 넘치는 모습은 언제 봐도 경이로운데 이날 CGI 회의 때 그녀는 정말 멋졌다. 미국의 68저항세대 출신 여성인 그녀는 남편 빌 클린턴의 정치 내조자로서 30여 년을 보낸 뒤 상원의원으로 정치적 독립을 했고, 이어 민주당 대통령 후보가 되어 접전 끝에 버락 오바마 후보에게 패했다. 그녀가 민주당 전당대회에서 경선 패배 후 절망하는 지지자들을 향해 "나를 위해 이 선거전에 뛰어들었느냐"고 물은 뒤 "우리는 소리 없는 곳에서 좌절하는 수많은 서민들을 위해 정권교체에 힘을 보태야 한다"며 위로했다. 그리고 "버락 오바마는 내가 선택한 대통령 후보"라며 감동적인 연설을 한 바 있다. 그 후 힐러리 클린턴은 오바마 행정부의 국무장관이 되어 세계 각국과 공동 보조를 맞추는 외교와 전 세계 여성 민권을 향상시키는 외교를 최우선의 어젠다로 제시하며 전심전력으로 일을 하고 있다. 국무부에서 30년 가까이 일하고 있는 한 지인은 CGI 회의 마지막 날 뉴욕에서 가진 저녁자리에서 나에게 이런 말을 했다.

"힐러리는 여느 국무장관과 확실히 다른 사람이다. 여러 국무장관을 겪었지만 힐러리처럼 열심히 일하는 장관을 본 적이 없다. 그녀는 현안 파악을 위해 열심히 자료를 보며 공부하고, 상대편counterpart을 만났을 때 완벽하게 메시지를 전달한다. 그녀는 아주 헌신적이며 치열하고, 무엇보다 상대를 배려할 줄 아는 리더다.”

　힐러리가 국내외적으로 열정을 다해 일한 덕분에 조지 W. 부시 행정부 시절 8년간 훼손됐던 국무부의 국내외적 위상이 많이 회복됐다는 게 그의 설명이었다.

　힐러리 클린턴이 2009년 3월 국무장관으로서 첫 방한했을 때 동료 여기자들과 함께 인터뷰를 한 적이 있다. 여성 국무장관으로서 그녀는 한국의 여성 파워 신장에 보탬이 되는 역할을 하고 싶어 했고 이 같은 뜻은 여성 중견 저널리스트와의 인터뷰에서도 그대로 드러났다. 한국의 여성들이 나서야 한국이 더 살기 좋은 나라가 되고 세상에 기여를 할 수 있다는 그녀의 한마디 한마디엔 힘이 있었고, 진실함이 느껴졌다.

　열악한 삶의 현장에서 아무런 목소리를 내지 못하며 일하는 사람들을 위해 무언가 하려는 사람, 그녀는 여성이기 전에 그리고 정치인이기 전에 주변의 아픔을 돌아보고 그 문제 해결을 위해 무언가 자신의 힘을 보태려는 따뜻한 마음을 가진 리더였다. ‘클린 쿡스토브 글로벌 연대’라는 아무도 생각지 않았고, 아무도 관심 갖지 않았던 영역을 공론화하는 데 성공, 매년 조악한 화덕 때문에 죽어가는 200만 명을 살리는 데 기여한 셈이다. 힐러리 클린턴의 ‘클린 쿡스토브’ 성공 스토리는 리더가 어떤 비전과 열정을 갖고 있느냐가 사회변화에 얼마나 큰 힘이 될 수 있는지를 일깨워준 좋은 사례다.

2부
세상이 나를
나눔으로 이끌었다

1

난민보호운동으로
자살충동을 이겨내다

_ 안젤리나 졸리

안젤리나 졸리
Angelina Jolie

1975~

난민 곁에 선 자선의 성녀

세상에는 수많은 단체에서 활동하고 있는 수많은 친선대사가 있다. 영어로 'goodwill ambassador'로 불리는 친선대사에게는 해당 단체를 홍보하고 기금 모금을 돕는 역할이 주어진다. 유명 배우나 탤런트, 스포츠계 스타들을 위촉해 홍보를 맡기는데 홍보대사들은 그야말로 사진 찍기용의 일회성 행사에 나서거나 아니면 홍보 이벤트에 참석하는 수준의 참여가 대부분이다. 친선대사가 자신이 몸담고 있는 단체의 일에 얼마나 깊이 관여하는지, 그 단체의 활동에 얼마나 공감하는지는 알 수 없다. 모든 게 이미지를 사고파는 차원에서 이뤄지는 경우가 많기 때문이다.

그런데 미국 영화배우 안젤리나 졸리Angelina Jolie, 1975~는 좀 다른 경우이다. 그녀는 스스로 원하여 유엔난민기구UNHCR의 친선대사가 되었다. 유엔난민기구를 제 발로 찾아간 것이다. 그야말로 유엔난민기구 입장에서는 호박이 넝쿨째 굴러 들어온 셈이다.

졸리를 처음 본 것은 워싱턴 특파원 시절이었다. 그녀는 2005년 워싱턴 프레스클럽에서 개최된 유엔 난민의 날 행사 때 연설자로 참석했다. 각국의 취재진들은 졸리의 얼굴을 보기 위해 행사장에 몰렸는데 정작 그녀는 자신의 미모를 보기 위해 온 기자들을 불편하게 생각했다. 자신의 의제는 어디까지나 난민의 참상을 세계 언론이 좀 알아 달라는 것이었기 때문이다. 검은색 정장에 긴 머리를 단정하게 빗어 올린 졸리는 단연 돋보이는 미모였지만, 그보다 더 아름다웠던 것은 난민에 대한 그녀의 따뜻한 마음이었다. 왜 그녀는 난민 문제에 관심을 갖게 되었을까.

졸리가 사회 문제에 관심을 갖게 된 것은 25세가 되던 2000년 영화 〈라라 크로프트: 툼 레이더 Lara Croft: Tomb Raider〉를 찍으면서부터다. 그 이전까지 졸리는 삶의 의미를 찾지 못해 자해와 기행을 일삼던 말썽쟁이 초년생 영화배우였을 뿐이다. 유명 영화배우 존 보이트의 딸로 유복하게 성장했지만 그녀는 늘 삶을 음울하게만 느꼈다. 10대 때 자살 시도를 했었고 펑크족 남자친구와 3년 정도 동거도 했다. 불안정한 심리 상태와 반복적인 자살 소동은 20대가 되어서도 계속됐는데 그때의 일에 대해 그녀는 《안젤리나 졸리의 세 가지 열정》에서 이렇게 털어놓았다.

"내가 미쳤다고 생각한 적은 없지만 그렇다고 세상에 잘 적응해 살 수 있을 거라고 생각하지도 않았다. 어렸을 때 자살에 대해 수없이 생각했는데, 행복하지 않았기 때문이 아니라 나 자신이 쓸모없는 사람이라고 느꼈기 때문이다. 온갖 생각이 머릿속을 떠나지 않아서 불면증으로 밤을 새우기도 했다."

졸리에게 인생의 전환점은 영화 〈툼 레이더〉와 함께 찾아왔다. 이 영화를 찍기 위해 영국과 캄보디아에 머물면서 세상에 대한 인식을 바꾸게 된 것이다. 우선 영국은 미국에서 태어나 로스앤젤레스에서 성장하며 미국이 세상의 전부라고 배웠던 졸리의 인식을 바꿔준 나라가 됐다. 영국에서 졸리는 뉴스를 많이 시청했는데 미국에서 성장한 그녀가 미국적인 관점에서 벗어나 세계의 문제를 보는 계기가 된 것이다.

이에 대해 그녀는 이렇게 말한다.

"미국에서 어린 시절을 보내며 미국 역사에 대해서만 배웠다. 정치적 이슈나 사건이 터지면 나 자신과 미국에 어떤 영향을 미치는가에만 관심을 가졌지 전 세계적인 영향력에 대해서는 생각해본 적이 없었다. 영국에서 뉴스를 시청하면서 내가 미국에 살고 있다는 게 얼마나 큰 보호막이 되었는지 깨달았다."

이어 졸리는 캄보디아의 수많은 정글을 방문했다. 그때 그녀의 눈을 사로잡은 것은 캄보디아의 수많은 전쟁고아와 난민들이었다.

그녀는 이때의 상황에 대해 "캄보디아에 와 보기 전에는 매일 지뢰를 밟는 아이들이 있다는 사실을 전혀 몰랐었는데 직접 와서 많은 것을 깨닫고 배웠다"면서 캄보디아 국민들이 처한 상황에 진심으로 동정심을 느끼기 시작했다.

영화 촬영을 끝내고 미국에 돌아오자마자 그녀는 유엔난민기구에 연락했다. 그리고 난민들을 위해 자신이 할 수 있는 일이 무엇인지 물어봤다. 영화배우라는 자신의 직업을 통해 캄보디아 국민들의 어려움을 세계에 알리는 데 도움이 되고 싶다는 말도 했다. 보통 친선대사를 의뢰할 경우 기관 쪽에서 상대의 명성이나 이미지를 고려해 먼저 접촉하는데 졸리의 경우 먼저 유엔난민기구를 찾은 것이다. 그녀가 캄보디아 난민의 실상에 충격을 받고 유엔 쪽에 첫 접촉을 하게 된 이유에 대해 "유엔에 신뢰를 갖고 있기 때문"이라며 이렇게 말했다.

"유엔헌장은 '우리 사람들'이라는 표현으로 시작하는데 이는 내가 읽은 표현 가운데 가장 아름다운 말이다. 이것은 삶은 영위하는 것이며 세상의 모든 사람들은 역사와 문화를 함께 보호하고 서로에게 배운다는 뜻이다."

유엔난민기구에 연락을 취한 뒤 졸리는 처음으로 유엔을 방문, 구체적인 대책을 논의했다. 이때부터 졸리의 난민지원운동이 시작되는데, 그녀는 철저히 현장 중심적 접근법을 택했다. 처음부터 친선대사가 된 게 아니다. 난민들이 살고 있는 현장을 직접 가서 보고 그들의 목소리를 들은 뒤 무엇이 필요한지를 결정하고 지원하는 자원봉사 자격이었다. 그녀는 유엔난민기구 일을 시작하면서 난민촌을 직접 방문한 이유에 대해 이렇게 설명한다.

"직접 가서 듣고 보고 배우지 않는다면 굶주림, 궁핍과 거리가 먼 부유한 영화배우는 선행을 베풀 수 없을 것이라고 확신했다. 나는 무엇을 해야 할지 하나도 몰랐다. 내가 아는 건 세상에 대해 더 많이 배워야 한다는 것, 날마다 배워야 한다는 것뿐이었다."

그녀가 유엔난민기구 요원들과 함께 첫 방문한 난민촌은 시에라리온과 탄자니아였다. 2001년 2월 이곳에서 졸리는 난민의 현실을 몸으로 느꼈다. 어떤 전략을 마련하기에 앞서 인간적으로 아픔에 동참한다는 차원에서 시작한 것이다. 그때의 상황을 그녀는 이렇게 말한다.

"처음에 그들을 보았을 때 그 절박함 때문에 반응했다. 학교가 필요하다고 해서 돈을 냈고, 우물이 필요하다고 해서 또 돈을 냈다.

그런데 초점이나 전략 없이 일을 하다 보니 힘이 빠졌다. 아주 슬퍼졌고, 아주 화가 났으며 희망을 잃었다. 그래서 좀 더 구체적인 플랜을 갖고 일하기로 했다. 충분히 문제를 인식할 때까지 나는 발언을 하지 않았다."

유엔 난민의 날 연설자로 나서 난민의 참상에 대해 말하고 있는 안젤리나 졸리

그 후 졸리는 침묵한 채 난민 문제에 대해 독학에 들어갔다. 그리고 난민촌이 있는 세계 곳곳의 분쟁현장을 찾았다. 수단, 파키스탄, 러시아의 체첸, 코소보, 태국, 스리랑카에서 그녀는 최악의 조건에서 살고 있는 사람들의 목소리를 들었다. 철저히 자신의 의지로 난민운동에 뛰어든 자발적인 인도주의 운동가인 셈이다.

그런 과정을 거쳐 그녀는 2001년 8월 유엔난민기구 친선대사가 됐다. 그저 친선대사 역할만 하는 게 아니라 매년 이 기구에 많은 자선기금을 내놓는 기부자 역할도 하고 있다. 그리고 매년 유엔 난민의 날이 되면 유엔난민기구와 함께 워싱턴에서 행사를 가지며 의원 및 보좌관, 언론들을 상대로 로비활동을 벌이고 홍보활동도 한다.

그녀는 유엔난민기구 친선대사로서 홍보용 사진을 찍거나 홍보 이벤트에 명사로서 참여하는 정도가 아니라 스스로 행동하는 휴머니스트가 된 것이다.

여배우가 아닌 행동하는 휴머니스트가 되다

졸리는 제프리 삭스 Jeffrey Sachs, 1954~ 컬럼비아대학교 지구연구소장과 함께 밀레니엄 프로젝트에 참여하며 다큐멘터리를 만들기도 했다. 졸리의 기부액도 매년 늘어나고 있다. 그녀는 2001년 아프가니스탄 난민을 위해 100만 달러를 기부했고 다시 2005년 국제난민이주민어린이보호센터의 운영비용으로 50만 달러를 기부했다. 2006년에는 파트너인 브래드 피트 Brad Pitt, 1963~ 와 함께 졸리-피트재단을 만들어 수입의 1/3을 기부하고 있다. 이 재단은 국경없는 의사회와 아동을 위한 국제행동기구 Global Action for Children, GAC 등에 수백만 달러씩 기부하고 있다.

졸리가 유엔난민기구 친선대사가 된 지도 2011년으로 10년이 됐다. 25세 때인 2000년 캄보디아의 난민들을 돕고 싶다며 직접 연락을 취한 이래 유엔난민기구를 대표하는 명사가 된 그녀에 대해 유엔난민기구의 루드 루버스 Rudd Lubbers, 1939~ 전 대표는 이렇게 말한다. 그는 유엔난민기구 대표시절인 2001년 8월 졸리를 친선대사로 직접 임명한 사람이다.

"난민 문제에 관심을 가진 최고의 후원자는 졸리다. 친선대사로 임명된 이후 졸리의 헌신적 성과는 내 기대 이상이었다. 전 세계 난민 문제의 해결책을 찾기 위한 우리의 노력에 졸리는 훌륭한 동반자이며 동료다. 개인적으로 사재를 아끼지 않는 졸리의 기부와 진실한 온정의 손길에 큰 감명을 받는다."

졸리가 자신이 후원하고 있는 아프가니스탄 칼라구다르 마을의 한 학교에서 학생들에게 교육 재료를 보여주고 있다

졸리는 리비아 내전으로 수많은 난민이 발생했을 때도 가장 적극적으로 나서서 그들을 변호했다. 그녀가 2011년 6월 19일 이탈리아 남부의 작은 섬 람페두사를 방문, 튀니지와 리비아 출신 난민 2만여 명을 위로했을 때 세계는 다시 한 번 놀랐다. 졸리는 유엔난민기구 친선대사 자격으로 람페두사의 난민수용시설을 찾아 수용된 난민들과 대화를 나눴고 람페두사로 향하다 지중해에서 숨진 난민들을 위한 추모 행사에도 참석했다.

졸리는 "목숨을 걸고 탈출을 감행한 수많은 사람들이 이 아름다운 바다에서 목숨을 잃었다는 것을 믿기 힘들다"면서 난민들을 위로했다. 특히 난민들을 따뜻하게 맞아준 람페두사 주민들에게도 감사의 뜻을 전하면서 "더 나은 삶을 위해 유럽행을 택한 난민들이 그동안 얼마나 고통스러운 시간을 보냈을지 생각해 달라"고 당부했다.

람페두사는 이탈리아 본토보다 아프리카 대륙에 더 가까이 위치한 인구 6,000명의 작은 섬이다. 2011년 아랍 민주화 바람 속에서 튀니지와 리비아를 탈출한 난민 2만여 명이 몰려들면서 섬은 그야말로 잔뜩 부풀려진 풍선처럼 포화상태가 됐다. 그런데 난데없이 할리우드 여배우가 그 작은 섬을 방문, 난민들을 만나며 섬 주민들에게 난민에 대한 동정심을 가져 달라고 호소하자 난민과 주민들은 환호했다. 누구 하나 나서지 않는 상황에서 역시 여전사 졸리는 난민의 성녀로서 난민들과 함께하며 현장에서 난민보호운동을 펼친 것이다.

유엔난민기구 활동은 자해를 일삼으며 자살 충동에 시달리던 20대의 불안정한 여배우를 난민을 위해 최전선에서 활동하는 인도주의자로 변모시켰다. 졸리는 할리우드 유명 여배우가 갖는 수많은 특권을 세계 난민 캠페인에 활용해왔는데, 그 일은 그 자체로 또한 그녀의 개인적 삶에도 큰 변화와 의미를 선사한 것이다.

이뿐만이 아니다. 졸리는 별도의 재단을 통해 자선활동을 하고 있다. 2001년 매독스를 캄보디아에서 입양한 뒤 캄보디아 빈민을 위한 매독스 구호 프로젝트를 2003년에 만들어 지원해왔다. 그녀는 브래드 피트를 아이들의 아버지로 받아들이면서 2007년 이름을 매독스 졸리-피트재단으로 개칭했다. 그리고 고아를 돕는 재단으로 졸리재단을 창설, 운영해왔는데 이것도 2006년 졸리-피트재단으로 통합, 활동범위를 확대하고 있다.

세계의 난민들에게 따뜻한 시선을 보내고 있는 졸리는 자선의 필요성을 이렇게 얘기한다.

"자동차 세 대, 집 두 채가 필요하다는 이유로 일 년 내내 돈을 벌면서 그냥 손에 쥐고 있다는 것은 말도 안 된다. 바보 같은 짓이다. 가능한 한 많은 재산을 좋은 일에 써야 한다."

많은 재산을 좋은 일에 쓰고 있는 덕분인지 그녀는 할리우드에서 '가장 많은 출연료를 받는 배우'가 됐다. 졸리와 피트는 매년 할리우드에서 가장 돈을 많이 번 배우 순위 5위 안에 들고 있다. 세상의 난민과 고아들에게 따뜻한 시선을 보내고 있는 안젤리나 졸리는 세상으로부터 최고의 배우라는 찬사와 함께 최대의 물질적 축복을 받고 있는 셈이다.

졸리의 변화를 보면서 우울증으로 유명을 달리한 탤런트들이 떠올랐다. 졸리는 10대와 20대 때 우울증과 자살의 유혹을 견뎌내면서 할리우드 최고의 배우가 됐는데 이를 극복하게 만든 것이 바로 난민과 고아에 대한 관심과 사랑이었다. 만약 그 탤런트들이 세상을 버리기 전에 졸리 효과를 경험했다면 어떠했을까.

2

스타 파워를
자선 에너지로 활용하다

_ 조지 클루니

충동적 자선은 재앙을 부른다

유명인이 되는 것은 많은 이들이 꿈꾸는 것이지만, 막상 명사가 됐을 때 개인의 사생활은 대부분 노출되어 부담스럽기 짝이 없다. 이 때문에 명성을 부담스러워하는 유명 인사들이 의외로 많다. 할리우드 영화배우 조지 클루니 George Clooney, 1961~는 개인의 명성을 인도주의 사업에 대한 홍보수단으로 활용해 명성이 갖고 있는 에너지를 100% 창의적으로 쓴 인물이다. 클루니 덕분에 아프리카 수단의 집단 학살 문제가 세인들의 관심사로 등장했고, 결국 수단은 수십 년간의 인종갈등을 끝내고 남북으로 분리 · 독립하게 됐다. 클루니가 없었다면 수단 다르푸르 Darfur 집단 학살은 여전히 현재 진행형일 것이고, 수십만의 사람들이 조용히 죽어갔을 것이다.

클루니는 2011년 7월 남수단이 독립하는 데 있어 일등 공신이다. 그는 할리우드에서도 국제 인도주의 운동에 적극 참여하는 참여파 배우로 널리 알려져 있는데 아프리카의 내전 국가인 수단 문제를 국제적으로 공론화하고 수십 년간 치고받고 싸우는 수단의 기독교인들과 이슬람인들을 아예 갈라서 독립시키는 역할을 했다.

그는 어떻게 수단의 수호천사가 됐을까.

그가 수단의 다르푸르 학살의 참상을 깨닫게 된 것은 그의 나이 46세 때인 2006년 다큐멘터리 촬영을 위해 수단을 방문하고 나서부터다. 이후 그는 수단의 다르푸르 학살을 국제적으로 알리는 데 주력했다. 클루니가 수단 문제에 관여하기 전까지 수단은 세계인들의 시각 밖에 존재했던 나라다. 다르푸르에서 아무리 학살이 일어나도, 수만 명이 죽어도 그저 신문 국제면의 한 귀퉁이에 나오는 통계 수치 정도에 불과했다.

그러나 할리우드의 명사인 클루니가 수단 문제에 관여하자 드디어 사람들은 "수단에서 무슨 일이 일어나는 건데" 하면서 관심을 갖기 시작했다. 그의 수단에 대한 관심은 2005년 〈뉴욕타임스〉의 칼럼니스트 니컬러스 크리스토프가 쓴 수단 다르푸르 학살에 관한 칼럼이 계기가 됐다. 200만 명이 학살당한 바로 그 현장에 대한 글이었다. 한 해 뒤 그는 미국 켄터키 지역신문 논설위원으로 일하는 아버지 닉 클루니를 설득해 수단으로 여행을 갔고 거기서 수단의 참상을 가슴으로 느꼈다. 그러면서 그는 다큐멘터리를 찍었고 영화배우로서 자신의 명성을 수단의 인도주의 위기를 해결하는 자산으로 이용할 결심을 한다.

처음에 그는 수단의 인도적 위기현장을 방문하면서 난민을 돕는 데 집중했다. 자신이 방문했던 한 마을에 돈을 기부해서 우물을 만들고, 오두막을 짓고, 커뮤니티 센터도 만들어주고 돌아왔다. 그런데 한 해 뒤 그는 충격적인 얘기를 들었다. 옆 마을 사람들이 이 마을의 우물과 오두막을 시샘하게 되면서 결국 서로 죽고 죽이는 싸움을 하게 됐고, 그 결과 클루니가 돈을 기부해서 만든 우물과 오두막은 옆 마을 사람들의 차지가 됐다는 것이다.

그런 현실을 보고 클루니는 "어려운 사람들을 돕는 것도 중요하지만 그저 돈을 쓴다고 해서 문제가 해결되는 게 아니다"라는 사실을 깨달았다. 직접적으로 돈을 투입하는 일에 아주 신중을 기해야 하며, 인도주의적 상황 개선은 전체적인 차원에서 이뤄져야 한다는 것을 느낀 것이다. 이후 클루니의 수단 구호활동은 단순한 인도적 지원에서 정치적 문제 해결 쪽으로 이동하게 됐다.

수단의 난민 수용소를 방문한 조지 클루니

그는 미국의 국가안보회의 최고 외교 전문가들로부터 자문을 구하며 수단 문제에 대한 입체적 접근을 하기 시작했다. 위성을 통한 인종 학살 감시 아이디어는 이런 차원에서 나온 것이다. 인종 학살이 일상적으로 일어나는 수단을 감시하기 위해선 위성을 통한 감시가 필요하다고 판단, 2006년 위성감시프로젝트Satellite Sentinel Project 라는 비정부기구를 만들어 직접 위성을 띄웠다. 남북 수단의 국경선 지역을 감시하며 군사의 이동이나 분쟁이 없는지 하루 24시간, 일년 365일 감시한다. 여기엔 650만 달러가 들어갔는데 클루니의 멋진 생각을 지지한 영화배우 브래드 피트 등의 지원으로 기금을 마련할 수 있었다. 클루니는 이에 대해 "영화배우들은 늘 파파라치에 시달리는데 내가 바로 인종 학살을 감시하는 파파라치가 된 것"

이라고 말했다.

클루니는 이 일을 하는데 유엔이나 미국 정부로부터 어떤 지침도 받지 않았다. 오히려 다르푸르 학살 중지를 위해 앙겔라 메르켈 독일 총리에게 서한을 보내고 백악관으로 버락 오바마 미국 대통령을 찾아가 수단 분리·독립의 필요성에 대한 토론을 하며, 강대국들이 이 문제 해결에 관심을 가질 것을 호소했다. 동갑내기인 오바마 대통령은 클루니와의 면담 후 수단 문제 특별대사를 임명, 수단 문제 해결에 적극 나서게 됐다. 클루니와 오바마의 면담에 영향을 받은 존 케리 민주당 상원의원이 2010년 10월 수단을 직접 방문하면서 국제적 관심을 환기시키기도 했다.

그러나 남북 수단의 분리에는 여러 걸림돌이 있었다. 그중에서 특히 수단의 막대한 원유자원에 투자한 중국이 과연 남수단의 독립을 수용할 것이냐가 최대 관건이었다. 그렇지만 중국도 클루니의 국제적 명사 파워 앞에서 자국만의 이익을 고집할 수 없었고 결국 남북 수단 분리안은 수용됐다. 이후 2010년 10월부터 클루니는 수단 분리·독립 국민투표가 진행될 때 가능한 한 이에 대한 뉴스가 많이 보도되도록 전방위적으로 활동했고 백악관에 남수단 독립을 지지하는 이메일 보내기 운동을 주도했다. 그 결과 총 9만 5,000건의 메일이 접수되면서 남수단의 분리·독립을 위한 국민투표는 98.8% 지지로 통과됐다. 그는 한발 더 나아가 2011년 5월엔 수단의 독재자 오마르 알 바시르 대통령을 국제형사재판소에 기소, 처벌하자는 칼럼을 〈워싱턴포스트〉에 기고했다. 결국 알 바시르 대통령은 국제형사재판소에 기소됐다.

영화배우라는 명성을 최대한 활용하며 활동한 결과 수단의 내전과 분쟁은 종식됐고 2011년 7월 남북 수단의 분리·독립은 성사됐다. 이 일은 아프리카 출신의 유엔 사무총장 코피 아난, 세계의 '악의 축' 제거를 꿈꿨던 조지 W. 부시 전 대통령도 하지 못했던 일이다. 그런데 클루니는 크리스토프 칼럼에서 영감을 받아 수단의 인종 학살을 막겠다는 원대한 꿈을 세웠고 그 작업을 시작한 지 6년 만에 성사시킨 것이다. 이런 이유로 그는 '미스터 수단'으로 불리기도 한다. 남수단은 2011년 7월 신생 공화국으로 탄생했고 곧이어 유엔의 193번째 회원국이 됐다.

한 훌륭한 배우의 명성이 세계를 움직이다

클루니 덕분에 20세기 말 최악의 인종 학살로 불리던 다르푸르 사건은 공론화됐고 만성적인 인종 학살 무대였던 남북 수단에도 평화가 찾아왔다. 아직 불안정한 평화이지만 인공위성이 남북 수단의 국경선을 감시하고 있다. 남수단이 신생 공화국으로 유엔에 등록된 지 한 달도 채 지나지 않아 클루니가 띄운 인공위성은 수단의 분쟁 과정에서 희생된 사람들의 집단 매장지로 추정되는 거대 무덤을 촬영, 공개했다. 영국의 BBC는 2011년 7월 14일 위성감시프로젝트가 남코르도판 지역에서 찍은 위성사진을 공개하면서 "민간인 100여 명이 집단 암매장된 것으로 추정되는 거대한 흙무덤 세 곳이 포착됐다"고 보도했다. 이 방송에 따르면 위성감시프로젝트는 "위성사진에 나타난 집단 매장지는 북수단 정부군 및 민병대가 민간인을 공격 대상으로 삼았다는 분명한 증거"라면서 "북수단 정부군이 민간인들을 조직적으로 살해했다고 증언하는 목격자도 확

남코르도판 지역에서 찍은 위성사진으로 민간인이 암매장된 것으로 추정되는 거대한 흙무덤 세 곳이 포착됐다

보했다"고 전했다. 남코르도판은 2011년 7월 9일 수단으로부터 분리·독립한 남수단과 국경을 접한 지역인데, 남수단 분리·독립 과정에서 발생한 분쟁으로 민간인 7만 명이 피난길에 오른 곳이기도 하다.

이렇듯 남수단의 평화는 여전히 불안정하지만 이곳은 이제 전 세계인의 관심 대상이다. 클루니의 명사 파워가 이곳을 지키고 있기 때문이다.

클루니가 수단 문제에 관심을 갖게 된 동기는 앞서 밝혔듯이 크리스토프의 다르푸르 관련 칼럼 때문이었다. 때로는 하나의 글이 세상을 바꾸는 동기를 제공하기도 하는데 크리스토프의 칼럼이 바로 그 역할을 한 셈이다. 크리스토프는 자신의 칼럼을 읽고 수단 문제 해결에 나선 클루니에 대해 "스타는 학살이나 기아에 대한 대중의 관심을 끌어내고, 그런 관심은 문제 해결을 위해 무언가 해야 한다는 정치적 의지를 만들 수 있음을 새삼 깨달았다"고 말했다.

유엔 외교가에서는 "클루니가 없었다면 다르푸르 문제의 국제 공론화, 나아가 남수단의 독립은 어려웠을 것"이란 얘기가 나오고 있다. 클루니의 명사 파워가 아프리카의 악명 높은 다르푸르 학살을 국제사회에 알린데 이어 학살될 운명에 처해 있던 수많은 이들의 삶을 구한 것이다. 수단 사람들의 삶에 대한 동정에서 시작된 클루니의 자선은 단지 돈을 기부하는 것에서 한발 나아가, 명사 파워를 이용해 수단 사람들 전체의 삶을 바꾸고 하나의 국가를 만드는 일로까지 발전했다. 이는 명사들의 자선활동이 어디까지 발전할 수 있는지에 대한 전형을 보여줬다는 점에서 의미가 크다.

3

한 사람의 의지가 문맹을 깨치다

_ 그레그 모텐슨

세 잔의 차로 파키스탄의 등불이 되다

때로 전혀 뜻하지 않은 사건이나 경험이 인생행로를 바꾸는 경우가 있다. 하루하루의 삶에 지쳐 봉사나 나눔이란 단어는 떠올리지 못했고, 자선이란 말은 더더욱 거룩한 분들의 활동이라고 생각되어 꿈에서조차 생각해보지 않았던 사람이 인생의 특별한 계기를 만나 자선활동에 나서게 될 때 한국 사람들은 '운명'이라고 얘기한다. 그러나 미국 사람들은 운명이라기보다 우연한accidental 계기로 인생행로가 바뀐 사람이라고 생각한다.

운명인지 우연인지 모르겠지만 미국 샌프란시스코에서 응급센터 간호사로 일하던 그레그 모텐슨Greg Mortenson, 1957~은 30대 때 그런 경험을 통해 인생행로가 완전히 바뀐 인물이다. 그는 투박하지만 순수한 사람이다. 비록 전문 산악인은 아니지만 샌프란시스코 병원에서 임금이 가장 높은 야간응급센터 간호사로 일하다가 일정한 돈이 모이면 장기 산행을 하고, 돈이 떨어지면 다시 고되지만 일당이 높은 야간응급센터 간호사직으로 되돌아가는 30대의 평범한 시민이었다.

그런 그가 파키스탄 어린이 교육을 위한 학교건립운동가로 나서게 된 것은 1993년 파키스탄에 위치한 K2 등정 중 고지를 600m 앞두고 조난을 당한 뒤 코르페 마을 주민들에 의해 구조된 것이 계기가 됐다. 그는 애당초 자선에 대한 큰 뜻을 가져본 적이 없고, 봉사활동에 대한 꿈이 있었던 것도 아니다. 그저 뇌수막염 후유증으로 장애 속에 살다 젊은 나이에 세상을 뜬 여동생 크리스타를 추모하기 위해 K2 정상에 동생이 남긴 목걸이를 올려놓겠다는 애틋한 마음에 등정길에 올랐다. 그 등정이 그의 인생을 180도 바뀌게 한다.

파키스탄과 네팔은 세계 최고의 산맥지대여서 매년 수많은 등반가들이 찾는 나라다. 네팔의 히말라야는 세계 최고봉이고, 파키스탄 북부 중국 국경지대에 위치한 K2는 8,611m로 세계에서 두 번째로 높은 산이다. 세계 각지에서 그곳으로 향하는 등산가들은 오직 히말라야와 K2 정복에 초점을 맞출 뿐 그곳에 사는 사람들의 열악한 삶의 조건에는 대부분 관심을 보이지 않는다. 그런데 모텐슨은 K2 등정 중 사고를 당한 게 계기가 되어 간호사에서 파키스탄 교육운동가로 자신의 인생행로를 바꾼다.

코르페 마을 주민들에 의해 구사일생으로 살아난 그는 이 마을을 위해 무언가 해주고 싶었다. 그래서 그를 간호해준 코르페 마을 촌장 하지 알리에게 물었다. 그가 원한 것은 어린이들이 공부할 수 있는 학교를 하나 지어 달라는 것. 하지 알리의 간곡한 부탁을 가슴에 새기고 모텐슨은 샌프란시스코로 돌아온다. 무일푼의 야간응급센터 간호사가 코르페 마을 촌장과 덜컥 약속을 하는 것까진 좋았다. 그렇지만 그 약속을 이행하는 것은 전혀 다른 문제였다. 비록 생명을 구해준 은인에게 한 약속이지만, 일상으로 돌아왔을 때엔 지키지 못할 수밖에 없는 수십 개의 변명이 있을 수도 있다. 그런데 그는 코르페 촌장과의 약속을 지키기 위해 고군분투했고, 3년여의 노력 끝에 코르페 마을로 돌아가 학교를 지을 수 있었다. 이 과정의 모든 얘기는 그레그 모텐슨과 데이비드 올리비에 렐린의 《세 잔의 차 The Three Cups of Tea》에 자세히 기록되어 있다.

1993년 우연히 시작하게 된 코르페 마을의 학교건립 계획이 성공하면서 파키스탄은 물론 미국에서도 큰 반응을 얻게 되자 그는 아예 파키스탄 어린이를 위한 전업적인 지원가로 나서게 됐다. 집세 낼 돈이 없어 몰고 다니는 낡은 자동차에서 기거하고 샌프란시스코 지역 병원의 야간응급실 간호사로 일하면서 모은 돈을 몽땅 파키스탄 어린이 학교건립운동에 쏟아 부었다. 그는 이제 미국을 대표하는 파키스탄, 아프가니스탄 학교건립운동가가 되었다. 이 과정에서 파키스탄 어린이 학교건립을 위해 중앙아시아협회_{CAI}를 세워 공동회장으로 일하게 됐다. 이후 한발 더 나아가 '평화를 위한 동전_{Pennies For Peace, www.penniesforpeace.org}'이란 NGO도 결성, 대표로 활동하고 있다.

그가 파키스탄 지역에 세운 학교는 2010년 말 현재 145개이며 건립 중인 학교도 40개나 된다. 그뿐만이 아니다. 그는 이제 파키스탄에서 영역을 확대해 아프가니스탄 지역에도 학교 세우는 일을 하고 있고 아프간 주둔 미군 사령관들이 아프간 대민전략을 세우기 위해 자문을 구하는 대표적 인사로까지 부상했다.

미국 언론들은 그를 '우연히 자선활동가가 된 사람_{accidental activist}'이라고 표현한다. 애초부터 충분한 돈을 갖고 있지도 않았고, 자선이나 나눔, 기부에 대한 거창한 구상은 더더욱 없었다. 테러와 가난에 찌든 사람들에 대한 연민의 정을 갖고 파키스탄 빈곤 지역의 교육 사업에 뛰어든 것도 아니다. 우연히 등산길에 올랐다가 생명을 구해준 파키스탄 산악지대의 한 마을 촌장과 맺은 약속을 지키기 위해 학교건립에 나섰고 그것이 계기가 되어 전업적인 학교건립운동가가 됐기 때문이다.

모텐슨이 파키스탄에 학교건립운동을 한 것 자체가 경이로운 것은 아니다. 그 이전에도 히말라야 지역에 학교건립운동을 벌인 이가 있다. 에드먼드 힐러리 경 Sir Edmund Hillary, 1919~2008은 1953년 에베레스트를 정복한 뒤 자신의 등정을 가능하게 해준 세르파족의 짐꾼들을 위해 빈곤한 네팔의 세르파 마을에 학교를 지어주었다. 그는 이 일이 세계 최고봉을 등정하는 것보다 더욱 어려운 일이라고 했다. 자신의 자선사업에 관한 책《구름 속의 학교》1964에서 힐러리 경은 쿰부와 코르페처럼 세계에서 가장 궁핍하고 외진 곳들에 대한 원조의 필요성을 놀라운 선견지명으로 기록했다.

"더 부유하고 기술적으로 발전된 나라가 후진국을 도와야 할 책임이 있다. 그것은 자선을 위해서만이 아니다. 우리 자신이 항구적인 평화와 안정을 얻으려면 이 길밖에 없기 때문이다."

뉴질랜드 출신인 힐러리 경은 1953년 에베레스트 등정 이후 40년간 에베레스트 지역을 오가며 학교 스물일곱 곳, 병원 열두 곳, 쿰부 지역 비행장 두 곳을 건립했다. 그는 1995년 샌프란시스코에서 모텐슨을 만났을 때 "내가 에베레스트 등정에 큰 만족을 얻은 것은 사실이지만 내 평생 가장 가치 있는 일은 학교와 병원을 지은 것이고 이 일은 산에 발자취를 남긴 것보다 더 큰 만족을 주었다"면서 모텐슨의 일을 격려한 바 있다.

힐러리 경은 세계에서 가장 높은 산을 정복한 뒤 학교건립운동을 벌였기 때문에 수월했고, 그 덕분에 세계적 명사로서 히말라야 지역을 위한 지원운동도 할 수 있었다. 그런데 모텐슨은 최고봉인 에베레스트가 아닌 세계에서 두 번째로 높은 K2를 오르다 실패한 아마추어 산악인인데다가 제대로 된 경력도 없는 무일푼의 서민이

학교건립을 위한 목재를 나르고 있는 코르페 사람들(위)과 코르페 마을에 지어진 학교(아래)

었기 때문에 그의 길은 그야말로 형극이었다.

하지만 모텐슨에게는 엉뚱하리만큼 강한 지구력과 돌파력, 그리고 헌신성과 정열이 있었다. 처음엔 코르페 하지 알리 촌장과의 약속을 지키기 위해 시작한 일이었지만, 점차 그는 '파키스탄의 가난한 산악마을에서 제대로 공부도 못하고 자란 어린이들이 결국 커서 이슬람 원리주의를 체념적으로 받아들이거나 테러조직의 부대원이 될 수밖에 없다'는 진리를 깨닫고 그것을 신념으로 삼아 파키스탄 학교건립운동가로 거듭나게 됐다. 또한 이러한 그의 철학이 아프간과 파키스탄에 대한 미국의 전략을 바꿔놓을 정도로 파급력을 갖게 된 것이다.

모텐슨은 특히 파키스탄의 어린이를 위한 교육운동을 벌이면서 여자 어린이들의 교육을 강조했다. 초등학교 5학년까지만이라도 교육시키면 파키스탄의 빈곤 대물림을 극복하는 길이 열린다는 게 그의 지론이다.

"남자는 공부를 시켜놓으면 일자리를 찾아 도시로 나가지만 여자는 고향에 남아 지역사회의 주축이 돼서 자기가 배운 걸 남들에게 전파하죠. 어느 문화에 진정한 변화를 가져오려면, 여자들에게 힘을 실어주고 기본적 위생과 의료를 개선하고 높은 유아사망률에 맞서 싸우려면, 여자들을 교육시키는 게 답이랍니다. 이들이 5학년까지만 공부할 수 있다면 모든 게 달라집니다." _《세 잔의 차》, p. 302

모텐슨은 코르페 마을 학교건립 후 샌프란시스코 지역의 독지가들과 함께 중앙아시아협회CAI를 세우고, 본격적으로 파키스탄 학교건립 및 학교운영활동을 벌여왔다. 학교 건물만 지어주는 게 아니라 교사도 구해서 고용하고, 학용품도 조달하고, 교육도 시키는 데 파키스탄 정부학교와 똑같은 교과 과정을 가르친다. 특히 서양에서 인기를 끄는 비교문화나 반 이슬람 성향의 과목은 가르치지 않는다. 또한 과격 이슬람 원리주의도 가르치지 않는다. 여기에 샌프란시스코의 교육 전문가들이 CAI 이사회로 참석하면서 점점 체계적이 됐다. 모텐슨은 "파키스탄 아이들을 미국 아이들처럼 가르칠 생각은 없다. 그저 극단적이지 않고 균형 잡힌 교육을 받게 하고 싶다. 그게 우리가 하는 일의 핵심"이라고 밝힌 바 있다.

모텐슨은 파키스탄 어린이 학교건립운동이 파키스탄에 뿌리 내리게 된 비결이 코르페 마을 하지 알리 촌장의 가르침 덕분이라면서 그 대화의 한 토막을 소개했다.

"발리스탄에서 성공하고 싶다면 우리 방식을 존중해주어야 하네. 발리 사람과 처음에 함께 차를 마실 때, 자네는 이방인일세. 두 번째로 차를 마실 때는 영예로운 손님이고, 세 번째로 차를 마시면 가족이 되지. 가족을 위해서라면 우리는 무슨 일이든 할 수 있네. 죽음도 마다하지 않아. 그러니 세 잔의 차를 함께 마실 시간이 필요한 거야. 우리는 교육을 못 받았을지 몰라도 바보는 아니라네. 우리는 오랫동안 이곳에서 살았고 또 살아남을 사람들이야." _《세 잔의 차》, p. 219

모텐슨은 "그날 하지는 내 평생 가장 귀중한 것을 가르쳐주었다"면서 독백조로 이렇게 말했다.

"우리 미국인들은 중요한 비즈니스 식사를 30분 만에, 미식축구 훈련을 2분 만에 끝내는 국민이에요. 우리나라 지도자들은 충격과 공포 작전으로 이라크전쟁을 끝낼 수 있을 거라고 생각했죠. 그런데 하지 알리는 나에게 세 잔의 차를 함께 마시라고, 서두르지 말고 학교를 짓는 것 못지않게 관계를 맺는 것을 중요하게 생각하라고 가르쳐줬습니다." _《세 잔의 차》, p. 219

폭탄 대신 학교로 테러와 맞서 싸우다

〈워싱턴포스트〉의 주말 판 잡지인 〈퍼레이드〉는 이라크전쟁이 시작되던 무렵인 2003년 4월 6일 모텐슨의 활동을 소개하는 글을 미 주류언론 최초로 게재했다. '책으로 테러와 맞서 싸우다'라는 게 헤드라인이었다. 당시 나는 특파원 부임 직후 시작된 이라크전쟁으로 정신이 없었을 때였는데, 〈퍼레이드〉 잡지의 글은 신선한 충격이었다. 테러와 맞서기 위해 전쟁을 시작한 상황에서 이 글은 총칼 대신 책으로 맞서자는 주장을 폈기 때문이다.

"그레그 모텐슨은 마드라사라는 신학교를 통해 가담자를 모으려는 이슬람 원리주의자들과 조용히 전쟁을 벌이고 있다. 모텐슨의 접근은 단순한 아이디어를 바탕으로 한다. 세계에서 가장 위험한 교전지대에 종교와 무관한 학교를 짓고 교육을, 특히 여학생들의 교육을 장려하면 결국은 탈레반 및 다른 과격파에 대한 지지가 사라지리라는 것이다."

파키스탄의 쿨토리 학교에서 모텐슨과 아이들

〈퍼레이드〉의 평처럼 그의 아프간 접근법은 간단하다. 폭탄 대신 학교로, 단기적 성과 대신 장기적 변화를 추구하는 것이다. 그 후 모텐슨의 파키스탄 학교건립운동은 파키스탄을 넘어 아프가니스탄으로까지 확대됐다. 그러면서 모텐슨은 아프간전쟁 이후 미군의 아프간 전략에까지 영향을 미치는 인물로 부상했다. 그는 아프간 주둔 미군에게 특강을 하기 위해 아프간의 미군 기지를 여러 곳 방문하고 있다. 또한 그의 책은 고위 미군 사령관들은 물론 그 가족들의 필독서가 됐다. 그의 아프가니스탄 학교건립운동은 후속작품인 《돌을 학교로 Stones into Schools》에 소개되어 있다.

"파키스탄과 아프가니스탄에 대한 내 접근법은 그곳의 여자 어린이들을 우선적으로 교육시켜야 한다는 것이다. 그것은 몇 세대가 필요로 할 일이다. 알카에다와 탈레반은 수세대에 걸쳐 그렇게 하고 있음에도 미국은 예산 주기와 대선만을 생각하며 단기적인 일을 하려 하고 있다."

모텐슨은 비록 투박하고 세련되지 못한 말투로 이런 얘기를 하고 있지만, 그는 이미 아프간과 파키스탄에 대한 장기 전략을 짜는 미 국방부의 핵심 참모들에게 영향을 주는 미국인이 됐다. 진심에서 시작한 코르페 학교건립운동은 코르페를 넘고, 파키스탄을 넘어 이슬람권에 대한 접근법 자체를 뒤흔들어놓은 거대한 힘이 되었다. 그의 접근법은 억만장자가 수십 억, 수백 억 달러를 기부해 사회를 선한 방향으로 바꾸려는 것보다 더 큰 아이디어라는 점에서 가치 있는 일이다.

그런데 한 사람의 순수함과 열정이 오랫동안 변치 않고 지속되기란 참으로 힘든 것 같다. 2011년 4월 미국 CBS의 〈60분〉이란 프로그램에서 모텐슨이 중앙아시아협회 기금을 자신의 쌈짓돈처럼 유용했고, 모금을 통해 모은 기금의 40% 정도만 파키스탄, 아프가니스탄 학교건립 및 운용자금으로 사용했다고 폭로했다. 《세 잔의 차》에 기술된 모텐슨의 행적도 너무 미화됐고, 당시 건립된 학교 중 일부는 실제 운영되지 않아 명목상으로 남아 있다는 얘기도 추가됐다.

파키스탄, 아프간의 교육 영웅이던 모텐슨은 이 방송이 전파를 탄 이후 하루아침에 공금 유용을 일삼는 방만한 사회운동가로 그려지기 시작했다. CBS의 폭로가 어디까지 사실이고 어디부터 허구적 인신공격인지는 좀 더 있어야 밝혀질 것이다. 모텐슨은 CBS의 폭로 이후 그 충격으로 심장수술을 받는 등 어려움을 겪고 있다.

그런데 《세 잔의 차》에 그려진 모텐슨의 성격이나 일하는 스타일을 볼 때 이번 사건은 의도적인 공금 유용 사건은 아닌 듯하다. 《세 잔의 차》에 그려진 모텐슨은 선량하나 비조직적인 사람이고, 자선재단 운영에 대한 경영학적 지식이나 주도면밀함이 없는 인물이다. 논리보다는 의욕이 앞서고, 빈틈 없는 계획보다는 개인적 직감에 의존해 일을 하는 스타일이다. 나는 《세 잔의 차》를 집필한 전직 언론인 데이비드 올리비에 렐린의 평가를 신뢰한다. 그렇기에 CBS에 의해 촉발된 논란도 시간이 지나면 잦아들 것으로 본다.

다행히 〈뉴욕타임스〉의 칼럼니스트 니컬러스 크리스토프가 '세 잔의 차, 흘러 넘치다Three cups of Tea' s spilled'라는 칼럼2011. 4. 20에서 내 생각과 비슷한 평가를 내렸다.

"인간적으로 그레그는 부드럽고 열정적이지만 아주 비조직적인 사람이다. 나는 그레그와 친구로서 그 가족과도 함께 식사하며 교류를 해왔는데, 그가 중앙아시아협회 기금을 어떻게 썼든 간에 파키스탄과 아프가니스탄의 수많은 어린이들에게 배움의 기회를 줬다는 사실은 분명하다. 중앙아시아협회의 2009년 기금 41%만이 학교건립기금으로 쓰였다는 사실에 대해 할 말은 없다. 하지만 그는 파키스탄 학교건립운동을 벌이고 있는 비전 있는 창립자이지 한 해 2,000만 달러에 달하는 자선기금을 용의주도하게 운용하는 CEO는 아니다.

나도 그레그가 건립한 아프가니스탄의 학교를 방문한 적이 있는데 누구나 그곳을 가보면 아프간 어린이들이 학교 교육을 받고 있다는 사실에 전율을 느낄 것이다. 그는 미국인들이 전혀 생각하지 못했던 방식으로 무슬림의 세계와 접촉해 그들이 필요로 하는 교육

113

을 통해 다리를 놓고 있다. NGO를 만들고 운용하고 기금을 모으는 것은 참으로 어려운 일이다. 이번 스캔들이 사실로 밝혀지고 그의 책 일부가 가공의 사실을 쓴 것이라고 해도 그레그가 해온 파키스탄, 아프간 학교건립운동은 지속되어야 한다. 파키스탄, 아프간과의 관계를 발전시키기 위해선 그 나라 그 지역사람들의 목소리를 경청해야 하고 그들의 어린이에 대한 교육은 지속되어야 한다는 그의 주장은 전적으로 옳다."

크리스토프는 이 칼럼을 마무리하면서 부인과 자신은 타인을 돕는 일을 하더라도 재단이나 인도적 활동기구는 절대 만들지 않겠다고 맹세했다고 썼다. 돈을 효과적으로 기부하는 일은 아주 어렵고 불확실한 작업이기 때문에 자신들은 지식인으로서 글과 책을 통해 돕는 일을 하겠다는 것이다. 크리스토프의 말대로 미국에서 모텐슨의 활동을 둘러싼 논란은 인도적 지원기구를 어떻게 운영할 것인가의 문제, 그리고 공개 모금활동을 통해 모은 자선기금을 어떻게 써야 할 것인지에 대한 많은 논란을 불러온 게 사실이다. 그럼에도 불구하고 온몸을 던져, 때로는 생명의 위협까지 받아가면서도 파키스탄과 아프가니스탄의 가난한 어린 아이들에게 배움의 기회를 주고, 그들이 모여 공부할 수 있는 터전을 마련해주고 있는 모텐슨의 활동은 지속되어야 한다. 그의 노력 덕분에 아프가니스탄과 파키스탄의 수많은 어린이들이 문맹에서 벗어나 세상을 볼 수 있는 창을 만나게 되었기 때문이다.

4

신념 하나로
북한에 손을 내밀다

스티브 린튼(한국명 인세반)

Steve Linton

1950~

뜨거운 한국 사랑이 새로운 시작을 만들다

기부와 나눔으로 세상을 바꾸겠다는 나눔의 거인들은 대부분 자신이 번 엄청난 돈을 스스로 선택한 특정 분야에 직접 투입한다. 그것은 빌 게이츠 게이츠재단 회장처럼 아프리카 말라리아 퇴치운동이 될 수도 있고, 조지 소로스 소로스펀드 회장처럼 동유럽 민주화운동이 될 수도 있다. 그들의 공통점은 자신이 번 막대한 부를 가장 중요하다고 생각하는 부분에 기부, 가시적인 성과를 거두려 한다는 점이다. 그런데 게이츠나 소로스처럼 쌓아둔 돈은 없지만 북한의 결핵환자를 구함으로써 북한을 변화시키겠다는 신념으로 그들보다 더 열심히 전방위적인 대북나눔운동을 하는 사람이 있다. 스티브 린튼Steve Linton, 한국명 인세반, 1950~ 유진벨재단 회장이 바로 그 사람이다. 게이츠나 소로스와 같은 억만장자가 아니라는 점이 다를 뿐 세상을 바꾸겠다는 열정과 소명에서 나눔을 실천한다는 점은 동일하다.

린튼이 처음부터 대북지원운동가가 되겠다는 원대한 꿈을 가졌던 것은 아니다. 처음에는 굶주리는 북한 주민들에게 식량을 제공하겠다는 소박한 생각에서 일을 시작했다. 그러나 최악의 조건에서 조용히 죽어가는 북한의 결핵환자들을 보면서 그들을 위해 돈을 모으고 약을 구매하며, 직접 전달하는 일까지 도맡아 하는 전업적인 대북지원운동가로 인생의 경로가 바뀌어버렸다. 린튼은 나눔의 혜택이 필요한 사람들과 어느 수준의 지원이 얼마나 필요한지에 대해서 그 누구보다도 잘 알고 있는 사람이다. 그래서 매년 자신이 나눌 대상과 그 수준을 정하고 그것에 필요한 비용을 모금한다.

결과의 측면에서 볼 때 나눔으로 세상을 변화시키는 사람이라는 점에서 빌 게이츠와 다를 바 없지만, 나눔의 시작 단계에서 볼 때엔 천양지차의 악조건에서 나눔을 실천하는 사람이다. 게이츠는 게이츠재단에 비축된 500여억 달러의 운용기금인 30억 달러를 갖고 전 세계를 대상으로 나눔을 실천하지만 린튼은 매년 세계 곳곳을 오가며 30여억 원을 모금해 북한을 지원한다. 린튼과 게이츠의 나눔은 양적인 면에서 비교할 바가 못 되지만, 온몸으로 나눔을 실천하며 세상을 변화시키는 그 열정은 훨씬 더 클 수 있다.

린튼은 구한말 전남 지역에서 가난한 사람들을 도우며 선교활동을 하던 유진 벨 선교사의 4대손이다. 린튼의 아버지 휴 린튼은 벨 선교사의 딸 인사래가 윌리엄 린튼 선교사와 결혼해 낳은 셋째 아들이다. 린튼 회장에게 유진 벨 선교사는 외증조할아버지인데, 4대가 구한말에서 일제 식민지, 한국전쟁, 그리고 산업화와 민주화 시대의 한국과 끈끈한 인연을 맺고 있다. 달라진 게 있다면 린튼 회장의 외증조할아버지와 할아버지, 아버지가 남한, 그것도 전라도에서 빈민구제와 선교활동에 집중했다면 린튼 회장의 시선은 북한, 그것도 평안도 지역의 결핵환자를 돌보는 일에 매진하고 있다는 점이다.

그는 은둔의 나라 북한이 바깥 세계에 손을 벌리기 시작한 1995년부터 지원에 관여해왔고, 북한의 결핵환자 지원운동도 제일 먼저 시작한 인도주의 운동가로 이름이 높지만 처음부터 전업적인 대북지원활동가를 꿈꾼 것은 아니었다. 린튼 회장은 필라델피아에서 태어나 전남 순천에서 어린 시절을 보냈고 연세대학교와 미국 컬럼비아대학교에서 철학을 전공한 뒤 남북한 비교사로 컬럼비아

대학교에서 박사학위를 받았다. 언뜻 봐도 내성적인 학자풍의 인물이다.

그런 그가 대북지원운동에 나서게 된 내력은 이렇다. 1995년 컬럼비아대학교에서 교수로 재직할 당시 그는 유진벨재단을 만들었다. 증조할아버지인 유진 벨이 한국 땅을 밟은 지 꼭 100년이 된 해를 기념해 무언가 의미 있는 일을 하기 위한 것이었다. 마침 그때 북한이 홍수재해를 입어 외부 세계에 처음으로 지원을 호소했다. 이를 돕기 위해 그는 모금을 시작했고 이내 그 모금활동은 대북식량지원운동으로 이어졌다. 그때만 해도 몇 년 하다가 말 계획이었다. 당시 그는 컬럼비아대학교 교수 겸 동아시아연구소 부소장이었기 때문에 전업적인 대북지원활동가가 될 생각은 없었다. 유진벨재단이라는 비정부기구 운영은 어디까지나 부업이었다.

그런 그의 인생행로는 미국에서 모금한 지원기금으로 북한에 식량을 지원하면서부터 달라졌다. 식량을 갖고 북한에 가보니 정작 급한 것은 식량보다 결핵 문제라는 것을 발견했기 때문이다. 린튼 회장을 지난 2008년 만났을 때, 그는 대북지원활동가로 나서게 된 배경을 이렇게 회상했다.

"1995년 북한에 식량난이 본격화되면서 북한당국이 국제사회에 공식적으로 지원을 요청한 게 계기가 됐습니다. 당시 컬럼비아대학교 교수로 있으면서 식량 지원을 위한 유진벨재단을 만들었습니다. 재미 한인들과 미국인들이 보내준 기금으로 중국에서 식량을 구입해 북한에 보내기 시작했죠. 결핵약의 지원은 1997년쯤 북한당국의 요청으로 시작된 것입니다. 결핵을 앓아본 사람으로서 외면하기 어려워 그때부터 결핵퇴치 지원활동을 시작한 것이죠. 그때만 해도 한국 사람들이 직접 지원활동을 할 수 있을 때까지 몇 년만 하고 다시 대학으로 돌아가려 했는데 이렇게 계속 이 일을 하고 있네요."

〈문화일보〉, 2008. 5. 28

린튼 회장이 처음부터 원대한 계획을 갖고 북한의 결핵퇴치운동을 시작한 것은 아니란 얘기다. 굶주리는 북한 주민들을 위해 식량지원을 하고 싶다는 미주 동포들의 열망을 현실화하기 위해 유진벨재단을 만들어 나섰고, 그의 이러한 지원운동은 이내 결핵약을 지원해달라는 북측의 요청으로 인해 결핵퇴치운동가로 발전이 된 셈이다. 그는 이 일이 본격화되자 결국 교수직을 그만두고 전업적인 대북지원운동가로 나서게 됐다. 북한을 지원하는 일이 더 시급하다는 실존적 울림이 그를 대학교수에서 대북지원운동가로 변화시킨 셈이다.

이후 그는 매년 30억 원 안팎의 돈을 모금해 북한에 식량과 결핵약품을 지원하고 있다. 그 기금의 일부는 자발적으로 내는 이들의 지원금으로 채워지지만, 대부분은 린튼 회장이 직접 모금을 한다. 2010년 말 현재 그가 북한에 지원해온 금액은 총 563억 1,968만원이다. 지난 15년 동안 60여 차례 이상 방북하며 돌봐온 결핵환자는 25만 명에 달한다. 매년 30억 원에 달하는 식량과 결핵약을 지원해온 과정은 결코 쉽지 않았지만 그의 존재는 이미 북한의 수많은 결핵환자들에게 유일한 삶의 희망이 됐다.

15여 년을 한결같이 어떻게 매년 30억 원 안팎의 결핵약품과 구호식량을 지원할 수 있었느냐는 물음에 그는 "한국 사람들과 재미

교포 한인들이 기금을 보내주신 덕분"이라면서 "유진벨재단은 그저 그분들의 성의를 분배하는 역할을 하는 것"이라고 겸손하게 얘기했다. 하지만 그는 자발적으로 모이는 성금에만 의존하지 않고 늘 더 많은 기금을 모금하기 위해 뛰었다. 지원해야 할 북한의 결핵환자가 방북할 때마다 늘어났기 때문이다. 더 많은 약값을 모금하기 위해 늘 시민단체와 개인 독지가들에게 지원을 요청했고, 기금을 줄 수 있는 곳이 있다고 하면 세계 어디라도 달려가 강연을 하며 모금활동을 했다.

모금을 통해 겨우 약을 구매했다고 해서 그의 일이 끝나는 것은 아니다. 이번엔 지루한 행정업무가 기다리고 있다. 통일부에 대북반출 신청서를 제출하고, 그것에 대한 승인이 떨어져야 북한에 들어갈 수 있었다. 지난 2011년 4월 린튼 회장을 다시 만났을 때 그는 "통일부의 반출 승인이 나지 않아 속이 까맣게 타들어가는 것 같다"고 토로한 바 있다. 당시 통일부가 연평도 포격도발 사건의 여파로 대북물자 반출 승인을 보류한 상태여서 린튼 회장이 백방으로 손을 쓰고 있던 시점이었다. 그는 6개월 단위로 북한에 결핵약을 전달해왔는데 바로 전 약이 2010년 10월 연평도 포격도발 직전에 들어갔다. 그러니 5월 초엔 환자들에게 약이 전달돼야 결핵이 악화되지 않는데 만의 하나 통일부 승인이 늦게 나게 되어 약의 전달이 늦어지면 엉뚱하게 피해를 입는 이들이 생겨날 수 있다는 게 그의 우려였다.

그는 통일부의 반출 승인을 앞당기기 위해 한덕수 주미대사에게까지 지원을 요청했지만 당시 현인택 통일부장관은 확고한 대북원칙 견지론자여서 설득이 쉽지 않았다. 나는 당시 통일부 출입기자로서 실무자들에게 이리저리 물어보며 반출 승인이 빨리 날 수 있도록 옆에서 돕는 일을 했었는데 다행히도 4월 말 통일부 승인이 떨어졌고, 린튼 회장은 결핵환자들의 약이 떨어지기 직전 겨우 북송할 수 있었다. 이때 그가 겪은 어려움은 컸지만 그래도 "대북 지원 작업은 남북 양쪽에서 늘 어려웠기 때문에 크고 작은 일에 크게 비관하지 않는 법을 배우게 됐다"며 대범한 태도를 보였다.

여기까지는 한미 양국을 오가며 기금을 모으고, 한국에서 약품을 사고 북한에 보내기 위한 작업을 하면서 겪게 되는 어려움이다. 천신만고 끝에 약품을 선박편으로 보내고 북한행 비행기에 몸을 실으면 그쪽에선 또 다른 복잡한 일들이 기다리고 있다. 물론 북한의 결핵환자들에게 약품을 전달하기까지의 과정도 쉽지 않지만, 그래도 북한 사람들이 모든 일을 제치고 우선적으로 유진벨재단 일을 해줘서 그나마 덜 힘들다고 한다. 2011년 5월 만났을 때 그는 1995년부터 지원활동을 하면서 가장 힘들었던 것은 북한 내에 분배 및 전달구조를 마련하는 것이었다면서 이렇게 말했다.

"북한에 구호물품을 보내는 것보다 중요한 것은 배급망, 즉 물류 시스템 logistics 을 갖추는 겁니다. 물류 시스템이 구축되어 있지 않으면 인도주의적 차원에서 아무리 훌륭한 지원을 해도 소용이 없어요. 물품을 전달할 수 있는 지역 내에 시스템이 구축되어 있지 않으면 아무리 많은 물품을 지원해도 필요한 사람에게까지 전달할 방법이 없기 때문입니다. 우리 재단은 오랜 경험을 통해 물류 시스템 면에서는 가장 완벽한 체계를 갖추고 있습니다."

15년 가까이 북한을 오간 덕분에 물류 시스템 부분에 대해선 이제 별로 신경을 쓰지 않지만 약을 환자들에게 전달한 후에도 수많은 일을 직접 해야 한다. 처방한 약을 환자들에게 전달하면서 환자들의 상태를 체크한 뒤 객담을 받아내는 일, 그리고 그것을 남쪽으로 갖고 나와 병원으로 보낸 뒤 하나하나 분석해서 약을 처방하는 일까지 전부 그의 몫이다. 북한이 우리말을 하는 한국 요원의 출입을 한사코 막고 있어서 이 일은 그와 그의 부인 이현아 씨가 전담하다시피 하고 있다. 이렇게 일대일의 관찰과 처방이 필요한 것은 북한의 결핵환자들의 상태가 일반결핵이 아닌 내성결핵으로 악화된 경우가 많아 진전 과정을 보면서 처방을 해야 하기 때문이다.

그에게 "어떻게 그런 일을 그리 오래 해올 수 있느냐"고 물었더니 "젊은 시절 결핵을 앓았기 때문에 훨씬 환자의 마음에서 이해할 수 있었던 것 같다"고 덤덤하게 말했다. 결핵을 앓아본 사람으로서 동병상련의 정 때문에 지속했다고는 했지만 그렇게 힘든 모든 일, 즉 모금에서부터 약품구매, 대북반출, 전달까지의 일을 그가 취재진들에게 말하듯이 "미주 동포들이 모아준 돈을 전달해주는 일" 정도로 생각했다면 아마도 오래 버티지 못했을 것이다. 일시적 열정이나 단순한 동정심으로 시작했다고 해도 아마 곧 중단됐을 것이다. 묵묵히 15년간 해올 수 있었던 것은 아마도 그의 피 속에 4대째 흐르는 소명감 때문인 듯하다. 유진 벨 증조할아버지가 물려준 나눔의 의지가 있었기에 그는 세상에서 가장 변덕이 심한 나라인 북한을 상대로 빌 게이츠 회장이 하고 있는 아프리카 말라리아 박멸운동보다도 더 힘든 내성결핵환자 치료운동을 해오고 있는 것이다.

평안남도 소아병원의 소아병실을 방문한 린튼 회장

이렇게 복합적이고 힘든 일을 자신의 어깨에 홀로 걸머지고 있는 탓인지 그는 일 년의 반은 서울에서 반은 미국에서 살고 있다. 일 년에 두 차례 정도 방북하면서 북한의 결핵환자들에게 약을 지원하고 있는데 늘 시간에 쫓기며 산다. 그는 내게 이렇게 털어놨다.

"한국과 미국을 오가며 유진벨 한국과 유진벨 미국을 동시에 운영하는데 늘 한국에서 불을 끄다 미국에 와서 불을 끄는 그런 생활의 연속입니다. 아직도 북한의 각 지방에는 결핵으로 고생하는 이들이 많아 당분간 이 일은 제가 해야 한다고 생각합니다. 궁극적으로 제가 바라는 것은 어서 빨리 남북관계가 좋아져 제가 필요 없게 되는 날이 왔으면 좋겠다는 것입니다."

유진벨재단이 1995년 북한의 식량난 발생 직후부터 대북 지원과 결핵환자 지원활동을 해온 덕분에 이 재단은 식량 및 의료 부문에서 북한을 지원해온 가장 오래된 민간단체가 됐다. 그만큼 북한에 대한 생생한 지식과 경험도 많이 비축됐다. 그러나 그는 자신이 하는 일 이외의 문제에 대해선 늘 침묵으로 일관한다. 인터뷰 때는 물론이고 사석에서 만났을 때도 그는 "북한은 요즘 이렇던데"라는 식의 말을 전혀 하지 않는다. 북한에 대해 정치적 오해를 가져올 만한 얘기는 하지 않는다. 북한에 대한 직접적 비판은 더더욱 하지 않는다. 북한에서 어떤 사람과 만났다는 자랑식 체험담을 늘어놓지 않는 것은 물론이고 어떤 공을 내세우지도 않는다. 자신은 어디까지나 북한에 대한 인도지원활동가일 뿐 북한체제를 비방하거나, 일방적으로 홍보하는 일에는 관심이 없다는 것이다.

구한말 한국에 들어와 어려운 사람들을 도우며 선교활동을 했던 외가의 전통이 그를 그 길로 이끌었기 때문일까, 그는 늘 겸손한 태도로 목소리를 낮춘다. 유진벨재단이 북한에서 하는 활동에 대해 물으면 "결핵으로 고통받는 북한 사람들에게 처방약을 공급하는 것은 인간으로서의 기본 도리"라고만 설명한다.

1995년 이래 북한을 오가면서 그가 실전에서 터득한 것은 의료지식뿐만이 아니다. 북한에서 지원활동을 하기 위해 무엇이 필요한지도 현장 경험을 통해 익혔다. 남쪽에서 진보적인 정권이 들어섰을 때 정권 실세들이 앞다퉈 대북 접촉에 나서며 대북 지원을 할 때에도 그는 흥분하지 않은 채 묵묵히 자신의 일을 했다. 보수적인

평양시 동대원 내성결핵센터에서 약 상자를 받아들고 "후원자님! 감사합니다"라고 인사하는 환자들

정권이 들어서 최소한의 의약품 지원이 힘들어졌을 때에도 그는 정권 실력자들에게 줄을 대거나 미국을 통해 압력을 행사하지 않았다. 한국 정부의 승인이 필요한 일인 만큼 정부의 판단을 존중하겠다는 말만 했을 뿐이다. 자신은 남한을 오가며 북한을 돕는 미국 국적의 인도지원활동가인만큼 남쪽의 체제를 존중하며 북한을 지원하겠다는 '손님'으로서의 자세를 견지한다는 게 그의 설명이었다.

그런 그의 활동은 수많은 굴곡을 겪었다. 2006년 북한의 핵실험 이후가 그랬고, 2010년 천안함 폭침 사건, 그리고 연평도 포격도발 때도 그랬다. 그럴 때마다 그는 인도주의적 지원과 정치는 구분해야 한다는 얘기를 했다. 2006년 10월 북한의 핵실험이 대북지원활동가들에게도 영향을 주지 않았느냐는 질문에 대해 그는 "인도주의는 인도주의 그 자체로서 의미가 있어야 한다"며 이같이 말했다.

"인도주의적인 일을 하는 사람에게는 핵실험 이전과 이후의 북한이 크게 다르지 않습니다. 인도주의는 인도주의 자체로 의미가 있어야 합니다. 인도주의를 당근으로 사용하는 것에도 반대하지만, 정치에 영향을 주려는 인도주의에도 반대합니다. 저는 북한이 평화지향적 정책을 채택했으면 합니다. 핵을 실험한다고 해서 경제가 나아지거나 결핵환자들의 병이 나아지는 것은 아니지 않습니까?"

컬럼비아대학교 교수직을 그만두고 힘들고 험난한 대북지원운동가가 되면서 린튼 회장은 많은 시련을 겪었고 개인적인 희생도 컸지만, 소리 없이 죽어갈 수많은 북한 결핵환자들을 구했다는 점에서 그는 이미 성자가 된 셈이다. 그렇지만 그의 나날은 여전히 고달프다. 북한에 결핵약을 전달하고 돌아오는 순간 다음 6개월 후에 보낼 의약품 마련을 위한 모금을 시작해야 하기 때문이다. 그는 대북지원운동의 보람만큼이나 고단함도 크다면서 이렇게 털어놨다.

"쌓아놓은 기금으로 지원을 하지 않는 이상 끊임없이 모금을 해야 하고 새로운 기부자를 만들어야 하는데 이것은 결코 쉽지 않습니다. 늘 새로운 사람들을 만나 설득하는 것은 어려운 일입니다. 나눔, 자선이란 말은 좋지만 하나하나 설득하면서 그 일을 실천해가는 일은 쉽지 않습니다."

유진벨재단 창립 후 한국에는 진보정권과 보수정권이 잇따라 들어섰고 북한에서도 대남 강경정책과 온건정책이 교차하면서 금강산 관광의 개시와 개성공단 설립, 1~2차 핵실험 등 순풍과 역풍이 교차했다. 그런 어려운 시간들을 그는 "인도주의는 인도주의 그 자체의 논리로 진행돼야 한다"는 원칙으로 밀고 나가며 소명감을 갖고 대북 결핵환자 지원사업을 지속하고 있다. 이 덕분인지 유진벨재단은 2008년 미 국무부가 대북의료 지원사업을 개시할 때 머시코어, 사마리탄스퍼스, 세계환경자원행동센터 등과 함께 대행기관으로 선정됐다. 이 단체들은 국무부로부터 100만 달러9억 원씩 받아 대북의료 지원활동을 했는데 이 가운데 유진벨재단은 북한에 대해 가장 생생한 정보와 현장 경험이 풍부한 비정부기구란 평가를 받았다.

1995년 북한을 돕겠다는 소박한 생각으로 시작한 대북지원운동은 이제 그의 삶을 온통 지배하는 일이 됐다. 한반도에 발을 내딛은 외증조할아버지의 유지를 발전시키는 린튼가의 새로운 나눔운동으로 자리잡은 것이다. 연세대학교 세브란스병원 가정의학과 과장인 동생 존 린튼John Linton, 한국명 인요한, 1959~도 틈틈이 형을 돕고 있다. 홀로 동분서주하며 북한의 결핵환자들을 살리기 위한 운동을 해온 린튼 회장은 이제 축적된 부를 슬기롭게 쓰기 위해 나눔에 참여하는 자선사업가들보다 훨씬 더 창의적으로 모금과 나눔, 분배를 한꺼번에 하는 전방위적인 나눔운동가가 된 셈이다.

5

열린사회 대부의 황혼 구상

_ 조지 소로스

중년의 위기를 자선으로 극복하다

중년의 위기 midlife crisis라는 말이 있다. 청소년기에 사춘기를 겪듯 40대 중후반 중년기로 접어들면서 삶의 가치와 의미에 대해 방황하는 시기를 중년의 위기라고들 한다. 이 위기를 제대로 넘기지 못해 인생 후반을 파괴적으로 사는 사람이 있는가 하면, 중년의 위기에 인생을 전향적으로 바꿔 새로운 삶을 사는 사람들도 있다.

조지 소로스 소로스펀드 회장은 중년의 위기를 나눔과 자선으로 극복하며 자선사업가로서 입지를 굳힌 인물이다. 그는 내가 존경하는 자선사업가이기도 한데 많은 사람들은 그의 돈 버는 방식을 비판하지만, 나는 그의 돈 쓰는 방식을 존경한다. 그의 돈 버는 수법이 핫머니를 이용한 환투기라 해서 비난할 생각은 없다. 그의 돈 버는 방식은 탈법이 아니라 법의 틀 내에서 하는 합법적 비즈니스이다. 물론 법이 변화하는 현실을 따라잡지 못하고, 소로스의 방식은 법이 미처 규제하지 못한 부분을 이용한 투자라고 해서 비판하는 이들도 있지만, 그것을 미세하게 비판할 생각은 없다. 소로스 스스로도 "나는 법이 허용하는 방식 내에서 돈을 벌었기 때문에 내 직업에 대해 어떤 죄의식도 없다"고 말한 바 있다.

그는 40대 초반이던 1970년대 이미 3,000만 달러를 벌어 자신과 가족이 풍족한 생활을 하고도 남을 수준의 부를 쌓았다. 그때부터 그가 고민하기 시작한 것은 무엇을 위해 살 것인가, 어떻게 돈을 가치 있게 쓸 것인가라는 실존적 질문이었다. 그는 백만장자가 된 후에도 자동차나 값비싼 가구 같은 것을 좋아하지 않았다. 그는 뉴욕 맨해튼의 방 4개짜리 아파트에서 부인과 세 아이들과 살면서 사무실을 오가는 정도였고 종교에 심취하거나, 부유한 사람들과 어울리며 돈을 쓰는 일에도 낯설어했다.

그때까지 그는 자선사업에 대해서도 관심이 없었다. 없는 정도가 아니라 "자선사업은 빗나간 자아만족"이라고 여기며 공개적으로 자선 행위를 비난하기까지 했다. 마이클 T. 카우프만이 쓴 전기 《소로스Soros》2002에서 소로스는 "10세 때이던 1940년 소련의 무력에 저항하는 핀란드 사람들을 돕기 위해 돼지 저금통을 헝가리 신문 편집자에게 보낸 이래로 어떤 일에도 기부하지 않았다"고 털어놓았다. 그는 또한 "자선 행위에 대해 상당히 부정적인 시각을 갖고 있었고, 유대계 기관들로부터의 기부 청탁도 전혀 들어주지 않았다"고 썼다.

그렇게 자선에 경멸적이던 그가 자선사업가로 나서게 된 것은 돈을 충분히 벌어들이고 나서 갖게 된 공허함을 이기는 과정, 즉 중년의 위기를 극복하는 과정을 통해서였다.

돈이 주는 중압감으로 중년의 위기까지 겪었던 그가 가치 있는 일로 발견한 것이 자선이라는 얘기다. 그는 중년의 위기를 혹독하게 겪으며 40대 말 이혼했다. 한동안 삶의 가치를 찾지 못해 방황했고, 정신과 치료를 받기도 했다. 그러다 런던 정경대학 시절 스승 칼 포퍼의 사상인 '열린사회 철학'을 세상에 구현하기 위해 돈을 써야겠다는 데로 생각이 모아졌다. 열린사회를 촉진하기 위한 자선활동 쪽으로 방향을 잡은 것이다. 〈뉴욕타임스〉와 〈뉴욕리뷰오브북스New York Review of Books〉를 정독하면서 그는 사회변화를 위해 돈을 써야겠다는 생각을 구체적으로 하게 된다. 그가 〈뉴욕리뷰오브북스〉2011. 6. 22에 기고한 '자선'이란 글에서 "나는 법적 윤리적 틀

내에서 개인적으로 관심 있는 비즈니스를 하고, 공적으로는 공익을 위해 움직이는 퍼블릭 지식인, 자선사업가로 일하기 시작했다"고 말했다. 중년의 위기를 겪으면서 개인적으로는 비즈니스를 지속하되, 공적인 영역에서는 공익을 위해 발언하는 지식인이자 자선사업가로서의 삶을 살기로 결정한 것이다.

그가 자선사업을 시작한 것은 49세 때다. 1979년 남아프리카공화국의 인종차별Apartheid정책에 항의하는 차원에서 흑인학생들이 케이프타운대학교에 입학할 수 있도록 장학금을 지원한 게 그의 첫 공식 자선활동이다. 이후 그는 본능적으로 동유럽, 소련 등지에서 세계적으로 범상치 않은 변화가 오고 있음을 직감, 이를 위한 활동을 해야겠다고 결심하게 된다. 1970년대 말 소련 동유럽권 철의 장막이 균열을 보이기 시작했고, 이 같은 흐름을 가속화하기 위해 소로스는 1979년 열린사회를 위한 기금을 자선신탁 형태로 출범시킨 뒤 매년 최대 300만 달러씩 기부하겠다는 구상을 세웠다. 1984년엔 본격적으로 '열린사회재단Open Society Foundations'을 창설하며 자선사업에 나섰는데 30여 년이 지나면서 열린사회재단 지부는 세계 60개국에 만들어졌고, 매년 예산도 5억 달러 정도 투여된다. 소로스가 1979년 이래 30년간 기부해온 총 액수는 80억 달러에 달한다.

그러나 돈 버는 데 특출한 능력을 지닌 사람이라고 해서 돈을 품위 있게 쓰는 능력을 자동적으로 갖게 되는 것은 아니다. 〈뉴욕타임스〉 기자 출신 작가 마이클 카우프만의 《소로스》에는 이 시기 자선운동에 대한 소로스의 솔직한 고백이 나타나 있다.

열린사회재단이 후원하고 있는 세네갈 타커에 위치한 미혼모 훈련 센터를 방문한 소로스

"내가 자선사업에 뛰어들었을 때 그야말로 시행착오의 연속이었다. 1979년부터 1984년까지 고통스러운 실험 기간이었다. 내가 도대체 무슨 짓을 하고 있는지 몰랐고 본의 아니게 잘못된 길을 가기도 했다. 때로는 뭘 해야 할지 몰라 당황했고, 고역을 치르기도 했다. 일정한 역할을 모색했지만 나에겐 잘 맞지 않는 일이 많았다."

자선이라는 게 그저 돈을 주는 것이 아니라 뭔가 목표를 갖고 그것을 실현시키기 위해 쓰여져야 한다는 신념을 갖고 있었던 그에게 초기 자선사업은 시련의 연속이었지만, 진지하게 자신만의 길을 찾았다. 그 결과 철저히 자신의 삶 속에서 나온 경험을 바탕으로 가장 자신에게 맞는 자선의 길을 찾았다.

마침 그가 초기의 시행착오에서 벗어나 자선사업의 비전을 '열린사회' 구현으로 설정했을 무렵, 동유럽의 체제 변화 과정이 본격화됐다. 그는 체코슬로바키아와 폴란드, 헝가리의 반체제 세력들을 물심양면으로 지원했고, 1991년엔 자신의 모국 헝가리에 중앙 유럽대학The Central European University을 세워 체제 개혁 이후 동유럽을 이끌 새로운 리더들을 양성하는 작업을 시작했다. 그의 노력은 동 유럽 국가들이 수십 년에 걸친 공산주의의 그늘에서 벗어나는 과 정에서 큰 힘이 됐다. 그는 또 에스토니아, 리투아니아, 우크라이 나에도 열린사회재단을 만들어 체제 변화 과정을 지원했으며, 그 루지야에서 미하일 사카쉬빌리 대통령이 당선되는데도 일정한 역 할을 해 러시아와 갈등을 빚기도 했다.

세계와 미국을 바꾸는 제2의 카네기

소로스는 글로벌 시대가 본격화한 2000년부터 시야를 동유럽에서 전 세계로 확장하면서 그간 크게 신경 쓰지 않았던 미국에 본격적 으로 주목하기 시작했다. 2002년 민주주의 공동체 회의 참석차 소 로스가 방한했을 때 인터뷰를 한 적이 있는데 그는 당시 "지난 10여 년간 세계화가 진전되면서 그 폐해가 많이 나타나고 있기 때문에 앞으로는 글로벌 차원에서 열린사회를 위한 작업을 벌여나갈 계 획"이라면서 미국 사회를 바꾸기 위한 자선사업 계획을 이렇게 설 명했다.

"세계화가 진전되면서 미국이 모든 것을 주도하는 사회가 됐다. 그런데 미국은 글로벌 리더로서의 역할을 하지 않고 점점 오만해지 고, 잘못된 방향으로 가고 있다. 미국이 잘못 나가면 국제적으로 너 무 큰 해악을 끼친다. 미국의 일방주의가 지구촌이 열린사회로 나가는 것을 막고 있다. 힘이 있는 사람이나 국가는 그에 걸맞은 책임 감을 갖고 그에 적합한 일을 해야 한다. 그것은 의무다. 그런데 미국은 점점 국제적인 룰조차 무시하려고 한다. 미국이 민주주의를 얘기하면서도 자국만의 이익을 위해 독단적인 행동을 한다면 열린사회는 유지될 수 없다. 그렇기 때문에 나는 앞으로 미국의 행동을 변화시키기 위해 많은 힘을 기울일 방침이다."

이후 소로스는 반부시운동의 선봉에 섰다. 헤지펀드 매니저로서 너무 정치에 깊숙이 개입하는 게 아니냐는 비판도 있었지만 그럴수록 그는 더 적극적이었다. 조지 W. 부시 대통령을 미국 최악의 대통령이라고 규정하며 민주당 좌파 성향의 시민단체들과 연대해 2004년 대선 때 낙선운동을 벌여 보수파의 표적이 되기도 했다. 민주당을 지지하는 진보성향 시민단체인 무브온닷오르그 www.MoveOn.org 등에 막대한 기금을 내며 반부시운동의 선봉에 섰다.

당시 그는 반부시운동에 뛰어든 동기를 자신의 저서인 《오류의 시대》2006에서 다음과 같이 설명했다.

"나는 정당정치에 관여하는 것을 좋아하지 않는다. 민주당은 내가 지지하는 정책을 추구하지 않기 때문이다. 하지만 나는 조지 W. 부시가 너무 심하다고 생각했다. 그는 열린사회에서 용납될 수 있는 수준을 훨씬 넘어서 버렸다."

그는 2004년 미국 대선 때 부시 낙선운동을 하면서 "부시 대통령이 낙선만 된다면 내 돈을 다 써도 괜찮다"고까지 했으나 부시의 재선을 막는 데 실패했다.

그 후 낙담 속에서 살며 반부시운동에 집중하던 소로스는 2008년 대선 때 일찌감치 버락 오바마 후보를 지지하고 나섰다. 주변에선 "왜 힐러리 클린턴이 아니고 오바마냐"는 질문을 했는데 "오바마가 더 전향적으로 미국을 변화시킬 수 있기 때문"이라고 답변했다.

소로스의 반부시운동을 다룬 2009년 12월호 〈포춘〉지

그는 미국의 변화를 위한 운동뿐 아니라 글로벌 세계가 좀 더 공정해지도록 하는 다양한 운동에도 적극 나섰다.

2002년 '채굴산업 투명성 이니셔티브EITI'를 조직, 기업과 정부, 시민단체가 협력해 아프리카 중앙아시아 국가들의 석유, 천연가스, 광물 수출 과정에서 조직적 부정부패가 이뤄지지 않도록 하는 국제 캠페인을 벌였다. EITI는 여러 국가에 자산 감시기구를 만들어 감시활동을 했는데 나이지리아에서 사용처가 불분명한 10억 달러를 찾아내기도 했다.

그는 스스로를 정치적 자선사업가라고 규정한다.

"나는 사회적으로 논란이 되는 이슈, 예컨대 마약의 사용규제 완화 등에 대한 입장을 발표해 정부의 정책을 바꾸는 일에 집중했다. 정치권력이 개선되는 게 가장 중요하며 그게 부자들의 책무라고 생각하기 때문이다. 나는 정부나 기업들에 의존적이지 않기 때문에 독립적인 목소리를 낼 수 있었다.”_Mattew Bishops & Michael Green, 《Philan-
throcapitalism》, p. 263

그런 소로스에게도 걱정이 있다. 전 세계 각지에서 운영되고 있는 열린사회재단 산하기구들이 자신의 사후에도 적절하게 운영될 수 있을까이다. 이미 팔순이 넘어 황혼길에 접어든 그에겐 앞으로 소로스식 자선전통을 어떻게 승계·발전시킬 것인가가 최대 문제인 것이다.

그는 〈뉴욕리뷰오브북스〉2011. 6. 22에 기고한 '자선'이란 에세이에 말년의 고민에 대해 털어놓으면서 앞으로 자신이 세상을 떠난 뒤에도 열린사회재단이 어떻게 활동해야 할 것인지에 대한 방향을 다음과 같이 제시했다.

"나는 그간 해온 일에 만족하지만 두 가지 걱정이 있다. 하나는 열린사회재단이 나나 아레 네이어Aryeh Neier 회장이 없는 상태에서도 잘 운영될 수 있을까 하는 것이고, 다른 하나는 내가 앞으로 무엇을 더 이룰 수 있을까 하는 문제다. 열린사회재단을 세울 때 나는 내가 세상을 떠날 때 재단도 문을 닫겠다고 생각했다. 내가 존재하지 않는 상황에서 열린사회재단이 존속하게 되는 것을 원치 않았다. 그간 내가 관찰해온 바에 따르면 창립자가 세상을 떠났을 때 그 재단이나 기구가 창립자의 의지나 구상에서 멀어지는 경우가 많았기 때문이다.

그런데 열린사회재단이 구체적인 형태를 갖추고 일을 해 나가는 것을 보면서 나는 생각을 바꿨다. 내가 세상을 떠날 때 재단을 해산하는 것은 극도로 이기적인 생각이라는 판단이 들었기 때문이다.
능력이 뛰어난 수많은 인재들이 열린사회재단에서 일하고 있어 내
가 인위적으로 종식시키는 것은 옳은 결정이 아니라고 생각한다.
더욱더 중요한 것은 내가 세상에서 사라지고 난 다음에도 열린사회
재단이 추구해온 시민사회가 강화되어 정부의 투명성을 높이는 작
업이 지속되어야 한다는 믿음이다. 특히 일부 빈곤국에서 열린사회
재단은 빈민층에 대한 법적 구제활동을 해왔는데 그런 일은 내가
존재하지 않는 상황에서도 지속되어야 한다. 그래서 나는 내 후계
자들에게 내가 만들어놓은 기구들이 열린사회 추구라는 정신을 견
지하며 운영될 수 있도록, 좀 더 나은 사회를 추구하는 일을 계속할
수 있도록 계속 남겨놓을 생각이다.”

이 글은 팔순의 소로스가 자신의 사후 자선 문제에 대해 얼마나
치밀하게 대비하고 있는지를 잘 보여준다. 그는 이 글을 쓴 지 한
달 후인 2011년 7월 22일 투자자들에게 편지를 보내 “퀀텀펀드는
더 이상 외부 투자자들의 자금을 운용하지 않고 소로스 가족 자산
만을 운용할 방침”이라고 밝혔다. 소로스가 회장인 퀀텀펀드는
255억 달러를 운용, 연간 20%의 수익률을 기록해왔는데 이 같은
방침에 따라 2011년 말까지 외부 투자자들의 자금 7억 5,000만 달
러는 모두 돌려줄 예정이라는 것이다. 〈워싱턴포스트〉2011. 7. 26는 이
에 대해 “81세를 맞은 소로스가 투자 회사 운용을 접고 보다 많은
시간을 자선사업에 투입하기 위한 노력으로 보인다”고 해석했다.
사실상 헤지펀드 매니저로서 은퇴 선언인 동시에 여생을 자선사업
가로 살겠다는 의지 표명이라는 것이다.

'자선'에 대한 글에서 열린사회재단에 대한 이후 구상을 마친 뒤 퀀텀펀드 회장으로서의 대외적 활동도 사실상 접고, 좀 더 광범위한 생애 정리 작업에 돌입한 셈이다. 펀드 매니저로서 활동을 마친 소로스가 앞으로 자선 분야에서 어떤 활동을 보여줄지는 미지수다. 이미 그의 나이가 여든 살을 넘었기 때문에 새로운 일을 벌이기보다는 하던 일을 잘 마무리해서 후대에 이어주는 역할을 하는 데 집중해야 하기 때문이다.

소로스는 철저히 열린사회재단을 중심으로 자선활동을 하며 다른 기구에는 기부하지 않았다. 2006년부터 빌 게이츠와 워런 버핏이 주도하는 기빙플레지에도 참여하지 않고 있다. 이미 재산의 절반 이상을 기부한 만큼 굳이 이 같은 공식적인 기부모임에 참여할 필요가 없을지도 모르겠다. 그러나 어쨌든 많은 이들의 의구심을 자아내고 있는 것은 사실이다. 사회적 발언을 즐기는 그가 기빙플레지에 대해선 아무런 얘기를 하지 않고 있어 더욱더 궁금하다. 다만 그는 2010년 국제적인 인권 감시기구인 휴먼라이트워치에 1억 달러를 기부했고, 뉴욕 공립학교들의 방과 후 수업을 강화하기 위한 기금으로 1억 달러를 기부했다.

미국의 자선사업 연구자인 발데마르 닐슨은 《미국의 박애주의에 대하여 Inside American philanthropy》에서 "소로스가 제시한 비전의 규모와 책임의 정도 그리고 그의 실천력을 볼 때, 소로스는 미국의 가장 위대한 자선사업가들과 위상을 같이한다. 록펠러와 카네기 이후 기부 분야에서 그 같은 강력한 영향력을 보여준 사람은 없었다"고 평가한 바 있다. 닐슨은 소로스를 록펠러나 카네기에 비교했지만, 소로스는 두 사람 중 카네기를 더 존경한다고 내게 말한 적이 있다. 록펠러도 큰일을 했지만 카네기는 한 개인이 한 사회를 얼마나 바꿔놓을 수 있는가를 보여준 사람이라는 게 그 이유다. 그는 당시에 "요즘 기업인들은 기업 자체의 이익을 위해 자선활동에 관여하려는 경향이 많아 카네기와 같은 사람을 찾아볼 수 없는 게 아쉽다"고 했다. 평생 포퍼를 좇아온 철학도 소로스는 구 공산권이 열린사회로 나아가는 데 적극적인 역할을 했고 이후 글로벌 슈퍼 파워 미국을 바꾸는 데 주력해왔다. 이제 인생의 황혼을 맞은 그가 카네기에 다가가기 위해 어떤 노력을 새롭게 할지 주목된다.

6

기부는
섬광과도 같다

_ 박완서

노 작가가 남긴 마지막 선물

작가 박완서 1931~2011 선생이 13억 원을 서울대학교에 기부했다는 뉴스를 본 것은 2011년 4월 22일 저녁이다.

박완서 선생이 1월 22일 세상을 떠난 뒤 가족들이 유산을 정리한 끝에 남겨진 재산의 13억 원을 모교인 서울대에 기부했다는 것이다. 그는 한국전쟁기에 서울대 국문학과를 다녔지만 졸업을 하진 못했다. 서울대 중퇴 후 결혼, 살림을 하다가 40세가 되던 1970년부터 작가활동을 시작했다. 생전에 소설로 사회에 발언을 했을 뿐 자선이나 기부에 대해 어떤 거창한 얘기를 한 적은 없었다. 그런 그가 세상을 떠나기에 앞서 가족들에게 재산을 모교에 기부하겠다는 의사를 밝혔고, 유족들은 유지에 따라 재산의 일부를 학교에 사후 기증하겠다는 뜻을 발표했다.

박완서 선생의 살아온 삶을 떠올려보니 그의 삶 자체가 한국 현대사의 파노라마와 같다는 생각이 들었다. 그는 생전에 한 강연에서 고향인 황해도 개풍군에서 보낸 어린 시절과 아버지를 병으로 여읜 뒤 어머니를 따라 서울로 이사했던 일, 6·25 때 오빠와 숙부를 잃어 소녀 가장 역할을 하고 중년의 나이에는 남편과 아들을 차례로 잃었던 경험을 얘기했던 적이 있다.

그의 가족사가 그렇게 파란만장했으니 자선이나 기부를 생각하기 쉽지 않았을 것이다. 그런 만큼 세상을 떠나며 서울대에 남긴 13억 원은 그의 작품을 읽어왔고 또 읽을 동시대 및 후대 사람들에게 보내는 마지막 선물인 셈이다. 그의 작품 《그해 겨울은 따뜻했네》처럼, 유난히 혹독하게 추웠던 2011년 정월은 박완서 선생의 훈훈한 기부 덕분에 따뜻했던 겨울로 기억될 것 같다.

나는 《존경받는 부자들》에서 '임종 직전의 기부는 최악'이라며 살아생전에 기부 목록을 짜고 실천해야 한다는 주장을 폈다. 그런데 박완서 선생의 사후 기부를 접하면서 생각을 바꾸게 됐다. '기부는 언제 어느 때 해도 아름다운 실존적 결단'이란 생각이 들었다.

'나눔과 기부'에 대해선 수많은 학설이 있다. 철학적 잣대로 너무 거창하게 접근해서 사람들을 지레 놀라 도망가게 하는 경우도 있고, 종교적 측면의 의무를 너무 강조한 나머지 비종교적 사람들에게 거부감을 줄 때도 있다. 나는 나눔과 기부 행위 자체에 어떤 도덕률을 갖다 댈 필요가 없다고 생각한다. 어느 때든 실존적인 필요성에 의해 그런 울림이 내면에서 나올 때 하면 된다.

빌 게이츠의 부인 멜린다 게이츠도 게이츠재단을 통해 자선활동을 하게 되면서 점점 드는 생각이 바로 "자선은 아주 개인적인 것이다Philanthropy is very personal"라고 밝힌 바 있다. 그러니 주변에서 채근할 필요는 없다. 기부와 나눔은 아주 개인적이고, 또 어떤 의미에선 아주 실존적 결단이라고 볼 수 있다. 언제 그런 실존적 판단이 들었느냐가 중요하지 주변에서 강요해서 될 일은 아니다.

나눔에 시기란 없다

빌 클린턴 전 대통령도 퇴임 후 자선활동으로 제2의 인생을 시작한 뒤 펴낸 《기빙》에서 "나눔은 언제 시작해도 결코 늦거나 이르지 않다"고 말했다. 살아생전에 하는 것도 좋지만, 세상을 떠나면서 남겨진 이들을 위해 마지막 선물로서 기부를 하는 것도 아름다운 일

유니세프 친선대사로서 2005년 1월 인도네시아의 반다아체를 방문했을 때의 모습

이다. 언제든지 한다는 것이 중요하지 언제 하느냐는 더 이상 중요
한 문제가 아닐 수 있다.

내가 좋아하는 유엔 공보담당 차장 출신인 인도 지식인 샤시 타
루르Shashi Tharoor, 1956~ 는 인도의 민주주의가 아랍 민주화운동에 주
는 의미를 다룬 칼럼에서 이런 말을 했다.

> "민주주의는 어떤 의미에서 사랑과 같다. 그것은 내적인 울림에
> 서 시작되어야지, 가르쳐서 될 일이 아니다." _〈코리아헤럴드〉, 2011. 2. 10

인도 출신 작가이자 외교관이며 정치인인 타루르는 이 칼럼에서
"인도는 가난하지만 민주주의를 사회적 합의를 통해 실천하면서
생활화해온 나라다. 그러나 중동 및 아프리카 등 아랍권의 민주주
의는 반독재 민주화운동을 통해 곧바로 정착될 수 있는 게 아니고,

오랜 시일을 거치며 내부적 필요성에 의해 만들어져야 한다"는 점을 강조했다. 민주주의를 사랑에 비교한 그의 관점은 탁월하다.

나는 나눔과 기부, 자선도 타루르가 말한 사랑과 같다고 생각한다. 그것은 내적인 울림에서 시작되어야 지속적일 수 있지 남에게 보이기 위해 한다거나, 남이 강요해서 될 일이 아니다. 현재 자선활동에, 나눔과 기부에 참여하지 않고 있다고 해서 그것을 부끄러워할 필요도 없다.

황동규 시인은 〈조선일보〉와의 인터뷰^{2008. 1. 12}에서 "사랑의 감정은 일생 동안에 인간이 가질 수 있는 몇 안 되는 섬광 같은 것"이라고 했다. 한 사람을 사랑하게 되는 그 느낌이 섬광처럼 다가오듯 나눔과 기부의 행위, 나아가 자선활동도 그렇게 내적 울림으로 다가올 때가 있을 것이다. 그때 시작하면 된다.

열린사회를 만들기 위한 자선사업에 나섰던 소로스는 40대 후반부터 그 일을 시작했는데, 그때는 중년의 위기를 겪으면서 '어떻게 살 것인가'를 고민하던 무렵이었다. 방황 끝에 얻은 결론이 자선이었고, 동유럽 사람들을 열린사회로 이끌어야 한다는 것을 자신의 책무로 여겼기 때문이었다. 그는 2002년 민주주의 공동체 회의 참석차 방한했을 때 나와 가졌던 인터뷰에서 이런 말을 했다.

"자선활동이란 부유한 사람들만의 의무가 아니라 인간이면 누구나 생각해봐야 할 인간으로서의 기본적인 책무라고 생각한다."

자선과 나눔을 인간의 기본 책무로 접근한 그는 실존적 고민 속에서 그만의 독특한 자선의 길을 개척했다. 자신의 자각으로 자선을 시작하기 전까지는 자선이 위선적인 행위라며 공개적으로 비난을 했던 사람이다. 그러니 자선이 거룩하고 인류애적인 것이라고 아무리 가르쳐도 받아들이고 실천할 때가 되지 않으면 시작하기 어려운 법이다.

박완서 선생이 세상을 떠난 뒤 모교에 13억 원을 기부한 행위도 그렇기에 아름답다. 그가 세상을 떠나기 전 섬광처럼 다가온 어떤 내적 자각이 그로 하여금 후학들을 위해 유산을 남겨야겠다는 마음을 먹게 한 것일 수 있다. 말하자면 13억 원은 그의 사후에 남겨진 사랑인 것이다. 비록 그의 육신은 땅에 묻혔지만, 그의 영혼은 우리에게 나눔과 기부, 자선의 필요성을 얘기하고 있는지도 모른다.

미지의 땅을 사랑한 영국 과학자,
스미스소니언협회를 낳다

워싱턴을 방문해본 사람들은 누구나 경이롭게 느끼는 것이 있다. 모든 것이 돈으로 움직이는 미국이지만 유독 워싱턴의 박물관과 미술관들은 공짜라는 점이다. 뉴욕과 필라델피아, 샌프란시스코 등의 대형 박물관들과 달리 이곳은 입장료가 없다. 뉴욕의 명물 메트로폴리탄박물관의 입장료는 20달러인데 이곳보다 소장품이 많은 스미스소니언미술관은 언제든 자유롭게 갈 수 있다.

특히 스미스소니언미술관의 동관과 서관 컬렉션이 아주 뛰어나다. 서관은 중세에서 르네상스, 바로크 시대, 19세기 인상파에 이르기까지 방대한 작품이 전시되어 있어 며칠을 봐도 전체를 가늠하기 힘들다. 동관은 현대미술을 전시하고 있는데 지하 전시관에는 내가 좋아하는 마크 로스코 Mark Rothko, 1903~1970 의 서정 추상주의 대표작 2점이 늘 전시되어 있다. 그래서 주말이 되면 스미스소니언

영국의 과학자 제임스 스미스슨

박물관에 가서 놀 때가 많았다.

뉴욕에서 워싱턴, 필라델피아, 휴스턴, 샌프란시스코, 시애틀에 이르기까지 미국 대도시의 대표적 미술관들의 컬렉션을 과도하게 단순화한다면 로스코의 작품이 있는 곳과 없는 곳으로 대별된다. 어느 미술관에 가든지 좋은 위치에 로스코의 작품을 전시해놓고 있다. 그만큼 로스코가 20세기 미국 현대미술에서 차지하는 위상은 독보적인데, 워싱턴 스미스소니언미술관 동관의 컬렉션은 단연 뛰어나다.

2010년 5월 워싱턴 여행 때도 두 차례나 이곳을 찾았다. 마침 로스코의 일대기를 담은 연극 〈더 레드 The Red〉를 뉴욕 브로드웨이에서 보고 워싱턴에 갔는데 스미스소니언 동관에서 〈더 레드〉 공연 기념으로 로스코 특별전을 기획 중이었다. 전혀 기대하지 않았던 큰 선물을 받은 느낌이라고 할까. 20대 때 그린 유화에서 말년의 서정적 추상화 작품까지 전시되어 있어 눈을 떼기 어려웠다. 첫날 가자마자 보고, 떠나기 전에 다시 한 번 관람했다. 처음엔 경이로움 속에서 봤고 두 번째는 한 작품 한 작품을 기억의 사진첩에 넣기 위해 봤다. 로스코 작품을 우리 집 거실에 걸어놓은 그림처럼 친근하게 느낄 수 있었던 이유를 생각해보니 워싱턴에 살면서 자주 봤기 때문인 것 같다. 보는 만큼 알게 되고, 아는 만큼 사랑하게 된다는 말이 로스코의 그림에 딱 들어맞는다. 보고 싶을 때마다 갈 수 있었던 것은 미술관을 드나드는 데 아무런 부담이 없었기 때문이다.

그런데 왜 워싱턴의 박물관은 모두 공짜일까. 그 이유는 미국 문화의 자존심으로 일컬어지는 연방정부 소속 박물관을 총괄하는 스미스소니언협회 본부가 영국의 과학자가 기부한 50만 달러를 종잣돈으로 삼았기 때문이다. 스미스소니언협회는 원래 19세기 영국의 과학자 제임스 스미스슨 James Smithson, 1765~1829 이 유산 50만 달러를 미지의 나라 미국에 기부하면서 생긴 재단이다. 스미스슨은 영국의 과학자로 미국에 대해 얘기만 들었을 뿐 한 번도 방문한 적이 없는 사람이다. 평생 결혼을 하지 않았고 후손도 없던 그는 죽음을 앞두고 쓴 유언장에서 전 재산을 미국에 기부하고 싶다고 밝혔다.

그가 왜 전 재산을 조국 영국이 아닌 영국의 식민지였던 미국에 남겼는지를 둘러싸고 여러 추측이 있을 뿐 정설은 없다. 19세기 중반 유럽의 지식인들에게 유럽은 귀족제의 폐해와 계급 갈등이 구

스미스소니언미술관의 서관 전경

조화된 낡은 대륙이었다. 그러나 미국은 자유주의와 평등 정신에 따라 새롭게 건설된 신대륙으로 인식됐다는 점에서 스미스슨의 기부는 신생 민주주의 국가인 미국에 대한 동경 속에서 나온 결단일 것이란 추측이 있을 뿐이다.

〈파이낸셜타임스〉는 〈게이츠를 넘어서 Beyond the Gates 〉의 별책부록, 〈FT웰스 Wealth 〉2008년 겨울호, p. 40 에서 "스미스슨이 전 재산을 영국이 아닌 미국에 기부한 것은 서자 출신이라는 이유로 자신을 냉대한 영국에 대한 거부감 때문으로 보인다"고 분석했다. 영국은 그를 낳고 키워준 나라였지만 평생 혼외 자식이라고 차별했기에 그 나라보다는 자유민주주의와 평등을 추구하는 미국을 마음속의 조국으로 생각했을 수도 있다. 영국으로서는 아쉬운 일이지만, 죽음 후에 남긴 유언에서 자신의 생물학적 조국을 부정하고 이념의 조국을 선택한 그를 탓하기는 어렵다.

미 의회는 1846년 이 기금으로 스미스소니언협회를 창설키로

의결했는데 "인류의 지식을 확산시키는 데 활용한다"는 게 당시의
목적이었다. 이에 따라 스미스소니언협회는 자연사와 예술에 초점
을 맞춘 19개의 미술관과 9개의 연구센터, 그리고 자연사박물관을
운영·관리하게 됐다. 또한 오늘날에는 미 연방정부로부터 매년
10억 달러를 지원받아 이 협회 소속의 박물관과 연구센터를 운영
하고 있다. 스미스소니언협회는 워싱턴 미 의회 앞에 자리하고 있
으며 본부 건물 옆에 자연사박물관과 스미스소니언미술관이 함께
위치하고 있다.

　워싱턴의 박물관과 미술관이 한 번도 미국 땅을 밟아보지 않았
지만 미국의 자유 정신을 사랑한 19세기 영국의 과학자 스미스슨
의 덕분이라니, 기부의 힘은 이렇게 시대와 국가, 민족을 초월해
큰 공감과 감동을 낳는다.

3부

부자들의 스마트한 자선

자선 이중주로
나눔의 새 장을 열다

_ 워런 버핏과 빌 게이츠

존경받는 투자자 워런 버핏의 특별한 약속

오마하의 현인으로 불리는 가치 투자의 귀재 워런 버핏 버크셔해
서웨이 회장은 미국인들이 존경하는 투자자다. 버핏은 재산의 대
부분을 사회에 환원하겠다는 입장을 오래전부터 유지해왔으나 나
이가 들도록 구체적인 입장을 밝히지 않아 "그저 말뿐인 약속 아니
냐"는 비판을 받아왔던 게 사실이다. 그는 자신이 생전에 기부를
못하고 죽으면 부인 수전에게 하라고 할 예정이었으나 부인이 먼
저 세상을 떠나자 마음이 바빠졌다. 버핏은 우선 자식들이 평생 살
아가는데 불편함이 없을 정도의 재산을 물려준 뒤, 나머지는 몽땅
아들뻘의 친구인 빌 게이츠에게 기부하기로 결심했다. 그리고
2006년 6월 26일 뉴욕 공립도서관에서 재산 기부 행사를 가졌다.
버핏이 빌&멜린다게이츠재단에 재산을 기부한 것을 인터뷰어 찰
리 로즈는 "자선의 세계에 심대한 변화를 가져오면서 자선사업의
무대를 완전히 바꿔놓은 사건"이라고 말했다.

버핏은 미 공영방송 PBS '찰리 로즈 인터뷰' 2010. 6. 16에서 오랫동
안 미뤄왔던 재산 기부가 가진 배경을 이렇게 설명했다.

"자선은 늘 생각해오던 문제였다. 수전과 나는 내 재산을 사회에
돌리겠다는 계획을 세워왔다. 원래 수전이 나보다 오래 살 것이라
고 생각해 수전이 큰 결정을 하면 될 것이라고 늘 여겨 왔다. 그런
데 수전이 죽은 뒤 나는 재산을 사회로 환원하기 위한 좋은 방안이
무엇인가, 무엇이 가장 효과적인가를 생각해왔고 마침내 이런 결
정을 하게 되었다. 빌 게이츠 부부가 그들의 재단에서 하는 일을
보면서 그들의 목표가 내가 생각하는 것과 유사하다고 생각했다."

이 행사에서 버핏은 자신의 재산 99%를 게이츠재단에 기부하겠다는 약속을 한 뒤 일단 310억 달러의 증서를 게이츠의 부인 멜린다 게이츠Melinda Gates, 1964~에게 전달했다. 그가 자녀인 수지와 하워드, 피터에게 증여를 약속한 돈은 60억 달러였다. 세계 제1위 부자인 빌 게이츠가 280억 달러 이상을 출연해 만든 재단에 3위 부자인 워런 버핏이 게이츠보다 더 많은 310억 달러를 기부하겠다고 약정함으로써 게이츠재단은 세계 최강의 자선재단이 됐다. 이후 버핏은 매년 게이츠재단에 버크셔해서웨이 주식을 기부해오고 있는데 2006년 이후 2010년까지 전달한 액수는 총 64억 달러다.

버핏은 스스로 재단을 만들어 자신의 이름을 내걸고 기부활동을 하는 대신 자신의 재산을 게이츠재단에 기부하고 그 재단의 임원이 되는 길을 택했다. 재단이 게이츠-버핏재단으로 이름을 바꾼 것도 아닌데 그는 최다기금을 출연한 독지가라는 무형의 명예만 안았을 뿐이다. 왜 그랬을까.

그는 그 이유를 이렇게 설명했다.

"나보다 누가 더 자선활동을 잘할 수 있을까를 먼저 생각했다. 곰곰이 생각해보니 게이츠가 나보다 더 잘할 것 같았다. 그래서 게이츠재단에 기부하기로 결심했다. 나는 자선에 아주 취약하지만 게이츠는 늘 공부하면서 어떻게 하면 더 좋은 방식으로 자선을 할 수 있을까 고민한다. 지금 게이츠재단은 정말 놀랍도록 일을 잘하고 있다. 내 이름으로 자선재단을 세운다고 해서 게이츠재단만큼 잘 운영할 자신이 없다."

빌 클린턴이 버핏에게 전화를 걸어 "빌 게이츠에게 몽땅 기부를 하게 된 동기가 무엇이냐"고 물었을 때도 비슷한 답변을 했다.

"나는 투자자들이 자신들보다 내가 돈을 잘 굴릴 것이라고 믿어준 덕분에 이렇게 많은 돈을 벌었다. 빌과 멜린다는 나보다 더 잘 돈을 쓸 것 같아 그들에게 기부했다."

그는 돈을 벌 때처럼 쓸 때도 철저하게 효율성을 우선시해 자선을 아웃소싱한 셈이다. 어떻게 그 많은 돈을 한꺼번에 기부할 수 있었느냐고 다시 물었을 때, 버핏은 이렇게 답했다.

"나는 내 재산의 1% 미만만 갖고도 내가 하고 싶은 모든 일을 할 수 있다. 그러나 수백만의 사람들은 정기적으로 교회나 학교, 또는 다른 기관에 기부를 하는데, 그 돈은 기부를 하지 않을 경우 그 사람들의 가족을 위해 쓰여질 돈들이다. 이 사람들이 유나이티드웨이 United Way나 다른 단체에 기부하는 돈은 영화나 외식 등 하고 싶은 일을 하지 않고 절약한 것이다. 그런데 내 가족과 나는 내가 99%의 재산을 기부한다고 해서 우리가 필요로 하는 것, 또는 하고 싶어 하는 그 어떤 것도 희생하는 게 없다. 나는 아주 적합한 나라에서 아주 적합한 시점에 태어나 돈을 벌었을 뿐이다. 내가 해온 일은 교사나 군인들이 한 일에 비해서 너무 놀랄 정도로 많은 보상을 받았다. 그래서 그런 초과분을 사회에 돌리려는 것뿐이다. 내겐 의미 없는 그런 가치를 사회에 돌리면 수많은 사람들이 혜택을 볼 수 있게 된다."

빌&멜린다게이츠재단(왼)과 이 재단이 지원하고 있는 나이지리아의 소아마비 예방접종 모습(오)

버핏은 310억 달러의 기부를 결정하면서, 그 재산은 자신의 능력에 비해 놀랄 만큼 많은 보상이었기 때문에 사회에 환원하는 것이라는 관점을 취했다. 미국이라는 좋은 환경을 갖춘 나라에서 태어나 좋은 교육을 받고 좋은 조건에서 일한 결과 얻은 재산이기 때문에, 그것을 가능하게 해준 사회에 재산의 대부분을 되돌리겠다는 생각인 것이다. 이 같은 접근법은 빌 게이츠가 갖고 있는 재산에 대한 인식과도 유사하다.

아버지뻘의 버핏으로부터 최상의 찬사를 받으며, 게이츠재단 자산 총액보다 많은 돈을 기부받은 게이츠의 느낌은 어땠을까. 그는 찰리 로즈와의 인터뷰에서 그때의 일을 이렇게 말했다.

"워런의 기부를 보면서 막중한 책임감을 느꼈다. 내 돈으로 뭔가를 해서 실수를 했을 때엔 손해를 봐도 내가 보는 것이기 때문이다. 그런데 워런의 기부를 보면서, 이제 좀 더 바른 방향으로 제대로 해야겠다는 생각이 들었다. 워런의 기부로 우리 재단의 재원이 2배가 되면서 우리 활동의 파급력도 최소 2배 이상은 되어야 한다는 생각을 한다. 생각하면 할수록 긴장되고, 다른 한편으로는 책임감을 느끼게 된다."

자선으로 만드는 창조적 자본주의

버핏이 25세 연하인 게이츠와 친구가 된 것은 1991년부터다. 그해 처음 만나 골프를 치고 브리지게임을 하고 식사를 함께하면서 서로의 깊이를 이해하게 됐다. 이후 버핏은 게이츠재단의 이사회 멤버로 참여하면서 게이츠재단을 눈여겨봤다. 그 결과 자신의 이름으로 재단을 만들기보다는 게이츠에게 기부해 함께 자선사업을 하는 것이 훨씬 효율적이라고 판단한 것이다.

버핏의 기부에 힘을 얻은 게이츠는 자선활동에 보다 적극적으로 나서게 되는데 2007년 6월 하버드대학교 졸업식에서 자신이 왜 자선활동을 하고 기부를 하는지에 대해 의미심장한 연설을 했다.

> "우리가 좀 더 창조적인 자본주의를 만들 수 있다면, 시장의 힘이 가난한 이들을 위해 작동하게 될 것이다. 우리가 시장의 힘을 좀 더 확장할 수 있게 된다면 보다 많은 사람들이 이윤을 얻을 수 있을 것이다. 또는 최악의 불평등 속에서 고통받는 사람들을 위해 봉사할 수 있는 상황이 될 것이다. 그리고 우리는 정부에 압력을 가해 우리가 내는 세금이 좀 더 가치 있게 쓰여질 수 있도록 할 수 있을 것이다. 빈곤층이 필요로 하는 것과 기업의 이윤 창출, 정부의 투표를 연결할 수 있다면 세계의 불평등을 줄이고 지속가능한 사회를 만들 수 있을 것이다. 이 일은 끝이 있을 수 없다. 이 같은 도전에 지속적으로 대답하려는 의식적 노력이 세상을 바꿀 수 있다."

미국 내외의 불평등을 줄이고 지속가능한 사회를 만들기 위해 자선사업을 하는 것이고 세상을 바꾸려는 의식적 노력 속에서 기부활동을 한다는 것이다.

그리고 2008년 6월 빌 게이츠는 아예 마이크로소프트 회장직을 사임하고 전업적인 자선사업가로 나섰다. 그의 나이 52세 때였다. 거대 기업을 경영하던 기업인이 쉰둘의 나이에 자선사업가로 업종을 전환한 셈인데 그의 결정은 여러 사람들에게 많은 영감을 줬다.

캐나다 출신 NGO 활동가인 줄리아 몰든 Julia Moulden 은 《We Are the New Radicals》라는 책을 썼는데 직역하면 '우리는 새로운 급진주의자들'이다. 이 책은 국내에서 《쉰둘 빌 게이츠처럼 : 자선사업으로 제2의 인생을 시작한 혁명가들》이란 제목으로 탈바꿈했을 정도다. 게이츠가 회사에서 은퇴한 뒤 빌&멜린다게이츠재단 총책으로 나선 것은 일대 사건이었고, 수많은 사람들에게 영감을 줬다.

앙상블 캐피털의 전술적 자선 Tactical Philanthropy 책임자인 숀 스태너드 스톡턴은 빌 게이츠의 전직에 대해 이런 말을 했다.

"빌 게이츠는 이런 말을 했다. 쉰둘인 자기한테는 소프트웨어 회사를 경영하는 것보다 더 중요한 임무가 있다고. 그는 마이크로소프트를 세운 사람으로 기억되기보다 자선사업가 게이츠로 기억되고 싶다고. 사람들은 록펠러와 카네기의 직업보다는 이들이 남긴 자선 관련 업적을 기억한다. 후세는 빌 게이츠를 '좋은 일을 많이 해 세상을 아름답게 만든 사람'으로 기억할 것이다." _줄리아 몰든, 《쉰둘 빌 게이츠처럼》, p.232

게이츠는 52세 때 자신의 모든 업적을 뒤로한 채 불확실한 미지의 땅을 밟았다. 그는 그 이유를 이렇게 설명했다.

"자선사업은 궁극적으로 내가 반드시 해야 할 일이라고 배우면서 자랐다. 그런 사명감 때문에 시작한 일이긴 하지만, 나는 이 일이 너무나도 즐겁다. 우리 재단이 도움을 주고 사람들이 잘되는 것을 볼 때면 가슴이 뿌듯하다. 마이크로소프트 일이야 언제든 이메일을 이용하면 되지만 이 일은 내가 직접 나서야 하는 그런 것이다."

쉰둘의 게이츠가 마이크로소프트 회장에서 자발적으로 물러난 뒤 게이츠재단 이사장으로 부임해 전업적인 자선사업가가 된 것에 대해 몰든은 제2의 인생을 위한 위대한 결단으로 신비화했다. 하지만 그의 친구이자 동업자였던 폴 앨런의 자서전《아이디어맨》을 보면 이미 그때 게이츠는 마이크로소프트에서의 역할을 자의반 타의반 정리할 수밖에 없는 지경에 처했던 것으로 보인다.

"2006년 빌은 자신의 건강을 돌보고 빌&멜린다게이츠재단의 교육과 관련된 일에 매진하기 위해 2년 후 물러나겠다고 했다. …… 빌은 이미 상황이 크게 변하고 있음을 느끼고 있었다. 제품 리뷰 회의에서 직원들은 심술궂게도 그의 신랄한 비판을 명예처럼 여겼다. 그들이 은밀하게 즐겼던 게임은 빌이 특정 매니저에게 몇 번이나 '가장 바보 같은' 이라는 말을 하는지 세는 것이었다. 최고 점수를 받은 사람이 승자였다. '피드백을 주는데도 아무 효과가 없어' 빌이 나에게 투덜댔다. 2008년 마침내 빌이 회사 경영에서 손을 뗄 때 그는 이미 뱀의 꼬리가 되어 있었다." _폴 앨런, 《아이디어맨》, pp. 264~265

고등학교를 졸업하기 전인 10대 말부터 창업을 꿈꿔 대학 2학년 때 중퇴를 하고 마이크로소프트 창업을 시작한 뒤 게이츠에게 30년은 휴가도 없고, 잠도 충분히 자지 못하며 일에 몰입한 무한경쟁의 하드코어적 삶 그 자체였다. 그런 그가 50대 초반에 돌연 자선 쪽으로 방향을 전환한 것은 몰든처럼 자선에 대한 각성으로도 볼 수 있지만, 현역 CEO로 버티기엔 창의력과 지력 자체가 고갈됐기 때문일 수도 있다. 게이츠가 하드코어적인 삶을 지속했다면 그는 평생 경쟁자였던 애플의 스티브 잡스처럼 어느 순간 갑자기 유명을 달리했을지도 모른다.

업종은 달라졌지만 게이츠의 공격적 기업인 본능은 여전했다. 게이츠는 '업계의 룰은 우리가 만든다'는 식으로 마이크로소프트를 경영했던 것처럼 자선재단 회장이 되고난 후엔 '자선의 룰을 새로 만들겠다'는 식의 접근을 했다. 그의 첫 작업은 슈퍼 부자들의 재산절반 기부서약운동인 기빙플레지다. 그는 2009년 이 운동을 준비하기 시작, 2010년 8월 4일 미국에서 억만장자 40명의 서약을 받았다고 발표했다. 여기엔 마이클 블룸버그 뉴욕시장, 오라클의 공동 창업자인 래리 앨리슨, CNN 창업자인 테드 터너, 영화 〈스타워즈〉 감독인 조지 루카스, 투자자 로널드 페럴먼, 연예사업의 거물인 배리 딜러 등이 동참했다. 또한 부동산 건설업 재벌 엘리 브로드, 벤처 자본가 존 도어 John Doerr, 미디어 재벌 게리 렌페스트 Gerry Lenfest, 시스코시스템스 전 회장인 존 모그리지 John Morgridge 등이 기빙플레지에 출연을 약속했다.

이 운동을 주도한 버핏은 성명을 통해 "기부운동을 이제 막 시작했지만 이미 대단한 결과를 가져왔다"면서 "재산 기부를 약속한 사

기부서약운동인 기빙플레지에 재산기부서약을 하고 있는 워런 버핏

람들이 다시 다른 억만장자들에게 이 운동에 동참할 것을 권유하면서 재산 기부운동이 계속 확산될 것으로 기대한다"고 밝혔다.

버핏은 게이츠와 함께 슈퍼 부자들의 기부서약운동을 주도하면서 "만약 카네기와 록펠러가 생전에 기부를 하지 않았더라면 미국의 자선활동은 오늘날처럼 꽃피우지 못했을 것"이라고 말했다. 20세기 초 카네기와 록펠러는 경쟁적 관계로 자선운동을 벌였지만 게이츠와 버핏은 두 사람의 재산을 게이츠재단에 합쳐놓은 뒤 손을 맞잡고 재산 기부운동을 벌이고 있다.

버핏의 기대대로 재산 기부운동 첫 발표 후 4개월 만에 미국의 슈퍼 부자 16명이 추가로 재산 기부서약을 했다. 페이스북 공동 창업자 마크 주커버그와 더스틴 모스코비츠, AOL 공동 창업자 스티브 케이스Steve Case, 금융가 칼 아이칸Carl Icahn, 마이클 밀켄Michael Milken, 모닝스타 대표 조 맨수에토Joe Mansueto, 기업가 니콜라스 베르그루엔Nicolas Berggruen, 투자가 테드 포스트만Ted Forstmann 등 16명이

161

재산의 절반을 자선사업에 기부하겠다고 서약한 것이다.

워런 버핏과 게이츠의 원래 구상은 매년 〈포브스〉가 집계하는 미국의 부자 400명을 참여시켜 이들의 총 보유 재산인 1조 2,000억 달러의 절반인 6,000억 달러를 나눔에 쓰도록 하자는 것이었다. 기빙플레지 시작 1년 만에 참여자는 69명, 이들이 서약한 기부액은 1,000억 달러이다. 〈포브스〉의 부자 400명 중 기빙플레지에 참석한 부자는 14% 정도이다.

절반의 성공이라고 보기엔 아직 갈 길이 먼 셈이다. 그렇지만 자발적으로 기빙플레지에 참여해 재산 절반 나눔을 약속하는 억만장자들이 점점 늘어나고 있다는 것은 앞으로 이 운동이 점점 더 확산될 것이라는 확신을 가능하게 한다. 부유층의 재산 기부는 그 자체로 끝나는 게 아니라 주변의 사람들에게 행복바이러스처럼 전파된다. 더 좋은 세상을 만들기 위해선 모두가 가진 것을 함께 나누려는 노력이 필요하다는 자각을 확산시키고 있기 때문이다.

〈월스트리트저널〉2010. 8. 4은 부자들의 재산 기부서약운동과 관련, "미국의 부자들은 대공황 시기에 요트와 제트기, 해변의 맨션 등을 부의 상징으로 삼아왔는데 이제 기부서약에 명단을 올리는 것이 미국 국내외 거부들의 궁극적 상징이 될 것"이라고 전망했다.

찰리 로즈 인터뷰
빌 게이츠 부부와 워런 버핏은 기빙플레지를 어떻게 시작했는가

워런 버핏과 빌 게이츠는 2006년 이후 글로벌 자선계의 최고 화제 인물이 됐다. 2006년 워런 버핏은 재산의 99%를 게이츠재단에 기부하겠다고 약속한 뒤, 2010년엔 빌 게이츠와 손잡고 기빙플레지를 주도, 미국 부자들의 자선 참여를 촉구하고 있다. 미국 공영방송 PBS의 인터뷰어 찰리 로즈는 워싱턴주 레드몬드 마이크로소프트 본사를 방문, 빌 게이츠와 그의 부인 멜린다 게이츠, 그리고 워런 버핏과 함께 기빙플레지를 주제로 인터뷰2010. 6. 16를 했다. 찰리 로즈가 과거 빌 게이츠와 워런 버핏을 각각 인터뷰한 적은 있으나 자선업계의 슈퍼스타인 빌 게이츠 부부와 워런 버핏을 한 자리에 초대, 한 시간 동안 심층 대화를 나눈 것은 유례가 없는 일이어서 관심을 모았다. 이 대화는 기빙플레지 웹사이트에서도 볼 수 있는데 다음은 이들의 대화를 요약한 것이다.

찰리 기빙플레지 구상은 원래 빌 게이츠가 워런 버핏과 여러 번에 걸친 만찬을 주최하면서 시작된 것으로 아는데, 첫 미팅은 2009년 록펠러대학교에서 데이비드 록펠러가 초청한 만찬이라고 한다. 기빙플레지는 무엇이고, 어떻게 참여하며 그것을 통해 무엇을 얻으려 하는가?

빌 아이디어는 아주 단순하다. 자선에 관여해온 사람들이 그들이 그간 무슨 일을 해왔는지에 대해 쓰고 난 뒤, 그들의 재산 대부분을 생전에 또는 유언을 통해 사회에 기부한다는 뜻을 밝히면 된다. 우리는 그렇게 기빙플레지에 참여한 사람들과 함께 만나면서 아이디어를 공유하고 상호간에 배우며, 격려하려고 한다.

찰리 그럼 기부의 시한이 없이 아무 때나 하면 된다는 얘기인가?

멜린다 물론이다. 우리의 구상은 일단 기부를 하겠다는 약속을 한다는 데 의미가 있다. 내가 좀 더 나이가 들면 하겠다는 생각을 하는 대신, 지금 바로 나눔에 참여하기 위한 생각을 나누자는 것이다. 그래서 우리는 많은 사람들이 자신의 삶 속에서 나눔을 실천하길 원한다. 그것은 단지 돈을 나누는 것이 아니다. 사람들이 자선에 대해 생각하고 생각을 집중하기 시작하면 그것은 사회를 변화시키는 힘이 된다. 그러니 사람들이 함께 모여서 자선에 대한 생각을 나눈다는 것은 아주 의미 있는 일이다.

찰리 기빙플레지는 하나의 계약인가 아니면 하나의 도덕적 의무

게이츠 부부와 워런 버핏, 찰리 로즈가 인터뷰 후에 함께하고 있는 모습

인가?

워런 도덕적 의무로 볼 수 있다. 우리는 사람들이 그들의 변호사에게 가서 법적 문서를 갖고 오는 그런 행위를 바라지 않는다. 이것은 법적인 서약은 아니지만 아주 진지한 서약이다.

찰리 기빙플레지가 게이츠재단을 위한 게 아니라, 사람들에게 자선에 대해 생각하고 그것에 대한 도덕적 의무를 지우게 한다는 것인가?

빌 기빙플레지는 자선사업가들과의 만찬 때 나온 구상이다. 우리는 자선 분야에서 어떤 일을 하는지, 그것에서 느끼는 희열이 무엇인지, 시간이 지나면서 자신이 어떻게 변화하게 됐는지를 서로 공유하게 됐다. 그래서 이런 자선에 대한 생각을 정리하면서 여기에 어떻게 하면 사람들을 더 참여하게 할 수 있는지에 대해 얘기를 집중했고, 세 번째 저녁때에 좀 더 구체화한 것이다. 우리는 가급적 단순하게 시작하자고 했다. 무엇을 끌어내려고 하거나 자선이 옳다는 것을 가르치려는 것이 아니다. 그것은 단지 서약이다. 서약에 참여한 사람들은 함께 모여서 그들이 하고 있는 다양한 방식의 자선에 대해 격려하고 경험을 나누게 될 것이다.

찰리 저녁 자리는 어떻게 마련됐는가?

멜린다 우리는 사람들이 자신의 재산을 사회로 환원해야 한다는 생각을 갖게 된 동기가 무엇인지 공유하고자 했고, 다른 사람들도 동참할 수 있도록 어떻게 격려할 것인가에 대해 얘기했다. 워런이 그 대화를 우리와 함께 처음으로 시작했고 우리 부부는 그것을 다른 사람들에게 얘기하며 논의를 시작한 것이다. 이 얘기를 우리는 데이비드 록펠러 주최 만찬에서 하게 됐는데 그것을 바탕으로 기빙플레지를 구체화했다. 그 자리를 통해 알게 된 것은 자선이란 게 아주 개인적이라는 점이다. 그래서 우리는 사람들이 무엇에 기부를 하는지 관여하지 않았다. 그것은 문화일 수도 있고, 기후변화, 인도주의, 사회 이슈일 수도 있다. 기부의 동기를 어디서 얻게 됐느냐에 따라 기부할 곳이 결정되기 때문이다.

찰리 첫 저녁 자리는 어떻게 진행됐고 어떤 얘기가 오갔는가?

워런　록펠러는 아주 멋진 만찬을 주관했는데 참석자는 일곱 명이었고 대부분 부부동반이었으며 한두 명만 혼자 왔다. 나는 참석자들에게 어떻게 해서 자선활동에 관여하게 됐고 이에 대한 그들의 생각은 무엇인지, 무엇을 이루고 싶은지를 물었다.

빌　참석자들은 모두 자신들만의 자선 관련 스토리들이 있었다. 여러 얘기들과 다양한 구상들이 있었지만, 특이한 것은 어떤 사람도 기부를 했을 때 느낌이 나빴던 적이 없었다는 점이다. 기부에 참여하는 사람들은 점점 더 성취의 필요성을 느끼게 되고, 더욱 그들의 창의성을 이용하기 위해, 또한 경험을 공유하기 위해 노력한다. 그래서 기빙플레지에 동참한 이들은 정기적으로 함께하며 경험을 나눈다.

워런　세 번의 저녁을 통해 20명의 커플이 참여하게 됐고, 그들 중 대다수가 서약을 하겠다고 했다. 그들의 의지도 더욱더 구체화됐다. 그래서 그런 모임이 점점 예배나 그 이상의 것처럼 느껴지게 됐다.

멜린다　저녁 참석자 중 일곱 명은 우리에게 와서 기빙플레지 아이디어에 관심이 있다고 했다. 그래서 당초 참여키로 했던 네 명에 그들이 더해졌고 그렇게 해서 스무 명이 된 것이다.

찰리　거기에 어떤 조직이나 프로세스가 있는가?

멜린다 웹사이트를 만들었는데, 여기에 참여하는 이들은 재산의 50%를 기부하겠다는 서약을 하게 된다. 그리고 자신들이 생각하는 자선에 대해 쓰는데 그것 또한 웹사이트에 올려진다. 그 웹사이트는 다른 곳으로도 연결되는데, 오랫동안 기부에 대해 관여해오거나 생각해온 사람들이 아주 많았다. 그래서 '과감하게 기부하기'라는 웹사이트 www.boldergiving.org 를 추가로 만들어 어떻게 자신의 돈을 기부하고 좋은 곳에 쓸 수 있는가에 대한 정보를 주고 있다.

찰리 사람들이 그것을 보고 자선에 관여할 수 있는 방법을 묻기도 하는가?

워런 그것을 보고 스스로 참여하겠다는 마음을 먹을 때 그런 질문을 할 수도 있을 것이다. 왜냐하면 그것은 당신의 돈이기 때문이다. 자선에 참여하는 동기는 사람마다 다르다. 그러니 내가 할 수 있는 얘기는 다만 나의 경험이거나, 내가 모임에서 들은 얘기뿐이다. 내가 사람들에게 하는 얘기는 '당신이 하고 싶은 일을 결정하라 Decide what you want to do'는 것이다. 부유한 사람들은 일반인들에 비해 좀 더 오래 사는 경향이 있는데 그들은 80대 후반, 또는 90대 초반에 그런 결정을 하게 되는 경우가 많다. 그런데 그때엔 이미 건강이 좋은 상태가 아니어서 생각이나 판단이 명료하지 않을 경우가 많다고 생각한다. 나는 더 이상 나이가 들기 전에, 가능하면 정신과 판단력이 명료할 때 결정을 해야겠다는 생각을 하게 됐다. 그래서 몇년 전 내가 75세일 때 그런 결정을 내린 것이다.

찰리 전 재산을 기부하는 것은 당신에게 어떤 의미였는가?

워런 나는 어떤 의미에서 전 생애에 걸쳐 자선에 관여해왔다. 버크셔해서웨이의 주식 중 일부가 자선기관에 기부되어왔기 때문이다. 그런데 그 기부액은 내가 보고 싶은 영화를 못 보게 하거나 가고 싶은 여행을 못 가게 하는 수준이 아니었다. 그것으로 나는 어떤 대가도 치르지 않았다. 사람들은 서로 다른 것에 욕구를 느끼고 희망하면서 사는데 내게 그런 욕망은 이미 채워졌고 더 이상 내 생활조건을 변화시킬 만한 그 무엇을 원하지 않는다. 그런데 내가 수표에 숫자를 쓰고 서명함으로써 어린이들이 병을 치료하고, 교육을 받고, 좀 더 나은 생활을 하게 된다고 생각하면 그건 정말 멋진 일이다. 많은 이들이 그런 것을 떠올리며 기부를 하게 되는 것이라고 생각한다.

찰리 당신이 자선활동에 참여하는 이유는 무엇인가?

빌 자선사업에 전업적으로 참여하게 되면서 새삼스레 알게 되는 것도 배울 것도 참으로 많아졌다. 자선사업을 하면서 어떤 사람들은 현장에서 일하고 어떤 사람들은 과학적으로 연구한다. 그러니 상호간에 배울게 많고 참여할수록 더 재미가 있다. 그런 경험은 개인적으로 의미가 있고 우리 부부에게도 뭔가 특별한 의미를 준다.

멜린다 정말 그렇다. 처음 약혼하고 결혼했을 때는 우리가 이 일에 이렇게 빠져들고, 우리 삶의 중요한 일부가 될 줄은 몰랐다. 우리는 요즘 자선에 관여하면서 모든 생각을 서로 깊이 있게 나눈다. 이것이 재단 일로 연결되고 우리의 경험을 다른 부부들에게도 전해주면서 훨씬 더 깊이 있는 생각을 하게 된 것이다.

찰리 그런데 사람들이 자선에 참여하는 것을 주저하는 이유가 있나?

워런 사람들이 자선에 대한 결정을 미루는 데는 어떻게 재단을 만들고 운영할 것인가 등 너무 복잡하게만 생각하기 때문이다. 그래서 그런 것을 생각하기 전에 그냥 "내일 생각해야지"하며 포기하는 사람들도 있다.

빌 자선에 참여하려면 생각을 바꾸는 것 mind shift 이 우선 필요하다. 돈을 버는 것과 돈을 기부하는 것은 전혀 다른 일이다. 어떤 새로운 생각을 하지 않는 한 확신이 안 서기 때문에 거기에는 약간의 도약이 필요하다. 한 분야를 선택하는 게 좋다. 그렇지 않을 경우 수많은 사람들로부터 지원 요청을 받을 것이다. 그러니 자선의 전체 구조를 먼저 생각하고 어떻게 사람들을 참여시킬 것인가를 고려해야 한다.

찰리 기빙플레지의 성공 요인은 무엇인가?

멜린다 모임에 참여한 억만장자들이 한창 활동할 때, 그들의 재산이 나중에 어떻게 사회에 환원되어야 하는가를 생각하게 하고 그 플랜을 세우게 한 점이 주효했다고 본다. 그리고 당장 기부를 해야 하는 것도 아니었다. 생전에 할 수도 있고 사후에 할 수도 있다. 다만 그 모든 것을 그들이 삶의 한가운데 있을 때 함께 생각하고 계획을 세우며 얘기를 나누도록 한 점이 의미가 있었다. 우리는 기빙플레지를 통해 자선과 더불어 사회에 환원할 수 있는 자원이 무엇인지에 대해 함께 생각하고 대화할 수 있게 되었다.

찰리 기빙플레지가 성공적으로 진행되고 있는데 이를 통해 앞으로 어떤 일을 더 할 수 있다고 보는가?

빌 자선의 역사는 놀랍다. 미국의 도서관들은 카네기의 유산이고, 의료연구는 록펠러의 유산이다. 자선의 거장들이 이런 일을 먼저 시작했고 나중에 연방정부와 주정부들이 관여하게 됐다. 당시 미국 남부에서는 인종차별이 여전했고, 흑인들의 취학은 어려운 상황이었는데 록펠러가 이 분야에 기부를 함으로써 교육의 발전에 기여했다. 따라서 새로운 전통을 만드는 것은 사회적 발전을 이끄는 일이다. 조지 소로스는 동유럽에서 새로운 사회를 형성하기 위해 노력했고 큰 성과를 거뒀다. 그는 아주 큰 위험을 감수했고, 또 굉장히 창의적이었다. 척 피니도 창의적으로 자선활동을 했는데 그런 모든 것들이 우리의 모델이 될 수 있다.

우리는 다양성을 존중하며, 그런 새로운 아이디어가 서로 촉매작용을 해서 큰 변화를 초래할 수 있을 것이라고 생각한다. 그것이 최상의 자본주의다. 어떤 사람이 돈을 벌면, 그것으로 부족함이 없이 살 수 있게 된다. 그런데 그것을 잘 활용하면 다른 사람이 좀 더 좋은 환경에서 생활하도록 돕는 역할을 할 수도 있다. 교육 분야에도 자선활동가들이 많이 참여하고 큰돈도 기부한다. 글로벌 보건과 기후변화에서도 그런 거대한 전변이 자선을 통해 일어날 수 있다. 자선이 없다면 큰 변화를 일으킬 수 없다.

요즘 세상은 아주 긴밀히 연결되어 있어서 우리가 마음만 먹으면 어디든 지원하고 도와줄 수 있다. 그것은 우리 커뮤니티 안에서 할 수도 있고 한 나라, 더 나아가 글로벌 차원에서 할 수도 있다. 모든 것이 웹사이트에 자세히 소개되고 있기 때문에 선택만 하면 된다. 글로벌 시대 자선은 어디에 관심을 갖고 마음을 먹느냐에 따라 그 정도와 참여 범위가 결정된다.

워런 우리는 재산의 50% 기부를 약속했지만, 기부 의지는 있으나 돈이 없는 사람들은 시간 10%, 아니면 그들이 가진 다른 무언가를 기부하겠다는 서약을 할 수도 있다. 그것을 우리가 일괄적으로 정하기는 힘들다. 다만 모든 이들이 기회를 갖고 참여한다는 데 의미가 있다. 그것이 어린이들을 위한 멘토링 활동일 수도 있고 내가 했던 것처럼 주식을 기부하는 행위가 될 수도 있다.

찰리 모든 사람이 참여할 수 있는 그 무엇을 논의하고 서약한다는 것이지, 기빙플레지가 억만장자 클럽은 아니라는 얘기인가?

멜린다 물론이다. 점점 많은 사람들이 사회 환원을 생각하는데 그게 우리보다 쉽지 않은 게 현실이다. 그들이 시간을 기부하든,

아니면 갖고 있는 그 무엇을 기부하든 간에 그들은 자선 분야에 있어 내 영웅들이다. 기빙플레지에 의해 영감을 받는 사람들이 많아져 무언가 기부하는 일에 많은 참여가 있었으면 좋겠다.

찰리 마이크로소프트 회장직에서 물러나 자선사업에 전업적으로 참여하게 된 동기는 무엇인가?

빌 나도 자선사업과 마이크로소프트 일을 병행하는 것에 대해 주저했다. 그래서 멜린다와 많은 대화를 나누며 결정했다. 물론 두 일을 성공적으로 해온 사람들도 많다. 자선의 역사를 보면 어떤 전형이 있는 것은 아니다.

찰리 멜린다는 빌보다 훨씬 먼저 전업적으로 자선사업에 참여했는데.

멜린다 그렇다. 나도 처음엔 때때로 우려하기도 했다. 인도나 방글라데시 현장에 가보면 해야 할 일이 많다는 것을 느끼는데 내가 그 모든 일을 할 수 있는 것도 아니다. 그래서 현장에 다녀온 뒤 빌에게 그 상황을 얘기하고 전문가들을 모아 대책을 협의하는 식의 일을 반복했다. 그러면 전문가들이 해결책을 제시해주곤 했다. 그런 식으로 우리는 자선활동을 발전시켜왔고, 이를 통해 많은 것을 배웠다. 2006년 워런 버핏이 우리 재단에 기부하면서 우리가 하는 자선의 방식을 그대로 견지하라고 격려해줬다.

찰리 런던이나 파리에서도 자선의 필요성을 얘기했는데 반응은 어떤가?

빌 유럽과 달리 미국에서는 당대에 모은 재산에 대한 사회 환원 결정이 흔쾌히 내려질 수 있다. 미국에서는 자수성가 스타일의 자산가가 많다. 이들은 사회적 위험을 감수하며 기업을 성공적으로 일구고 난 뒤 그것을 사회에 되돌리려는 생각을 많이 한다. 인도나 중국에서도 비슷한 조건이라고 생각한다. 그 나라들에서도 재산을 사회에 되돌리려는 많은 활동이 일어나고 있다고 생각한다.

멜린다 자선이 어떤 방향으로 가야 하는지 생각을 할 때가 많다. 어린이들에 대한 기부 관련 교육은 방식이 좀 달라야 한다고 생각한다. 구체적인 기부활동 사례를 공부하게 해서 그것의 진정한 의미를 깨닫게 하는 것도 좋은 방법이다. 스스로 어떻게 사회를 위해 봉사하고 어떻게 되갚을 것인가를 생각하게 만드는 것이다.

찰리 게이츠재단은 자산의 몇 %를 자선사업에 쓰는가?

빌 최소한 5%를 쓴다. 기존 자산 300억 달러는 엄청난 돈인데 그것은 십여 가지 목적으로 나눠지며 그중 많은 부분이 미국에 투입된다.

찰리 자선활동을 통해 어떤 기쁨을 느끼나?

빌 두 가지의 방식이 있다. 하나는 결과물이고, 하나는 과정이다. 1년에 900만 명의 아이가 죽는데 그 숫자는 자선의 필요성에 대한 많은 논의 중에서도 나를 꼼짝 못하게 한 요인이다. 자선활동이 본격화되면서 그 숫자가 600만으로, 또 300만으로 줄 수 있다. 1960년대 그 숫자는 2,000만 명이었다. 이런 것이 향상되는 것을 보면서 기쁨을 느낀다.

정치와 자선의
경계선에 서다

_ 마이클 블룸버그

새로운 형태의 스마트 자선을 추구하다

마이클 블룸버그 뉴욕시장은 자선을 통한 사회변화를 추구하는 데 있어 자선의 혁신성과 정치행정의 효율성을 동시에 활용하는 인물이다.

그는 20~30대 월가에서 큰돈을 벌었고, 40~50대 블룸버그L.P.를 통해 억만장자가 됐다. 그는 이후 자선사업가로서 적극적으로 활동하다 뉴욕시장에 출마, 월급을 한 푼도 받지 않고 3선 뉴욕시장으로 일하면서 매년 각종 사회단체에 많은 돈을 기부하는 것으로 유명하다. 그는 〈월스트리트저널〉과의 인터뷰 때 2000.6.16 "내가 갖고 있는 가장 멋진 재정 계획은 이 수표가 어떤 이들을 위해 쓰일 수 있을까 생각하며 사인하는 데 있다"며 자선활동의 즐거움을 털어놓은 바 있다. 그는 특히 "자선사업과 사회봉사활동은 내가 두 딸과 회사 다음으로 사랑하는 일"이라며 자선사업가로서의 자부심을 보이기도 했다.

그가 자선사업에 만족하지 않고 당적을 민주당에서 공화당으로 바꾸면서까지 뉴욕시장이 되어 월급 한 푼 받지 않고 일하고 있는 이유는 뭘까. 그는 1998년 첫 자서전 《월가의 황제 블룸버그 스토리 Bloomberg by Bloomberg》에서 정치 및 행정직 출마 가능성에 대해 다음과 같이 썼다.

"나는 지금까지 한 번도 선거에 출마해본 적이 없고, 의회 의원이 되는 것에도 관심이 없었다. 입법 과정은 너무나 지루해서 내가 상원의원이나 하원의원이 된다면 5분도 못 견딜 것이다. 혹시 선거에 나선다면 시장이나 주지사, 아니면 대통령 같은 행정부 내 의사결정을 해야 하는 자리 정도일 것이다.

대다수 정치인들은 자신들이 출마하려는 자리가 어떤 일을 하는 자리인가를 생각하기보다 당선 가능성 여부만 따지는 사람들이 많다. 자신이 갖고 있는 능력, 즉 행정력이나 그 직위에 맞는 전략적 사고를 갖고 있는지 생각해보지도 않고 오직 당선만 염두에 두고 출마한다. …… 그렇다고 해서 내가 정치와 전혀 관계가 없다는 말은 아니다. 오히려 그 반대다. 부유한 민주당원으로서 계속해서 여러 후보들로부터 조언자 역할을 해달라는 부탁을 받고 있다. 모두가 나의 깊은 통찰력에서 우러난 조언을 구하고 나의 폭넓은 경험으로부터 나오는 도움에 목말라 한다. 나는 우리 아이들에게 자유로운 사회, 건강한 나라를 물려주고 싶어 하는 사람이다."_마이클 블룸버그, 《월가의 황제 블룸버그 스토리》, pp. 307~308

블룸버그가 정치에 거리를 두다가 결국 행정직인 뉴욕시장에 출마한 것은 이처럼 전략적 사고에 따른 것인데, 여기엔 자선을 통한 변화의 속도나 효율성에 대한 반성이 깔려 있을 가능성이 있다. 실제로 그는 2002년 "세상을 변화시키는 데 자선사업가보다 뉴욕시장으로서 훨씬 더 많은 영향을 끼칠 수 있다"며 당적을 민주당에서 공화당으로 바꾸며 뉴욕시장에 출마했고, 내리 3선이 됐다.

블룸버그가 자선사업을 통한 사회변화를 추구하면서 정치 쪽에 몸을 던지게 된 것은 정치가 자선보다 좀 더 효율적으로 세상을 바꿀 수 있다고 보았기 때문이다. 예컨대 그는 금연연구를 위해 1억 2500만 달러를 기부한 적이 있는데, 그 효과는 미미했다. 반면 뉴욕시에서 흡연규제와 관련된 작은 법률을 통과시켰을 때 그 효과는 돈을 기부한 것보다 더 직접적이었다는 게 그의 설명이다. 금연에 대한 그의 신념 덕분에 블룸버그가 뉴욕시장이 된 이후 뉴욕의 공공시설은 물론 음식점 등 모든 건물 내 흡연이 금지됐다.

그러나 블룸버그 시장은 정치를 하면서 또 다른 실망을 하게 된다. 정치가 자선활동에 비해 효율적일 수는 있으나 혁신적이지는 못하다는 게 그의

마이클 블룸버그의 자서전

체험적 정치론이다. 정치가 자선활동에 비해 큰 영향을 미칠 수는 있지만, 정치는 입법 과정에서 수많은 정치적 흥정이 수반되어야 하기 때문에 혁신성을 잃을 위험이 크다는 것이다. 따라서 그는 사회를 혁신적으로 변화시킬 수 있는 것은 정치가 아니라 자선활동임을 우회적으로 시인한 셈이다.

이런 이유로 블룸버그 시장은 정치에 몸담고 있으면서도 더 열심히 자선사업을 하고 있다. 그는 기빙플레지 편지에서 "뉴욕시장으로서 나는 개인들의 기부가 얼마나 강력한 영향을 미치는지를 생생하게 보아왔다"면서 "공적이고 개인적인 파트너십은 공공보건과 안전을 향상시키고 빈곤과 싸우며, 엉망이 된 학교 시스템을 개선하고 경제적 기회를 확대하며 예술을 장려하고 환경을 보호하는 등 핵심적인 역할을 한다"고 말했다. 뉴욕시장으로서 자선에 깊은 관심을 갖고 일한 결과, 행정적 효율성과 개인적 자선의 혁신성이 겸비되어야 스마트 자선이 될 수 있다는 결론을 얻은 것이다.

마이클 블룸버그 시장은 자신의 시정에 자선의 혁신성을 적극 가미하고 있다. 한편으론 효율성이 중시되는 정치를 하면서 다른 한편으로는 정치보다 혁신적인 자선사업을 지속함으로써 효율성과 혁신성을 동시에 겸비한 새로운 형태의 스마트한 자선을 추구하는 셈이다.

자선으로 정치의 한계를 넘어서다

그는 2008년 미국 금융위기 이후 자선활동을 강화하고 있다. 〈뉴욕타임스〉와의 인터뷰 2009. 1. 27 때 "나처럼 행운이 따랐던 사람에게는 경제가 더욱 악화된 지금이야말로 재산을 사회에 환원할 수 있는 적기"라면서 좀 더 적극적으로 자선사업에 나섰다. 매년 수천만 달러를 기부해온 그는 미국 금융위기 이후 기부액수를 대폭 늘리면서 자선을 통한 사회변화의 필요성을 알리는 데 적극 앞장서고 있다. 그는 2008년 2억 3,500만 달러를 120개 단체에 기부한데 이어 2009년엔 2억 5,400만 달러를 1,400개 단체에 기부했다. 미국 금융위기로 실업자가 늘고 많은 사람들이 고통받을 때 좀 더 적극적으로 나눔과 기부에 참여함으로써 어려움에 빠진 이들을 돕겠다는 것이다.

그는 2011년 7월 21일 미국의 민간 환경보호단체인 시에라클럽에 5,000만 달러를 기부한다고 발표했다. 〈워싱턴포스트〉는 이날 "블룸버그 뉴욕시장이 시에라클럽이 벌여온 '석탄을 넘어서 Beyond Coal' 캠페인을 적극 지원하기 위해 앞으로 4년에 걸쳐 5,000만 달러를 기부키로 했다"면서 "기금은 석탄을 이용한 화력발전소가 환경오

염은 물론 인체의 건강에 좋지 않다는 점을 알리는 데 활용될 것"이라고 전했다. 미국의 가장 오래된 민간 환경단체 중의 하나인 시에라클럽은 구형 화력발전소 폐쇄 및 신규 건설금지운동을 벌여왔는데 미국에서는 2002년 이래 153개의 석탄화력발전소가 건설됐다.

마이클 블룸버그 시장이 시에라클럽에 거금을 쾌척한 것은 미 연방정부가 의회에 제출한 온실가스 규제법안이 기업들의 로비로 인해 통과되지 못한 데 따른 실망이 일차적 동기가 됐다. 클린 에너지, 재생 에너지에 대한 대국민 캠페인을 벌이고 있는 시에라클럽에 기부함으로써 앞으로 환경에 대한 미국인들의 생각을 바꾸는 일에 집중하겠다는 의지를 드러낸 것으로 볼 수 있다. 그는 뉴욕시장으로서 환경친화적인 정책 입안을 시정의 핵심가치로 견지하며 온실가스 규제정책을 지지해왔고 금연운동, 자동차사고 방지 캠페인에도 상당한 기부를 해왔다.

마이클 블룸버그 시장은 또 한 달 후인 8월 4일 기자회견을 통해 "흑인, 라틴계, 전과자 등 소외된 사람들에게 제2의 기회를 주고 싶다"며 뉴욕의 소수인종 출신 청년 실업자들을 위해 사재 3,000만 달러를 내놓았다. 뉴욕시는 뉴욕에 거주하는 흑인과 라틴계 청년들을 지원하기 위해 1억 2,750만 달러를 투입할 계획인데 이중 블룸버그 시장이 3,000만 달러, 퀀텀펀드 회장 겸 자선사업가인 조지 소로스가 3,000만 달러를 부담하기로 했다. 전체 기금의 절반을 블룸버그와 소로스가 부담하고 절반은 뉴욕시가 매칭펀드식으로 내놓는 셈이다. 이 또한 자선의 혁신성과 행정의 효율성이 어우러지는 블룸버그식 스마트 자선의 한 유형이다.

이 프로그램의 지원대상은 16~24세의 흑인 및 라틴계 남성들인데 이들이 뉴욕의 시민들 중 실직률이 가장 높기 때문이다. 뉴욕시 정부에 따르면 뉴욕에 거주하는 16~24세 흑인, 라틴계 남성들 중 교육과 일자리로부터 소외된 인구는 20~30만 명 선이다. 이들이 장기적인 실직 상태에 있을 경우 범죄 및 가정 파탄의 확률이 높아지기 때문에 이를 방지하기 위한 일자리 창출이 장기적으로 사회 안정 및 발전에 도움이 된다는 계산인 셈이다.

〈뉴욕타임스〉는 블룸버그 시장의 이 프로그램을 "블룸버그 3기 행정부의 핵심 사업"으로 평가하면서 "기업들을 얼마나 설득하느냐가 성공 여부의 관건이 될 것"이라고 전망했다. 〈뉴욕타임스〉는 2009년 3선 시장 취임 직후부터 소수인종 청년 실업대책에 관심을 가져온 블룸버그 시장이 최근 소로스에게 직접 전화를 걸어 동참을 제안했고, 이미 볼티모어 등에서 유사 프로그램을 지원해온 소로스가 그 자리에서 즉각 수락하면서 사업이 급속도로 진행됐다고 보도했다. 소로스는 블룸버그 시장이 이 프로그램을 위한 기부를 요청했을 때 "이미 열려 있는 문을 노크할 필요는 없다"며 흔쾌히 승낙했다고 이 신문은 전했다.

사업은 크게 아버지 살리기, 일자리 알선, 전과자 재활 지원으로 구분되는데 뉴욕시는 뉴욕시립대학교와 손잡고 '파더후드 이니셔티브 Fatherhood Initiative' 프로그램을 대폭 확대하기로 했다. 일자리가 없는 젊은 아버지들을 대상으로 직업 관련 워크숍을 다양하게 제공하며 수업 이수자들에게는 소정의 현금도 지원된다. '잡스플러스 Jobs Plus'는 구직자에게 일자리와 인턴 기회를 알선해주는 프로그램으로 이미 뉴욕시 정부가 운영하고 있는 직업소개소를 저소득층 집중 거주지로 옮기거나 신설함으로써 이들이 좀 더 수월하게 일

블룸버그 3기 행정부의 핵심 사업으로 흑인, 라틴계 남성들의 일자리 창출을 위한 교육을 실시하고 있는 모습

자리를 찾을 수 있도록 제도적 지원을 하게 된다. 뉴욕시 정부는 이 프로그램에 참여하는 사람들이 은행계좌 개설 및 정부 지원금 신청을 원활하게 할 수 있도록 신분증도 발급해줄 예정이다.

블룸버그 시장은 기빙플레지에도 참여하는 등 적극적인 자선활동을 벌이고 있는데 지난해 기부서약 때 밝힌 '자선에 대한 나의 약속'이란 편지에서 "내 재산의 대부분은 앞으로 모두 기부되거나 내 재단인 블룸버그재단에 남겨질 것"이라고 약속한 바 있다. 그는 특히 "기부는 장기적으로 볼 때 당신이 생각하는 것 이상으로 당신에게 혜택을 줄 것"이라면서 "자녀들을 위해 뭔가 해주고 싶을 때, 당신이 자녀들을 얼마나 사랑하는지 보여주고 싶을 때 기부하라"고 말했다.

그는 자선사업을 회사나 뉴욕시장 일만큼 즐겁게 하는 사람으로 유명하다. 그는 자서전《월가의 황제 블룸버그 스토리》에서 자선은 어렸을 적 부모로부터 배운 것이라며 이렇게 말했다.

"부모님은 나에게 봉사 정신을 심어줬을 뿐 아니라 어렸을 때부
터 남을 도와야 한다고 가르쳤다. 아버지는 자선단체 기부금 납부
자의 명단을 해마다 받아와 저녁 식탁에서 우리에게 얘기하셨다.
그 명단에서 낯익은 이름을 찾아 읽으면서 그들이 기부한 선물 크
기에 대해 한마디씩 하셨고, 그 명단에 없는 이들에 대해서도 말씀
하셨다. 친지들의 기부는 다음해 아버지가 기부할 곳을 결정하는
데 영향을 줬다. 경쟁의 즐거움이라고 할 만하다. 나는 행운아다.
우리 아이들에게 좀 더 좋은 세상을 물려주기 위해, 그리고 세상을
좀 더 살기 좋은 곳으로 만들기 위해 내 재산과 시간을 투입하고 싶
다. 우리가 살아 있는 동안에 우리가 기부한 선물이 결실을 맺는다
면, 또한 남을 돕는 일이 제대로 진행되고 있다는 것을 지켜보게 된
다면 돈을 쓴 이상으로 만족을 얻을 수 있다."_마이클 블룸버그, 《월가의 황제
블룸버그 스토리》, pp. 310~311

블룸버그 시장은 뉴욕 월가에서 잔뼈가 굵은 투자 전문가답게
자선사업을 미래를 위한 투자라고도 말한다. "오늘도 도움을 필요
로 하는 이들이 우리 주변에 많은데 지금 우리가 그들을 돕지 않는
다면 나중에 더 큰 도움을 줘야 하는 상황이 된다. 결국 우리의 후
손이 고통을 받는다"는 것이다.

그는 기빙플레지 가입 편지에서 자신의 자선철학을 이렇게 정리
했다.

"상당한 양의 부는 당신이 전부 사용할 수도, 혼자 가질 수도 없

는 것이다. 수십 년간 나는 이런 이유로 내가 갖고 있는 재산을 기부해왔고 그 일을 아주 열정적으로 하고 있다. 내 아이들도 마찬가지다. 기빙플레지에 열정적으로 참여하는 것도 이 때문이다. 내 재산의 거의 대부분은 앞으로 모두 기부되거나 아니면 내 재단에 남겨질 것이다.

사람들의 삶을 변화시키고, 그 과정을 우리 눈으로 볼 수 있다는 것은 아마도 우리가 하는 일 중에서 가장 만족스러운 일일 것이다. 삶을 완전히 즐기고 싶다면 기부하라. 만약 여러분의 아이들을 위해 뭔가 해주고 싶고, 당신이 그 아이들을 얼마나 사랑하는지 보여주고 싶을 때 가장 좋은 방법은 세상을 좀 더 낫게 만드는 기관을 지지하는 것이다. 당신의 기부는 장기적으로 볼 때 당신이 생각하는 것 이상으로 많은 혜택을 줄 것이다. 그 혜택은 자선기관의 수혜자들이 받는 만큼 내 아이들도 받게 될 것이라고 생각한다.

자선은 많은 사람들이 당신을 기억하게 될 전통을 남겨주는 것이기도 하다. 우리는 록펠러, 카네기, 프릭 Frick, 밴더빌트 Vanderbilt, 스탠포드, 듀크 등 그들이 세운 회사나 그들의 자손들보다도 더 그들의 자선이 가져오는 효과를 오래오래 기억할 것이다. 기부함으로써 우리는 사람들이 그들 자신을 위해 그들의 돈이나 시간을 기부하도록 영감을 준다.”

3

하나의 스토리가
세상을 바꾼다

_ 제프 스콜

'할리우드 영화 같다'는 말속에는 뭔가 진지하지 못하고 오락적이 거나, 화려하나 비속하고, 과장되고 폭력을 미화한다는 비난이 담겨 있다. 또한 대부분 선악의 구도 속에서 은근히 미국을 영웅으로 미화하고, 미국을 비판하는 모든 나라나 세력은 악당으로 그려지는 작품이 많은 것도 사실이다.

그런데 그런 할리우드 영화에 대한 고정관념을 바꾸려는 사람이 있다. '하나의 스토리로 세상을 바꾸겠다'는 신념으로 영화제작사업에 나선 제프 스콜 Jeff Skoll, 1965~ 이다. 캐나다 출신 벤처 자선사업가인 그는 영화를 좋아했지만 경험은 전혀 없었던 인물이다. 시나리오 작가를 꿈꿨지만 글재주와 상상력이 부족하다고 판단해 일찌감치 꿈을 접었다. 이때까지만 해도 여느 88만원 세대 젊은이들과 다를 바 없었다. 그런데 그의 인생은 30대 중반에 완전히 달라진다.

스콜은 캐나다 토론토 출신으로 토론토대학교에서 전자공학을 전공한 뒤 28세 때인 1993년 미국으로 건너갔다. 1995년 스탠포드대학교 경영대학원을 졸업한 후 나이트리들출판사의 번역가로 일하다 1996년 이베이 ebay 의 첫 사원으로 입사, 이듬해 첫 CEO가 됐다. 이베이는 컴퓨터 프로그래머인 피에르 오미디야르 Pierre Omidyar 가 1995년에 미국 캘리포니아주 산호세에서 옥션웹 AuctionWeb 이란 이름의 개인 경매 사이트로 문을 열었다. 이후 스콜이 1997년 회사 이름을 옥션웹에서 이베이로 바꾸면서 세계적인 인터넷 경매 사이트로 키웠다. 이베이는 "이베이에 없으면 세상에는 없다"는 캐치프레이즈처럼 세상의 모든 것을 사고파는 사이버 경매 회사가 됐다.

규모 또한 해가 다르게 팽창, 세계 최대의 전자상거래 회사로 성장
했고, 제프 스콜은 이베이에서 일한 지 3년 만에 억만장자가 됐다.
〈CNN머니〉에 따르면 그가 이베이 주식매각으로 얻은 재산은 25억
달러에 달한다. 그의 나이 33세 때의 일이다.

이후 그는 과감히 이베이를 떠나 자선사업가로서 전혀 다른 삶
을 시작했다. 그는 전직 결정에 대해 미국 ABC와의 방송 인터뷰에
서 "이베이를 통해 부자가 되는 행운을 얻게 된 만큼 이제 내 재산
을 세상에서 가장 좋은 일들을 하는데 쓰기로 결심했다"고 말했다.
어린 시절 그는 '하나의 스토리로 세상을 바꾸겠다'는 생각에 시나
리오 작가가 되려 한 만큼 영화제작 쪽으로 방향을 바꿨다.

3년간 일하며 25억 달러를 번 행운을 전 세계 사람들과 공유하기
위해 그는 영화를 통한 사회변화에 나선 것이다. 스콜은 39세 때인
2004년 파티시펀트 미디어를 설립해 변화를 실현하기 위해 나섰다.

'Participant'란 참여를 의미한다. 나아가 의식적인 행동까지를
함축하는 단어다. 여기엔 스콜의 진보적 세계 인식이 깃들어 있다.
사회성 짙은 영화를 제작해 세상에 내놓음으로써 우리가 원하는
보다 개방적이고 지속가능하며 자유로운 세상을 만들 수 있다는
낙관적인 생각이 함축되어 있는 것이다.

이 때문인지 파티시펀트 미디어가 그간 내놓은 영화는 자연재해
나 석유테러, 교육개혁, 여성권익운동 등 하나같이 묵직한 주제들
이다. 우리나라식으로 말하자면 사회참여적 운동권 영화들이다.

스콜은 2004년 파티시펀트 미디어를 세운 후 총 26편의 영화에
제작자로 참여했는데, 이 가운데 4편은 아카데미상을 받았고 18편
은 수상후보로 지명됐다. 파티시펀트 미디어의 작품에는 〈굿 나잇

앤 굿 럭 Good Night & Good Luck〉2005, 〈시리아나〉, 〈불편한 진실 An Inconvenient Truth〉2006 외에 〈노스 컨트리 North Country〉, 〈연날리는 아이〉, 〈찰리 윌슨의 전쟁〉, 〈방문자 The Visitors〉, 〈더 솔로이스트 The Soloist〉, 〈먼지 속의 천사들 Angels in the Dust〉, 〈더 코브〉, 〈다르푸르 Darfur〉, 〈슈퍼맨을 기다리며〉 등이 있는데 하나같이 발표될 때마다 화제가 됐던 작품들이다.

〈노스 컨트리〉는 샤를리즈 테론 Charlize Theron이 주연한 작품으로 싱글 맘이 미네소타의 철광에서 성적 학대에 시달리는 얘기를 그린 영화다. 조지 W. 부시 행정부 당시 여성에 대한 학대금지 관련 법안 문제가 의회에서 논란이 일었을 때 개봉되어 정치적 쟁론이 되며 흥행에도 성공했다. 〈방문자〉는 미국에 온 불법 이민자의 애환을 따뜻한 관점에서 다룬 작품인데, 스콜은 캐나다인으로서 미국으로 이민 오면서 느꼈던 불합리함을 이 영화에 투영했다고 설명한 바 있다. 〈더 솔로이스트〉는 자폐증에 걸린 천재 흑인 바이올리니스트가 홈리스로 전락한 배경을 저널리스트의 눈으로 파헤친 작품이다.

〈더 코브〉는 일본의 어촌 타이지에서 전통이라는 명목하에 연례적으로 자행되는 돌고래 학살을 고발한 다큐멘터리다. 일본 정부와 지방자치단체가 앞장서서 이 영화의 촬영을 금지하는 바람에 촬영 때부터 화제가 됐던 작품이다. 스콜은 이 같은 영화가 돈이 되지 않는다는 것을 잘 알면서도 세상을 변화시킨다는 일념으로 영화에 투자했는데 역설적이게도 이런 영화들은 하나같이 미국 영화계는 물론 전 세계 영화계의 주목을 받은 문제작이 됐다. 〈더 코브〉는 2009년 선댄스영화제 관객상에 이어 2010년 아카데미상을

다큐멘터리 영화 〈더 코브〉의 포스터

수상했다.

그가 제작한 작품들은 할리우드의 고정적인 이미지가 배어 있지 않다는 게 특징이다. 이 때문에 할리우드 스타일에 식상해진 미국 및 전 세계 영화팬들의 사랑을 받고 있다. 창립 10년도 안 되어 파티시펀트 미디어는 가장 화제를 많이 몰고 다니는 영화사가 됐고, 할리우드에 대한 부정적 고정관념을 단숨에 바꿔놓은 가장 독창적인 영화사로 우뚝 서게 된 것이다.

사람들은 파티시펀트 미디어가 제작한 영화를 보면서 우리가 발을 딛고 선 지구촌 사회의 현실을 이해하고, 이 세상을 좀 더 살기 좋은 곳으로 변화시키기 위한 활동에 공감하게 된다. 이것은 바로 파티시펀트 미디어를 통해 스콜이 관철하려 했던 '하나의 스토리가 세상을 바꾼다'는 철학과 맥이 닿아 있다.

그는 파티시펀트 미디어에 대한 투자원칙에 대해 "나는 영화에 투자한 돈을 다 회수하려는 생각을 하지 않는다. 사회적 참여의 관점에서 영화를 만들고 동시대인의 공감을 얻으려는 것뿐이다. 다만 영화에 투자한 돈이 다시 다른 영화에 투자될 수 있을 정도로만 됐으면 좋겠다"고 밝혔다.

자신만의 철학으로 사회를 변화시킨
자선사업계의 슈퍼맨

그는 이베이 CEO 시절에도 이베이재단을 통한 기업의 사회공헌에 관심을 보이는 등 일찌감치 자선활동에 발을 들여놓았다. 이베이를 떠난 뒤엔 자신의 이름을 딴 스콜재단Skoll Foundation을 설립, 자신만의 색깔을 담은 자선활동에 나섰다. 스콜재단은 평화롭고 지속 가능한 지구를 만들기 위해 전 세계에서 활동하고 있는 사회적기업과 기업가를 발굴하고 투자하며 상호 연결시켜줌으로써 격려하겠다는 것을 재단의 비전으로 삼았다. 이를 위해 스콜재단은 '사회적기업가를 위한 스콜대상Skoll Awards For Social Entrepreneurship'을 제정, 사회적기업가를 발굴·지원하고 있다. 이와 함께 〈새로운 영웅들New Heroes〉이라는 다큐멘터리를 제작해서 사회적기업가의 활동을 전 세계에 알리는 역할도 하고 있다. 선댄스영화제의 설립자인 배우 로버트 레드포드가 성우로 등장하는 이 다큐멘터리는 2005년에 전미 대륙에 시리즈로 방영되어 사회적기업에 대한 미국인들의 이해를 넓히는 계기를 마련했다.

스콜은 이와 함께 매년 '사회적기업가 스콜 세계포럼Skoll World Forum On Social Entrepreneurship'을 개최, 전 세계 40여 개 국에서 500여 명 이상의 사회적기업가들을 초청하고 있다. 또한 온라인 커뮤니티인 소셜에지Social Edge, www.socialedge.org를 통해 전 세계에 흩어져 있는 사회적기업가들을 인터넷을 통해 하나로 연결시키는 작업도 진행 중이다.

2009년 들어 그는 또 하나의 모험을 감행했다. 스콜 글로벌 위협펀드Skoll Global Threats Fund를 조직, 5대 글로벌 위협에 대응하겠다고 밝힌 것이다. 그가 지목한 전 세계적인 5대 이슈는 기후변화, 수자원 부족, 전염병 확산, 핵 확산 그리고 중동 갈등이다. 파티시펀트미디어는 〈슈퍼맨을 기다리며Waiting Superman〉를 제작한 바 있는데 총괄 CEO인 스콜은 '스콜 글로벌 위협펀드'를 통해 전 세계를 구하는 슈퍼맨으로 활동하려고 마음먹은 듯하다.

스콜은 미국의 인터넷 신문 〈허핑턴포스트〉가 2010년 선정한 '세상을 바꾼 사람Game Changer' 100명에 선정됐다. 시사주간지 〈타임〉의 2006년 세계에서 가장 영향력 있는 100명에, 그리고 〈비즈니스위크〉의 가장 너그러운 자선사업가 50명에도 연례적으로 선정되고 있다. 스콜은 40대의 나이에 이미 사회변화에 앞장서는 자선사업계의 슈퍼맨이 된 셈이다.

스콜의 개인 생활은 거의 드러나 있지 않다. 그를 아는 사람들은 스콜이 낯을 많이 가리는 조용한 인물이라고 말한다. 그는 어렸을 적부터 척추디스크로 고생을 많이 한 것으로 알려져 있다. 이 때문인지 결혼도 하지 않은 채 강아지 한 마리와 산다. 언론 인터뷰도 극구 꺼려 일상생활이나 생각이 공개되지 않기로 유명한데 그가 2010년 기빙플레지에 참여하며 보낸 편지에는 그의 삶과 나눔에 대한 접근법이 소상히 드러나 있다.

"나는 캐나다 중산층 가정에서 성장했다. 내 꿈은 세상을 변화시킬 수 있는 이야기를 쓰는 작가가 되는 것이었다. 그 꿈을 향해 나는 경영대학원을 졸업하고 나서 처음으로 풀타임 근로자가 됐고, 이어 옥션웹이라는 온라인 경매 회사의 첫 사장이 됐다. 이 회사는

2011년에 열린 사회적기업가 스콜 세계포럼에서 스콜대상을 수상한 데스몬드 투투 주교와 스콜

후에 이베이로 알려졌다. 이베이가 1988년 상장됐을 때 나는 빚을 안고 5명의 룸메이트와 살던 평범한 시민에서 갑작스레 수백만 달러 가치의 이베이 주식을 보유한 부자가 됐다.

그때까지 나는 자선이란 것에 대해 생각해보지 않았지만 내가 갖게 된 자산을 스마트하게 세상을 위해 쓰기로 결심했다. 그리고 1999년 처음으로 스콜재단을 만들었는데 오늘날 스콜재단은 전 세계적으로 사회적기업을 지원하는 재단 역할을 하며 매년 옥스퍼드 대학교에서 사회적기업가에 대한 스콜 세계포럼도 개최한다.

2004년엔 세상을 변화시킬 수 있는 이야기를 하겠다는 내 원래의 꿈을 살려 파트시펀트 미디어를 설립했는데 여기서 만든 영화들이 인권과 아프가니스탄, 기후변화 등의 문제를 제기해 영향을 미쳤다는 것에 대해 자부심을 느끼고 있다. 파티시펀트는 자선의 또 다른 형태인데 나는 좋은 이야기가 사람들에게 사회변화에 대한 영감을 불어넣어줄 수 있고 또 그렇게 만든다고 보기 때문이다.

케냐를 방문한 제프 스콜

나는 최근 7년간 내 재산의 절반을 기부했다. 나머지 재산도 내가 살아 있거나 혹은 세상을 떠났을 때 좀 더 나은 사회를 위한 활동에 기부될 것이라고 생각한다. 나는 우리의 자아개발을 위해 계몽활동이 필요하다고 생각하며, 시민의 참여를 활성화시키고 정치를 움직이게 하는 이야기를 지속적으로 하고 싶다. 나는 그런 활동을 통해 사회적 영향력을 높일 수 있는 혁신적 방안을 모색 중이며 이로써 다른 사람들에게 영감을 제공하고 싶다.

세상은 넓고 아주 복잡하며 우리 모두는 후대의 밝은 내일을 위해 보다 잘 행동해야 할 필요성을 느낀다. 나는 내 조국 캐나다와 현재 살고 있는 미국에서 좋은 교육을 받고 근면의 가치를 배운 것에 대해 감사한다. 그리고 지속가능한 평화와 번영을 추구하며 내 활동이 여기에 기여하게 되길 희망한다."

4

익명 기부의 거장

_ 척 피니

익명의 기부는 어디까지 가능한가

거액을 기부하는 것은 의미 있는 일이지만, 기부자가 기부함으로써 얻게 되는 불편함은 상상 이상이다. 우선 기부 행위가 대중적으로 알려지면서 순식간에 자선의 명사가 될 것이고, 기금을 희망하는 수많은 단체의 요청에 둘러싸이게 될 것이다. 이것은 즐거운 일이기도 하지만 무조건 그 단체들에게 기금을 나눠줄 수 없다는 점에서 괴로운 일이 될 수도 있다. 수많은 단체로부터의 기부를 해달라는 협박 아닌 협박도 받을 수 있다.

이 때문에 기부를 통해 자신을 과시하고 명성을 얻고자 하는 사람이 아니라면, 대부분 조용한 기부를 희망하게 된다. 자신이 지향하는 가치에 따라 원하는 단체에 기부하되, 타인의 간섭을 받지 않을 수 있다면 그것만큼 좋은 것도 없다. 어차피 기부가 타인에게 보여주기 위해 하는 것이 아니라 자신의 내적인 만족, 또는 자신이 지향하는 어떤 변화를 위한 것이라면 타인이 그것을 얼마나 알아주느냐의 문제는 부차적인 것이다. 오히려 아무도 모르게 하는 기부가 훨씬 더 큰 만족감을 줄 수도 있다. 해마다 연말 구세군 자선냄비 모금 시즌이 되면 하얀 봉투에 거액을 담아 기부하는 이가 언론에 보도되는데, 그 기부자야말로 익명이 주는 즐거움을 홀로 즐길 줄 아는 사람이라고 생각한다.

나눔과 기부를 조용히 할 것이냐 아니면 널리 알려서 주변 사람들의 각성을 촉구하는 게 좋으냐는 지속적으로 이어져온 논쟁이다. 나눔과 기부는 그것을 하는 사람이 어떤 마음으로 할 것이냐는 실존적 결단이기 때문에 무엇이 좋냐 나쁘냐에 대해 어떤 원칙을 일방적으로 적용할 수 있는 것이 아니다. 기부하는 사람이 익명을 원한다면 그렇게 하는 게 좋고, 가급적 널리 알려 주변인들의 동반 기부를 끌어오는 것도 좋은 일이다.

미국의 자선사업가 중 척 피니 Charles Feeney, 1931~ 척Chuk은 찰스의 애칭인데, 피니의 경우 척을 애용함 는 익명의 기부가 어디까지 가능한지 극한까지 추구했던 인물이다. 거의 일제 시대 독립운동처럼 비밀결사식 기부를 했다. 수용단체에 누가 기부했는지 절대 알리지 말라는 요청을 하는 것에서 한발 더 나아가 만일 공개됐을 경우 지원금을 회수하겠다는 각서까지 쓰게 했다. 이쯤되면 익명의 기부를 선호하는 단계를 넘어서 익명 강박증이라고 볼 수 있다. 이뿐만이 아니다. 그는 살아 있는 동안에 모든 재산을 남김없이 기부하겠다는 원칙을 세워놓고 그의 재산 관리인들로 하여금 예상 자연수명에 맞춰 기부설계를 해놓았을 정도다. '가능한 한 익명으로 하되 살아 있는 동안 모든 재산을 남김없이 기부한다'는 것이 피니의 확고한 원칙이다.

피니는 전 세계의 면세점 체인인 듀티프리쇼퍼스DFS로 억만장자가 된 인물이다. 그는 51세가 되던 1982년 애틀랜틱 필랜트로피즈 Atlantic Philanthropies를 만들어 자선사업을 시작했다. 그리고 그때부터 1997년 1월 그가 최종적으로 이 재단의 자선활동 공개를 결심할 때까지 15년간 6억 달러를 기부하면서 누구에게도 알리지 않고 비밀리에 선행을 해왔다. 자선사업가들은 으레 크고 작은 기부를 할 때마다 공개해 언론 등을 통해 자세히 알려지게 되는데 그는 이것을 극단적으로 거부해 아무도 모르게 자선사업을 해온 대표적 인사다.

이 때문에 그는 익명의 기부자를 뜻하는 머리글자인 AD Anonymous Donor라는 별명으로 불렸다. 50대 초반 자선사업을 시작한 뒤 모교인 코넬대학교에 총 6억 달러 이상을 기부했는데 엄격하게 익명을 요구하는 바람에 2000년대 초까지 늘 AD로 불렸다. 코넬대학교에서 알 만한 사람들은 모두 이 익명의 기부자가 누구인지 알았기 때문에 누군가 익명으로 코넬대에 기부했다는 뉴스가 나면 사람들은 모두 '아, 피니구나'라고 짐작했다는 얘기까지 있다.

피니가 견지해온 비밀주의적 자선원칙은 아주 철저했는데 어쩌다 자신의 기부활동이 공개되면 추가 기부를 중단하는 사례도 많았다. 그는 애틀랜틱 필랜트로피즈를 통해 기부를 할 때 늘 기부는 익명으로 하되, 기부를 받은 사람들도 그 돈이 어디서 왔는지 몰라야 한다는 조건을 달았다. 기부를 받는 사람들 역시 비밀 엄수 합의문에 서명을 해야 했다. 그들이 애틀랜틱 필랜트로피즈나 피니에 대해 뭔가를 알게 되고 그 내용을 공개할 때 더 이상 기부를 받을 수 없었다. 기부 사실이 알려지는 것도, 그리고 기부한 단체로부터 무형의 대가를 받는 것도 원치 않았던 것이다. 피니는 기부를 하기에 앞서 자신은 기부에 대해 어떤 감사도 원하지 않으며 기부한 사실 자체가 공개되지 않기를 바란다는 내용의 편지를 기부자에게 쓴 것으로 유명하다.

"기부자는 이 기부금에 대해 어떤 감사도 원하지 않습니다. 우리가 가치 있는 일을 찾고 평가하고 지원하기 위해서는 이 일이 비밀에 붙여져야 합니다. 그러므로 비밀유지는 기부자에게 상당히 중요한 문제입니다. 이 기부금을 외적으로든 내적으로든 개인적인 기부로 언급해주어야 하며, 구두로든 문서상으로든 우리 재단에서 받은 것으로 말해서는 절대 안 된다는 점을 특별히 강조합니다. 연간 보고서와 내부 보고서에 이런 식으로 기록해주십시오. 덧붙여 이 기부금과 관련된 서류들은 비밀 파일에 보관하기를 권합니다. 이 편지는 확인한 뒤 반송해주십시오." _코너 오클리어리, 《아름다운 부자 척 피니》, pp. 186~187

이 때문에 그가 막대한 돈을 기부해 세운 건물에도 그의 이름은 찾아볼 수 없고 많은 기부가 이뤄진 뒤에도 이를 축하하기 위한 성대한 만찬이나 명예학위 수여식 같은 것도 열리지 않았다.

피니가 병적일 정도로 비밀유지에 집착한 것은 어린 시절부터 선행을 남몰래 하라는 부모의 가르침 덕분인 것으로 보인다. 피니는 미국의 대공황 시기에 뉴저지의 엘리자베스에서 태어났는데 아일랜드에서 이민을 온 부모는 늘 아들 척 피니에게 '좋은 일을 하고 주변에 자랑하면 안 된다'고 가르쳤다. 선행을 자랑하면 안 되고, 늘 겸손해야 한다는 교육의 결과가 피니를 익명의 기부자로 만들었다.

여기에 피니가 청년 시절 2차 대전기에 일본에서 미군 통신병으로 근무한 뒤 듀티프리쇼퍼스를 운영하면서 얻은 비밀주의 성향이 더해진 결과로 보인다. 통신병은 자신이 알고 있는 정보를 절대 주변에 얘기하면 안 된다는 철칙을 견지한다. 또한 초기에 미군을 대상으로 면세업을 하면서 그는 유럽에서 미 해군함대의 이동에 대해 비밀정보를 입수한 다음, 먼저 그 지역으로 이동해 주류를 면세로 파는 형식으로 큰돈을 모았다. 이렇게 비밀엄수를 철칙으로 일하면서 얻게 된 습관 때문에 자선사업도 '아무에게도 말하지 말라'식의 절대비밀 자선주의를 실천하고 있다는 것이다.

그러나 자선을 하면서 누구에게 간섭을 받거나 시달리고 싶지 않은 것이 무엇보다 가장 현실적인 이유였을 것으로 추정된다. 미국 자선계의 거인 존 D. 록펠러는 말년에 자선사업을 시작하자마자 밀려드는 지원요청서로 인해 신경쇠약증에 걸릴 지경이었다고 술회한 바 있다. 자선업계에 발을 들여놓는 순간 미 국세청의 감시를 받아야 하는 것은 물론이고 수천 개의 단체로부터 기부요청을 받기 때문에 가능하면 자유롭게 기부활동을 하겠다는 의지에서 비밀결사식 자선 쪽을 택한 것이다. 그는 이 때문에 미국 시민임에도 불구하고 애틀랜틱 필랜트로피즈를 세금이 자유로운 바하마에 설립해 미국의 감시망을 피했다. 세금을 덜 내기 위한 것이라기보다 자선단체에 부과되는 엄격한 의무를 피하고 싶었기 때문이라는 것이다.

검소한 삶의 미덕을 견지한 억만장자

피니는 아일랜드계 노동자 출신 집안에서 태어나 자수성가한 억만장자다. 그의 형제자매들은 물론 주변 친구들 어느 누구도 아이비리그 명문사립대에 갈 엄두를 내지 못했지만, 그는 과감히 뉴욕주 이타카의 코넬대학교에 진학했다. 이때 그는 학생들을 대상으로 샌드위치를 파는 등 갖가지 장사를 하며 대학을 마쳤다. 그리고 2차 대전 때 군에 입대한 뒤 군에서 쌓은 정보력을 바탕으로 미군상대 면세주류업을 하면서 큰돈을 벌었다. 이후 코넬대학교 동창생들을

애틀랜틱 필랜트로피즈 자문위원들이 비밀유지에 완고한 하비 데일 회장을 놀리고자 가면을 쓰고 있다. 앞줄의 맨 왼쪽이 피니

주축으로 면세업을 하면서 DFS를 글로벌 네트워크 회사로 키워 억만장자가 됐다. 30대이던 1960년대, 홍콩에서 DFS 사업을 하며 기업 수익의 5%를 자선활동에 쓸 정도로 기업의 사회적 책임에 민감한 경영자였지만 자선사업에 본격적으로 뛰어든 것은 50대에 접어들면서부터다.

그는 53세였던 1984년 추수감사절 때 자신의 모든 재산을 애틀랜틱 필랜트로피즈에 기부한다는 큰 결심을 했다. 말하자면 중년의 각성이 그를 억만장자 기업인에서 자선사업가로 변화시킨 것이다. 그는 바하마에서 "운명과 재능 덕에 얻게 된 막대한 부를 이제 내려놓는다"면서 자축했다. 그의 곁에는 하비 데일 Harvey Dale 애틀랜틱 필랜트로피즈 초대 회장 겸 뉴욕대학교 교수가 있었다.

그는 전 재산을 애틀랜틱 필랜트로피즈에 기부한 다음 이렇게
말했다.

> "나에게는 절대 변하지 않는 하나의 생각이 있다. 부는 다른 사람
> 들을 위해 사용해야 한다는 것이다. 나는 내가 자랄 때 그랬던 것처
> 럼 평범한 삶을 살려고 한다."

억만장자 기업인 피니는 재산을 모두 내려놓은 뒤 1985년 영국
으로 거처를 옮겼다. 54세 때의 일이다. 영국으로 간 뒤 그는 독서
를 통해 자선사업가로서 제2의 인생을 살기 위한 본격적인 모색을
시작했다. 이때부터 피니는 제너럴 애틀랜틱그룹을 통해 투자업에
종사하는 한편 자신의 색깔에 맞는 자선사업을 찾기 위한 작업을
본격화했다. 그리고 60세가 되던 1991년, 그는 자선사업에 모든 시
간을 쏟아야 할 때가 왔다고 판단, 제너럴 애틀랜틱그룹 최고경영
자 자리에서 물러날 결심을 했다. "자선 일이 더 재미있을 것이라
고 생각하느냐"는 주변의 질문에 대해 피니는 "상대해야 하는 사람
들이 있고 손익이 없는 일이기 때문에 훨씬 힘들겠지만 그것이 바
로 내가 하고 싶은 일"이라며 자선사업에 투신을 결정했다고 말했
다. 그 후 애틀랜틱 필랜트로피즈를 통한 자선활동은 66세가 되던
1997년 그의 활동이 처음으로 〈뉴욕타임스〉 1997. 1. 23에 보도되면서
공개되기 시작했다.

당초 60세 때의 결심이 6년여 지연된 것은 그가 첫 부인 대니얼
과 이혼한 뒤 비서였던 헬가와 결혼, 새로운 출발을 시작하는 삶의
변화 때문인 것으로 주변에선 보고 있다. 66세 때 〈뉴욕타임스〉에

애틀랜틱 필랜트로피즈의 활동을 첫 공개하면서 피니는 은둔의 자선사업가에서 벗어나 공개된 장으로 나왔다. 1982년 첫 재단 결성 이후 1997년 공개할 때까지 그가 비밀결사식으로 기부한 돈이 6억 달러라고 〈뉴욕타임스〉는 전했다.

애틀랜틱 필랜트로피즈 홈페이지에 소개된 보고서

피니는 평생 돈을 버는데 집중해왔지만 돈에 대한 생각은 아주 쿨하다. 그에 관한 책 어디에도 그가 돈에 연연해했다는 대목은 나오지 않는다. 그는 사업을 키우고 성공시킨 데서 성취감을 느꼈지만 돈 버는 행위 자체가 목적은 아니었던 것 같다고 주변의 동료들은 증언한다. "돈을 버는 것은 좋아했지만 소유하지는 않으려 했던 사람"이라는 것이다.

억만장자임에도 불구하고 그는 늘 항공기는 이코노미석을 고집했고, 시계도 "시간만 잘 맞으면 되지 비싼 롤렉스가 왜 필요해"라며 15달러짜리 전자시계를 착용했다. 옷은 몇십 년 된 기성복, 구두도 한두 켤레를 갖고 몇 년씩 신어 옷차림새로는 그가 억만장자인지 아무도 알아보지 못했다. 그는 뉴욕 맨해튼을 오갈 때도 버스나 택시를 탔다. 뉴저지에 사는 가족들을 만나러 갈 때에는 늘 기차를 이용했다. 재산은 필연적으로 그것을 소유한 사람과 그 가족을 파괴한다고 믿었던 그는 개인적인 일, 예컨대 식사 심부름이나 세탁물 맡기는 일도 꼭 스스로 했다. 허드렛일을 직원들에게 시킨

적도 없다. 1남 4녀 자녀들에게도 모두 직업을 갖게 했고, 검소하게 살아야 한다고 어렸을 때부터 가르쳤다.

그의 검소함에 대해 딸 다이안은 이렇게 말한다.

> "아버지는 많은 돈을 벌고 편안한 삶을 산 것에 대해 죄책감을 느꼈어요. 어떤 식으로든 빚을 갚아야 한다고 생각했죠. 너무 많이 가졌다는 부담감과 세상을 변화시켜야 한다는 책임감이 늘 아버지를 누르고 있었습니다."

다이안이 말하는 그의 아버지 피니에게서는 자선사업가 앤드류 카네기가 연상된다. 피니는 실제로 카네기의 《부의 복음》을 삶의 지침서로 삼아 읽고 실천하는 데 주력했다. 카네기는 아일랜드 출신인데 피니도 아일랜드계 2세로서 아일랜드 국적과 미국 시민권을 동시에 지닌 이중국적자였다. 피니는 "부자란 과시나 허영을 멀리하며 검소하고 소박한 삶의 모범을 보여야 한다"는 카네기의 지침을 몸소 실천하며 살았다.

그는 늘 "재산을 많이 가진 사람은 살아 있는 동안에 재산을 좋은 곳에 써야 한다는 도덕적 의무감을 가져야 한다"는 말을 했다고 하는데 그의 이런 모습은 생전의 카네기와 많이 닮았다.

피니의 초기 기부활동은 모교인 코넬대학교와 모국 아일랜드에 집중됐으나 60대 후반에 접어들면서 베트남과 남아프리카공화국 등으로 자선의 시야가 확대됐고, 휴먼라이트워치, 엠네스티인터내셔널 등 진보적 인권단체들에도 많은 기금을 희사했다.

그가 코넬대학교에 기부한 돈은 6억 달러를 상회하는 것으로 집계되는데 개인이 한 대학에 이렇게 많은 돈을 기부한 것은 전례가 없는 일로 평가된다. 그가 코넬대학교에 적극적으로 기부한 것은 가난한 노동자 집안의 평범한 소년이 세계적 기업가, 세계적 자선 사업가로 성장할 수 있도록 훌륭한 교육을 시켜준 학교가 바로 코넬대학교였기 때문이다. 그 모든 성공의 영광은 우선적으로 모교에 돌려져야 한다는 깊은 애교심에 바탕을 두고 있다.

또한 아일랜드에 대한 기부는 자신의 뿌리인 아일랜드가 좀 더 자유롭고 평화로운 발전된 나라가 되어야 한다는 애국심에서 비롯된 것이다. 피니는 1994년 북아일랜드공화국군IRA의 정치기구인 신페인당의 게리 애덤스 당수를 후원하며 정전협정을 이끌어내는 역할도 했다. 이 같은 평화활동은 북아일랜드 내전을 종식시키고 2007년 IRA와 민주연합당의 연립정부 출범을 낳게 하는 기반이 됐다. 당시 북아일랜드 평화협정을 지원한 빌 클린턴 행정부는 피니의 아낌없는 자선활동이 북아일랜드 평화의 기반이 됐다는 평가를 내리기도 했다.

이뿐이 아니다. 피니는 아일랜드의 과학기술 발전과 대학 교육의 경쟁력 강화가 장기적으로 아일랜드 발전의 뿌리가 된다고 보고 대학 발전을 위해 7억 5,000만 달러를 기부했다. 아일랜드 정부도 매칭펀드식으로 같은 금액을 내놓으면서 아일랜드 대학 교육의 질적 도약이 이뤄졌다. 아일랜드에는 46개의 연구소와 프로그램이 만들어졌고, 연구능력도 세계적 수준으로 향상됐다. 대학 졸업생들이 일자리를 찾아 유럽과 미국으로 건너가면서 빚어졌던 심각한 인재 유출 현상도 사라졌다. 이 같은 교육인프라 투자는 아일랜드 경제 성장의 밑바탕이 됐다는 게 버티 어헌 전 아일랜드 총리의 평가다.

70대에 접어들면서 피니는 '자선이 사회변화를 촉진시킬 수 있다'는 신념을 더욱더 구체화했다. 애틀랜틱 필랜트로피즈가 2003년 출간한 보고서에는 이 같은 피니의 생각이 많이 반영됐는데 고령화 문제, 불우 어린이와 청소년, 인류의 건강, 화해와 인권 등의 분야에 주력한다는 방침이 발표됐다. 또한 시민사회를 탄탄하게 하는 진보적 단체를 많이 지원해야 사회변화가 촉진된다는 신념하에 휴먼라이트워치, 휴먼라이트퍼스트, 국제사면위원회 등과 같은 국제적 인권단체에 많은 기금을 지원했다. 미국의 공영방송인 PBS의 '짐 레러 뉴스아워' 프로그램에도 300만 달러가 지원됐다.

피니가 51세 때인 1982년 개인 자선재단인 애틀랜틱 필랜트로피즈를 창설한 뒤 이 재단을 통해 기부한 돈은 2009년 말 총 50억 달러에 달한다. 그는 '살아 있을 때 기부하라'는 아일랜드 출신 자선사업가 앤드류 카네기의 지침에 따라 기부를 해왔는데 이미 카네기의 기부액을 초과달성했다. 카네기가 1919년 별세할 때까지 기부한 돈은 총 3억 5,000만 달러인데 요즘 화폐가치로 30억 달러가 된다. 그는 이미 자신의 우상이었던 카네기의 기부전설을 뛰어넘어 자신만의 기부신화를 만들고 있다.

2011년 팔순을 맞은 피니에겐 하나의 고민이 있다. 50억 달러를 기부하고도 아직 기부할 돈이 40억 달러나 남아 있기 때문이다. 그는 이 돈을 2017년까지 모두 기부하겠다고 밝히면서 애틀랜틱 필랜트로피즈도 해산시키겠다고 발표했다. 자선의 시한을 정해놓은 것은 '살아 있을 때 기부한다'는 자신의 자선 원칙을 관철시키기 위한 것이다. 남은 돈을 몽땅 살아생전에 기부하겠다는 결심을 실현시키기 위해 그가 해야 할 일은 아직 많고, 가야 할 길 또한 많이 남아 있는 셈이다.

이 때문인지 그는 평생 견지해왔던 '은둔의 이미지'를 벗어버리고 부유층 인사들에게 자선을 권장하기 위해 적극적으로 나서고 있다. 2009년에는 자신의 기부와 자선철학을 담은 다큐멘터리 〈비밀스런 억만장자〉를 제작, 애틀랜틱 필랜트로피즈의 웹사이트에 공개했다. 또한 2010년에는 빌 게이츠와 워런 버핏이 주도한 기빙플레지에도 참여했다. 미국 부자들의 1%만이 자선에 참여하는 현실을 타파하기 위해 적극적으로 기부 공론화에 나서고 있는 셈이다.

피니는 기빙플레지의 참여 편지에서 "가족들이 쓸 수 있는 수준을 초과한 재산을 좋은 목적에 쓰기 위해 재단을 만든 일은 사려 깊은 결정이었다고 확신한다"면서 이렇게 썼다.

"어려움에 처해 있는 사람들의 생활조건을 향상시키기 위해 기금을 지원하고 열정적으로 참여하면서 다양한 사람들을 만나는 행운을 누렸다. 그리고 이들과의 교유는 늘 나와 내 가족에게 큰 기쁨을 주었다."

5

나는 미래형 자선사업가다

_ 폴 앨런

삶이 끝나도 자선은 계속된다

'살아생전에 기부하라'는 말은 "부자로 죽는 것을 불명예로운 일" 이라며 살아 있을 때의 자선을 강조한 자선사업가 미국의 강철왕 앤드류 카네기의 명언이다. 아일랜드 출신의 미국 기업인 카네기의 뒤를 따라 척 피니도 '살아 있을 때의 전 재산 기부'를 목표로 왕성한 자선사업을 하고 있다. 그런데 폴 앨런_{Paul Allen, 1953~}은 늘 미래시제로 생각하며 컴퓨터 과학의 미래를 개척해온 '아이디어맨'답게 현재로서는 '미래'에 해당하는 '사후 기부 플랜'을 밝혀 관심을 모았다. 앨런은 2010년 7월 15일 기빙플레지에 참여를 결정하면서 마이크로소프트 공동 창업자인 빌 게이츠에게 이런 편지를 썼다.

"지난 20년간 폴 앨런 가족재단은 내가 살고 있는 태평양 북서 지역의 자선사업에 집중해왔다. 나는 이 지역의 비영리기구가 수많은 일을 하는데 있어서 기금을 제공해온 것에 대해 자부심을 느낀다. 태평양 북서 지역을 비롯한 미국, 그리고 세계 각 지역은 수많은 도전에 직면해 있고, 나는 그 일을 해결하는 데 일조하기 위해 지원을 확대해왔다.

내 자선활동은 내가 세상을 떠난 이후에도 계속될 것이다. 나는 수년간 내 소유재산 대부분이 자선 분야로 남겨져 재단의 일은 물론 비영리 과학연구, 예컨대 앨런 뇌과학연구소와 같은 단체가 지속적으로 연구를 할 수 있는 환경을 만드는 일에 집중해왔다.

빌과 멜린다는 세계를 위해 수많은 위대한 일을 해왔다. 나는 우리가 함께 협력해 고교 교사들의 효율성을 높이고 과학기술연구에 기금을 제공하는 것에 대해 기쁘게 생각한다. 또한 글로벌 보건 분야의 도전과 같은 다큐멘터리가 제작되게 된 것도 즐거운 일이다. 빌과 멜린다, 워런은 우리의 기부 계획이 공론화될 수 있도록 가치 있는 도전을 제기했고 나는 거기에 내 이름을 함께할 수 있게 되어 기쁘다. 앞으로도 우리의 자선활동은 지속될 것이며, 후대의 삶이 좀 더 풍성해질 수 있도록 계속해서 새로운 기회를 발견하게 될 것이다."

앨런은 사후 기부 계획을 공개하기 한 해 전인 2009년 11월 비호지킨 림프종에 걸린 사실을 밝혔는데, 화학요법을 성공리에 마쳐 생명에는 지장이 없는 상태인 것으로 알려졌다. 그렇지만 29세 때인 지난 1982년 호지킨 림프종이 발견되면서 투병생활을 위해 마이크로소프트를 정리할 수밖에 없었던 그가 당시보다 더 위험한 비호지킨 림프종을 앓게 되면서 이젠 마이크로소프트 정도가 아니라 인생을 정리해야 하는 순간을 맞을 수도 있다는 절박감에서 '사후의 미래 기부 플랜'을 밝힌 것으로 보인다. 림프종은 인체 면역체계를 형성하는 림프조직에 생기는 종양인데, 호지킨 림프종은 종양이 특정 부위에만 생기지만 비호지킨 림프종은 각종 장기에까지 침투, 훨씬 치료가 어려운 것으로 알려져 있다.

앨런은 10대 때부터 빌 게이츠와 분리하기 힘든 인물이었다. 두 사람은 시애틀 출신 과학영재로서 이 지역 최고의 사립학교인 레이크사이드 중고등학교를 졸업했고 이때 닦은 컴퓨터 기술과 아이디어로 마이크로소프트를 창업했다. 이 덕분에 두 사람은 이미 20대 때 나란히 억만장자가 됐다. 그러나 앨런이 1982년 목 부분에 혹이 생기는 호지킨병과의 투병을 위해 마이크로소프트를 떠나면서 이

빌·게이츠와 폴 앨런은 1975년 함께 마이크로소프트를 공동 설립했으나 1983년 앨런은 병으로 회사를 떠났다

후 세인의 관심은 게이츠에게 집중됐다.

그런 그가 다시 세인의 관심을 받게 된 것은 2011년 펴낸 자서전 《아이디어맨Idea Man》에서 마이크로소프트 창업 이전과 이후 게이츠와의 여러 일화를 솔직하게 털어놨기 때문이다.

이 책에 따르면 게이츠는 마이크로소프트의 주식 배분 때 앨런과 지분 조정으로 인해 갈등을 빚었고, 1983년 2월엔 병 때문에 MS를 퇴사하는 앨런의 지분을 헐값에 인수하려다 또다시 갈등을 빚었다. 또한 게이츠가 영입한 스티브 발머에 대해서도 비판적으로 평가한 부분이 많이 논란이 됐다.

그러나 그의 자서전의 핵심은 게이츠와 마이크로소프트를 두고 벌인 신경전이 아니다. 그는 이 책에서 유년시절 게이츠가 보여줬던 집요함과 탁월함에 대해 찬사를 보내며 두 사람이 마이크로소 프트라는 회사를 어떻게 세계 최고의 소프트웨어 회사로 키워냈는 지 흥미진진하게 보여주고 있다. 앨런은 "빌과 함께 일궈낸 일련의 성공은 비즈니스에 대한 그의 탁월한 감각과 나의 비전이 결합했 기에 가능했다"고 평가하고 있다. 특히 앨런은 그의 나눔에 대한 관점을 얘기하면서 "자선사업은 최근 시작한 게 아니라 수십 년째 지속되어오고 있는 것이며, 내가 죽은 뒤에도 계속될 것"이라고 재 차 강조했다. 피니는 살아 있을 때 모든 재산을 기부하겠다며 이를 실천하는 데 집중하고 있지만, 그는 자신이 쌓은 부를 살아생전에 기부하는 것은 물론이고 자신의 육신이 세상에서 사라지고 난 뒤 에도 앨런이란 이름의 자선은 계속될 것이라는 얘기를 해 감동을 주고 있다.

앨런은 〈FT웰스〉 2011 여름호, pp. 48~49와의 인터뷰에서 자선에 대한 자신과 빌 게이츠의 상이점과 공통점에 대해 이렇게 얘기했다.

"내가 자선활동을 시작한 것은 빌보다 훨씬 전이다. 그는 최근까 지도 마이크로소프트에 온 신경을 써왔다. 거대한 기업을 경영한다 는 것은 모든 에너지가 소진되는 힘든 일이다."

앨런의 말대로 자선활동은 게이츠보다 그가 먼저 시작했다. 다 만 게이츠의 자선 규모가 워낙 크게, 갑작스레 시작되어 언론의 주 목을 더 받았을 뿐이다. 게이츠가 자선에 관심을 갖게 된 것은 1993년 부인 멜린다와의 아프리카 여행이 계기가 됐다. 아프리카 사람들의 가난한 생활을 직접 보면서 이들을 위해 뭔가 해야겠다는 생각을 갖게 된 것이다. 그 후 1998년 〈뉴욕타임스〉에 게재된 저개발국 어린이들의 참상을 보면서 보건의료 지원사업을 시작했다. 시애틀 지역의 시민사회 자선활동에 평생 관여해온 그의 어머니는 하루라도 빨리 자선사업을 시작하라고 채근했지만, "지금은 회사를 경영하느라 바쁘다"면서 차일피일 미뤄왔던 게이츠였다. 그러나 앨런은 1983년 마이크로소프트를 나와 투병생활을 하면서 시애틀을 위한 자선활동을 시작했으니 적어도 10년 이상 먼저 시작한 셈이다.

다만 게이츠가 글로벌 무대로 활동하는 자선사업가라면 앨런은 대부분 시애틀 중심의 자선사업이라는 점에서 규모나 영역의 차이가 있다. 이런 측면에서 나는 그를 《존경받는 부자들》에서 '시애틀의 메디치'라고 표현한 바 있다. 그렇잖아도 살기 좋은 도시로 꼽히는 미 서부의 시애틀은 폴 앨런 덕분에 삶의 질이 뛰어난 대표적인 도시가 됐다. 앨런이 "내가 태어나고 자라난 곳 시애틀을 지구상에서 가장 살기 좋은 도시로 만들고 싶다"면서 시애틀을 위해 다양한 투자를 했기 때문이다.

앨런은 특히 문화·예술 분야에 관심이 많다. 시애틀 출신의 기타리스트 지미 헨드릭스Jimi Hendrix, 1942~1970를 좋아해 그를 위한 지원을 아끼지 않았다. 1996년에는 그에게 헌정하는 새로운 형태의 익스피어리언스 뮤직프로젝트Experience Music Project, EMP라는 박물관을 만들었다.

당시의 생각에 대해 폴 앨런은 《아이디어맨》에서 이렇게 기록했다.

"그 당시 지미 헨드릭스를 기념하는 것은 시애틀 우드랜드파크 동물원의 인공 바위 위에 설치된 놋쇠로 된 별밖에 없었다. 나는 그가 더 나은 대접을 받아야 한다고 생각했다. 지미는 시애틀과 북서부 태평양 연안의 음악적 유산 맥락 속에 있어야 했다. 그 과정에서 나는 우리가 위대한 질문 하나를 탐구할 수 있기를 바랐다. 바로 '창의력은 어디서 나오는가'였다.

나는 항상 역동적이며 계속해서 진행 중인 작품이라는 뜻으로 '익스피어리언스 뮤직프로젝트'라고 이름 지었다. 물론 익스피어리언스는 'Are you Experienced' 앨범을 낸 지미와 그의 밴드에 대한 경의의 표시였다."_《아이디어맨》, pp. 372~373

앨런이 청소년 시절의 우상 지미 헨드릭스를 추모해 만든 EMP는 신 개념 음악 박물관이다. 이곳에서는 록, 재즈, 소울, 가스펠 등 다양한 미국 음악을 직접 체험할 수 있고 믹싱도 할 수 있다. 스페인 빌바오의 구겐하임미술관을 설계한 프랭크 게리의 작품인데, 디자인 면에서도 특이하지만 실내 구조도 여느 박물관과는 완전히 다르다. 이 건물엔 단 한 군데의 직선이나 직각이 없는 것으로 유명하다. 2006년 봄 워싱턴 특파원을 마치고 여행할 때 시애틀을 찾았다. EMP박물관을 직접 보고 싶었기 때문이다. 시애틀 시내에 위치한 이 박물관은 멀리서 보면 무지갯빛 코끼리가 웅크리고 앉아 있는 듯한 형상을 하고 있다. 코끼리는 앨런이 제일 좋아하는 동물인데 그는 야생코끼리를 보기 위해 여동생 조디와 함께 종종 아프리카 여행을 하곤 한다. 게리의 설계물이 코끼리처럼 보이는 것도 이 같은 앨런의 취향이 반영됐기 때문인 것으로 보인다. 일부는 이

단 한 군데의 직선이나 직각이 없는 것으로 유명한 EMP박물관의 전경

건물이 부러진 기타 형상을 하고 있다고도 얘기한다. 알루미늄과 티타늄, 스테인리스 등으로 만들어져 독특한 색감을 자랑한다. 박물관에서 방문객들은 각종 공연관람은 물론 음악의 역사와 관련된 사료도 보고 음악을 만들거나 악기를 연주할 수도 있다. 헨드릭스 그리고 미국의 반전가수 밥 딜런 등에 대한 별도의 전시관도 있어 앨런의 취향이 어떠한지를 짐작할 수 있다.

앨런의 손길이 닿은 곳은 또 있다. 90년 전 지어진 시애틀 유니언 역을 개보수했고, 35년 전 건축된 낡은 영화관도 멋진 현대식 복합시네마 건물로 리모델링 했다. 특히 시애틀 유니언 역은 11층 높이의 현대식 건물로 리모델링한 뒤 불칸 Vulcan 컴퍼니의 본사를 이곳으로 옮겼다.

앨런과 게이츠는 모두 시애틀 태생이고 마이크로소프트에서 큰

215

돈을 벌었으며 요즘엔 모두 자선사업에 집중하고 있다는 게 공통점이다. 그러나 두 사람의 관심 영역은 좀 다르다. 게이츠가 글로벌 보건의료에 신경을 쓰며 미국의 교육 문제에 집중하는 반면 앨런은 좀 더 심미안이 있는 일을 하고 있다. 물론 보건의료 면에서 그들의 자선활동은 맥이 닿기도 한다. 게이츠가 글로벌 보건활동, 특히 어린이들의 전염병 문제에 신경을 쓴다면 앨런은 동물보건, 뇌과학 등에 큰돈을 기부해 연구활동을 촉진시키고 있다.

자서전 출간 후 앨런은 〈FT웰스〉와의 인터뷰에서 자선에 대한 관심은 부모 덕분에 자연스레 눈을 뜨게 됐다고 설명했다.

"내가 어렸을 적 어머니는 자선 스토어에서 책에 가격표를 붙이는 일을 했다. 그리고 지역 문화·예술 분야에 대한 지원을 계속했다. 그래서 일을 하면서 큰돈을 벌었을 때, 그것을 자기가 속한 사회에 되돌리는 것을 자연스럽게 생각하게 되었다. 당신이 성장하고 살아온 지역사회를 돕는 것은 당연한 일이다."

앨런은 1980년대부터 자선사업에 관여해왔는데 그간 총 10억 달러 이상을 기부한 것으로 집계된다. 시애틀의 공립도서관과 워싱턴 대학교 도서관에도 상당액을 기부했다. 이 대학 도서관은 그의 아버지가 일했던 곳이라서 특별히 더 친근하다.

앨런의 자선활동은 대부분 그의 재단을 통해 진행된다. 특히 그는 2002년 브레인트러스트Brain Trust를 조직했는데 이 단체는 신경과학연구를 지원하기 위한 것이다. 그는 이 단체에 참여한 과학자들과 함께 쥐의 뇌활동에 대한 포괄적 연구를 진행 중이다. 또한 그가 50세 되던 해인 2003년 "나는 무엇을 남기고 갈 것인가"라고 스스로에게 질문을 던지면서 1억 달러를 기부해 앨런 뇌과학연구소를 출범시켰다. 그가 이렇게 뇌, 신경과학 등의 문제에 관심을 갖는 것은 그의 어머니가 알츠하이머에 시달리고 있고 그 또한 호지킨이라는 특수질환을 앓고 있다는 점과 관련이 깊다.

《아이디어맨》이 출간되면서 언론에서 앨런과 게이츠의 갈등 부분을 조명하자 게이츠가 적극 나섰다. 앨런과는 여전히 좋은 친구인데 20대 때 일에 대해서 앨런이 다른 방식으로 기억하는 것 같다는 해명이다. 실제 그들을 둘러싼 주변의 오해에도 불구하고 앨런과 게이츠는 여전히 동료이고 친구다. 게이츠는 앨런이 암투병을 할 때 주기적으로 방문하며 위로했다. 이에 대해 앨런은 "그의 관심과 배려를 보면서 우리의 복잡한 관계가 떠올랐다. 그리고 우리가 서로 대화를 나누지 않을 때조차 얼마나 서로를 응원했는지 기억났다. 죽을 때까지 서로에게 의지하는 관계인 것 같다"고 썼다.

앨런은 또 게이츠와 버핏이 주도하는 기빙플레지에도 참여, 재산 50%를 기부하겠다는 캠페인에도 적극 나섰다. 시애틀에서 함께 자란 두 소년이 20대 때 나란히 마이크로소프트를 만들어 세계적인 부자가 됐고, 이후 30~40대 때 둘의 길은 벤처사업가와 마이크로소프트 최고경영자로 갈리는 듯했다. 그러나 50대가 되어 두 사람은 다시 자선사업가로 같은 곳을 바라보는 동지가 되었다.

슈퍼 부자들의
아름다운 나눔 편지

슈퍼 부자들에 대한 관점을 바꾸다

기빙플레지가 출범 1년 만에 미국 슈퍼 부자들에 대한 관점을 바꿔 놓는 역할을 하고 있다. 2010년 6월 이 운동이 시작될 때만 해도 미국 슈퍼 부자들에 대해서는 누가 얼마를 갖고 있고, 얼마를 기부 했느냐가 유일한 척도였는데, 이제는 기빙플레지의 참여 여부가 유용한 기준이 되고 있다.

〈이코노미스트〉2010. 6. 19에 따르면 기빙플레지에 대한 구상이 시 작된 것은 2009년 5월 록펠러가의 장손인 데이비드 록펠러가 주최 한 만찬에서부터다. 록펠러는 이 비밀 만찬에 빌 게이츠 부부와 워 런 버핏, 마이클 블룸버그, 조지 소로스, 테드 터너, 오프라 윈프리 등 7인을 초청했다. 이 자리에서 슈퍼 부자들의 기부서약 얘기가 나왔고 이후 이들은 비밀 저녁모임을 뉴욕과 샌프란시스코에서 몇 차례 더하면서 구상을 구체화했다. 그 결과 2010년 6월 16일 워런 버핏과 빌 게이츠가 살아생전에 절반 이상의 재산을 사회에 환원하겠다는 서약을 한 것이다. 이후 두 달 만인 8월 4일 억만장자 40명이 "버핏과 게이츠의 뒤를 따르겠다"는 서약을 발표했고, 이어 2010년 12월 16명이 추가 가입했다. 만 1년이 된 지난 2011년 8월 4일까지 총 69명이 기빙플레지에 참여했다.

초기 서약자는 록펠러 만찬의 참석자들인데 웬일인지 조지 소로스와 토크쇼의 여왕 오프라 윈프리 Oprah Winfrey, 1954~ 는 기빙플레지에 참여하지 않고 있다. 미국 언론들은 이들의 불참에 대한 여러 해석을 내놓고 있는데 정작 본인들은 이에 대한 어떤 언급도 하지 않고 있다. 미국의 인터넷 신문인 〈허핑턴포스트〉 2011. 5. 16 는 "이미 수십억씩 기부한 소로스와 윈프리가 기빙플레지에 참여하지 않는 것은 기부에 대한 관점의 차이라기보다 빌 게이츠와 워런 버핏 주도의 캠페인에 대한 의견차 때문일 수 있다"는 해석을 내놓고 있다.

기빙플레지 초기 참여자는 록펠러 만찬에 참석한 5인과 오라클의 공동 창업자인 래리 앨리슨, 영화 〈스타워즈〉 감독인 조지 루카스, 부동산 건설업 재벌 엘리 브로드, 미디어 재벌 게리 렌페스트, 시스코시스템스 전 회장인 존 모그리지 등 20명이다. 이어 기빙플레지에 합류한 미국의 슈퍼 부자는 페이스북 공동 창업자인 마크 주커버그와 더스틴 모스코비츠, AOL 공동 창업자인 스티브 케이스, 공화당 대선주자인 존 헌츠먼 전 주중 미국 대사의 아버지인 존 헌츠먼 시니어 등이고 이후 자발적인 참여가 잇따랐다. 이들은 삶의 황혼기에 접어든 70~80대의 장년층 인사가 대다수였지만 인터넷 기업으로 성공한 20~30대 젊은이들도 있었다. 또한 미국 자선계에 전혀 알려지지 않았던 음지의 자선사업가들도 여럿 자발적으로 참여해 눈길을 끌었다. 이들의 나눔서약은 그야말로 서약이고, 나눔의 형식이나 시기는 각자의 스타일대로 진행하게 된다. 어느 단체가 서약한 기금을 한꺼번에 모아 단체를 만드는 것은 더욱 아니다. 창의성과 자율성을 최대한 존중하는 자발적 나눔운동이기 때문이다. 이들은 왜 기빙플레지에 참여하게 됐을까.

록펠러가의 장손이며, 기빙플레지의 기반을 마련한 데이비드 록펠러 David Rockefeller, 1915~ 는 기빙플레지 서신에서 이렇게 말한다.

"지난 5세대 동안 우리 가문은 자선의 진정한 만족과 기쁨을 경험해왔다. 우리가 자선사업에 관여하면서 아주 강력한 기구들이 만들어졌는데 시카고대학교나 록펠러대학교, 그리고 뉴욕 현대미술관과 록펠러 브러더스펀드 등이 대표적이다. 자선은 우리를 빈곤과 보건의료, 지속가능한 발전, 환경의 퇴행적 현상 등의 중요한 글로벌 도전에 관여하고 발언하게 만들었다. 우리 가문은 지속적으로 한데 뭉쳐 미국의 경제 시스템에서 가장 혜택받은 이들이 가져야 할 특별한 책임과 의미 있는 방식으로 사회에 무엇인가 환원해야 한다는 의무를 다해왔다.

워런 버핏과 빌, 멜린다 게이츠는 이 같은 신념을 공유하며 다른 사람들이 자산을 살아생전이나 사후에 쓸 수 있도록 서약을 주도해왔다. 나는 이 같은 일이 내가 평생 생각하며 실천해왔던 일이라는 점에서 아주 즐겁고 이런 중요한 계획에 동참할 수 있게 되어 기쁘기 그지없다. 바라건대 다른 사람들도 이 같은 도전이자 기회를 잘 수용해서 가치 있는 노력을 함께 기울이길 원한다. 자선의 영역을

기빙플레지의 기반을 마련한 데이비드 록펠러

확대하기 위한 우리의 노력이 개인이나 다른 이들과의 협력 속에서
금융적 자산뿐 아니라 혁신적인 아이디어나 인내심을 통해 미래에
기여하게 되길 희망한다."

록펠러는 2009년 5월 뉴욕 록펠러대학교에서 억만장자들의 만
찬을 주재하면서 기빙플레지의 산파역을 맡은 인물인데, 그가 워
런 버핏과 빌 게이츠 주도의 기빙플레지에 참가한 것은 의미가 깊

다. 20세기를 대표해왔던 자선의 명가 록펠러의 바통을 이제 게이츠에게 넘겨주는 상징적 의미가 있는 것이다.

버핏은 2006년 버크셔해서웨이 주식을 모두 점진적으로 자선재단에 기부하겠다는 약속을 한 것이 생애 가장 기쁜 일이었다고 회고하면서 빌 게이츠 부부와 기빙플레지를 전개한 이유에 대해 서신에서 이렇게 밝혔다.

"내가 재산을 모을 수 있었던 것은 운 좋게도 좋은 유전자와 복합적인 흥미를 갖고 미국에서 태어나 살고 있기 때문이다. 내 아이들이나 나는 이것이 복권에 당첨된 것과 같다고 늘 얘기한다. 우선 내가 1930년에 미국에서 태어난 것은 30대 1의 경쟁이었다. 나는 백인 남성으로 태어나면서 당시 대다수 미국인들이 겪고 있었던 거대한 장애물에서도 자유로울 수 있었다.

나의 행운은 여기서 그치지 않고, 시장경제 시스템이 작동하는 곳에서 살게 됐다. 시장경제 시스템은 때때로 왜곡된 결과를 초래하기도 했지만, 대부분은 미국을 좀 더 낫게 만드는 결과를 낳았다. 나는 전쟁터에서 타인의 목숨을 구한 이들에게 메달을 수여하고, 훌륭한 교사에게 학부모들이 감사의 편지를 쓰고, 주가 왜곡을 잡아내는 이에게 수많은 보상을 하는 그런 경제 시스템 속에서 일해왔다. 요약하면 행운이 연속되는 역동적인 사회에서 살아온 것이다.

나와 우리 가족이 이처럼 특별한 행운을 누리게 된 것에 대해 일종의 죄책감 같은 것은 없다. 오히려 무한히 감사하게 생각한다. 우리가 재산의 1% 이상을 스스로에게 쓴다고 해서 그것이 더 큰 행복을 가져다주는 것도, 더 좋은 조건에서 살게 되는 것도 아니다.

반면 우리 99%의 재산은 타인의 건강과 복지를 위해 엄청나게 큰 효과를 낼 수 있다. 그런 현실은 나와 우리 가족에게 분명한 동기가 되었다. 우리가 필요한 수준만을 갖되, 나머지는 사회의 필요에 맞게 돌린다는 것이다. 내 서약은 그런 과정을 통해 결정되었다."

자신이 500억 달러에 달하는 자산을 모을 수 있었던 것은 사회적 혜택 덕분인 만큼 그것에 대해 감사하며 99%를 사회에 환원하고 떠나겠다는 것이다. 그는 특히 "내 재산의 99% 이상을 내가 살아 있을 때, 혹은 세상을 떠났을 때 모두 자선 분야에 기부할 것"이라면서 "이 같은 기부가 기빙플레지로 더욱 확산되길 희망한다"고 말했다.

버핏과 25세의 나이차가 있음에도 불구하고 친구가 된 게이츠는 부인과 함께 기빙플레지를 벌이게 된 배경에 대해 이렇게 썼다.

"우리는 우리가 꿈꿨던 것보다 훨씬 더 큰 자산을 갖는 행운을 누렸으며, 이에 대해 감사하고 있다. 그러나 이러한 선물이 위대한 것만큼이나, 우리는 그 선물을 잘 활용해야 한다는 엄청난 책임감도 느낀다. 이것이 우리가 기빙플레지에 참여하는 이유다. 기빙플레지의 아이디어는 우리가 다른 기부자들과 함께 그들이 그간 무엇을 해왔고 앞으로 무엇을 해야 하고, 무엇을 하지 말아야 하는지에 대한 토론을 하는 과정에서 나온 것이다. 모든 사람들은 나눔이 어떻게 그들의 삶을 풍요롭게 해줬는지에 대한 생각을 공유했다. 모든 참여자들은 서로의 열정을 경청함으로써 영감을 받았고, 그 과정을 통해 자선에 대해 더 고무됐다. 우리 두 사람은 매일매일 진전되는 것을 놀라운 눈으로 지켜봐왔다. 한편으로는 우리가 해야 할 일이 얼마나 많은지에 대해서도 자각하면서 이 같은 서약의 일원이 된 것에 대해 영광으로 생각한다."

게이츠 부부는 또 좋은 가정에서 좋은 교육을 받고 성장한 결과 사회적으로 큰 성공을 거뒀다면서 자선은 그 성공에 대한 감사를 사회로 돌리기 위한 행동이라고 덧붙였다.

"우리 두 사람은 삶의 아주 중요한 가치를 가르쳐주는 부모 밑에서 성장하는 행운을 누렸다. 그것은 열심히 일하고 사람을 존경하며 유머를 갖고 살라는 가르침이었다. 재능과 부의 축복을 받은 사람은 그 재능을 잘 활용하고, 슬기롭게 써야 할 의무를 갖고 있다. 이제 우리는 이 같은 실례를 우리 아이들에게 전달하길 희망한다. 우리는 게이츠재단을 통해 예방 가능한 질병으로 인한 사망을 막고, 가난한 이들이 생명을 보호해나갈 수 있도록 보건과 교육 문제에 남아 있는 여러 장벽을 없애기 위해 노력하고 있다. 우리가 견지하는 원칙은 모든 인간은 동등한 가치를 갖고 있다는 것이다. 이것을 다른 말로 하면, 모든 어린이들은 무럭무럭 커나갈 수 있는 기회와 꿈을 꾸고 실현할 권리를 갖고 있다는 점이다. 우리는 이를 위해 노력할 것이다."

억만장자의 만찬에 참석하며 기빙플레지 창립 멤버가 된 테드 터너 Ted Turner, 1938~ 는 참여 이유를 이렇게 썼다.

"재산을 사회로 되돌리는 것은 내 아버지가 젊었을 때 내게 심어준 교훈이다. 로터리클럽이나 다른 시민단체에서 기부하는 것을 넘어 아버지는 자신의 재원으로 자선적 활동에 직접 관여하셨다. 그는 자신이 관심을 갖고 있는 분야에 기부를 하는 것뿐만 아니라 흑인 학생들이 자신의 모교인 밀셉스대학Milsaps College에 다닐 수 있도록 학비를 대주기도 했다. 그것은 내게 아주 큰 영향을 줬다. …… 나는 성공을 숫자로 계산하지 않는다. 나는 13억 달러 이상을 다양한 목적으로 수년간 기부해왔다. 이 돈이 생명을 살리고 질병과 싸우고 있는 아이들을 교육시키며 변화에 대한 영감을 불어넣어주고 아이디어를 만들어내며 열린 마음을 갖게 했다. 내가 죽음에 다다랐을 때 내 모든 재산은 자선기구로 갈 것이다.

삶을 되돌아보는 나이가 되어 생각해보니 내가 가장 자신 있는 분야가 자선활동이었다. 아버지는 내게 설혹 평생 이루지 못할지라도 꿈을 높게 세우고, 뭔가 도움이 필요한 사람들을 늘 도우라고 말씀하셨다. 아버지가 가르쳐준 이 교훈은 늘 나를 열정적으로 일하게 만들었으며 매일매일 사회 환원에 대해 생각하게끔 했다. 또 후대가 좀 더 좋은 세상에 살 수 있도록 노력하는 삶을 살게 했다. 아버지에게 감사한다.”

나는 터너를《존경받는 부자들》에서 “미국보다 통이 큰 미국인”이라고 쓴 바 있다. 늘 돈키호테와 같은 엉뚱한 발상으로 케이블 네트워크 시장을 개척, CNN을 글로벌 시대의 대표 미디어로 키웠고 59세 때인 1997년에는 유엔에 10억 달러를 기부해 세상을 놀라게 한 인물이다. 그런 그가 자신이 평생 한 일 중 가장 의미 있는 게 자선활동이라고 하니, 자선활동이 CNN 창립보다 중요하다고 판단한 듯하다.

터너가 활달하게 비즈니스를 하듯 공개적으로 자선활동을 해서 유명해진 인사라면 오라클의 창립자인 래리 앨리슨Larry Ellison, 1944~은 은둔의 자선사업가로 활동해오다 기빙플레지 참여를 계기로 자선활동을 대외에 공개한 인물이다. 그는 기빙플레지 서신에서 참여 이유를 이렇게 밝혔다.

> "여러 해 전 나는 재산의 95% 이상을 자선사업에 쓰기 위해 신탁에 넣었다. 나는 이미 수억 달러를 의료연구와 교육 분야에 기부했으며 앞으로도 수십억 달러를 그렇게 할 것이다.
>
> 지금까지 나는 이러한 기부를 조용하게 해왔는데 그 이유는 자선이 아주 개인적이고 사적인 문제라고 생각했기 때문이다. 그래서 지금 이 시점에서 왜 내가 공개해야 할까 생각을 해본다. 워런 버핏은 개인적으로 내게 이 편지를 썼으면 좋겠다고 요청을 해왔다. 그것은 내가 편지를 쓰는 것이 하나의 전범이 되기 때문이며, 다른 사람들이 기부에 나서도록 영향을 줄 수 있기 때문이다. 나는 그가 옳다고 생각한다."

앨리슨은 오라클 창립자 겸 최고경영자로서 자산 395억 달러의 슈퍼 부자인데 그가 살아온 삶은 결코 순탄치 않았다. 1944년 뉴욕 브롱스에서 19세 미혼모의 아들로 태어나 생후 9개월 만에 시카고에 사는 앨리슨 부부에게 입양됐다. 그는 어바나의 일리노이대학교 2년 중퇴 후 캘리포니아로 이주, 컴퓨터 회사에 다니며 1977년 소프트웨어 개발연구소Software Development Laboratory를 만들어 컴퓨터 소프트웨어 회사인 오라클로 키워냈다. 낳아준 어머니와는 48세가 됐을 때 처음으로 만났다. 그런 탓인지 그는 네 번의 결혼과 이혼을 거듭하며 일견 혼돈의 삶을 살고 있는 듯하지만 그래도 모든 재산을 사회로 돌리는 자선 속에서 삶의 의미를 찾고 있다.

척 피니도 평생 은둔의 자선사업가로 활동해온 인물이라는 점에서 앨리슨과 유사하다. 그도 처음에는 기빙플레지를 꺼렸지만, 나눔을 좀 더 공론화하는 차원에서 자신의 경험을 나누고 싶다며 참여를 결정했다. 그는 그 이유를 이렇게 설명했다.

"2009년 5월 기빙플레지를 위한 첫 준비모임을 가진데 이어 2010년 6월 기빙플레지가 처음 발표된 직후 나는 참여를 보류했었다. 나는 이미 실재로 모든 내 개인적인 재산과 가족의 자산을 지난 25년에 걸쳐 애틀랜틱재단애틀랜틱 필랜트로피즈가 그 전신에 기부했기 때문에 이 일의 초기 서명자로 나서는 게 적절하지 않다고 판단했다. 그럼에도 불구하고 나는 기빙플레지를 아주 조심스럽게 지켜봤고, 이에 대한 대단한 반응에 감동했다. 이미 애틀랜틱 필랜트로피즈에 55억 달러 이상 기부해왔기 때문에 더 이상 서약을 할 게 없다 해도 나는 기빙플레지가 거두고 있는 대단한 성과를 축하하고 이 같은 노력을 온 마음으로 지지한다.

또한 기빙플레지 기부자들을 격려하면서 이들이 평생 지속가능한 자선적 노력을 해나가는 데 함께 참여할 것임을 밝힌다. 나는 개인적으로 살아생전에 재산을 적절하게 기부하고, 사람들의 삶을 향상시키기 위해 의미 있는 노력을 하는 데 자신을 헌신하는 것보다 더 가치 있는 일은 없다고 생각한다.

나는 30년 넘게 다양하고 폭넓은 자선 분야에서 개인적이고 제도적인 경험을 쌓아왔는데 이런 경험을 기빙플레지와 함께 공유하고 싶다."

'블룸버그의 사단'으로 이들은 함께 일하며 슈퍼 부자가 됐고, 자선활동도 함께하고 있다. 왼쪽부터 마이클 블룸버그, 찰스 제거, 톰 세쿤다, 던컨 맥밀런

정치와 자선의 영역을 오가며 즐겁고 유쾌한 자선사업가로 활동하는 마이클 블룸버그 뉴욕시장은 데이비드 록펠러 주재의 7인 비밀 만찬 회동 멤버다. 그는 기빙플레지에 블룸버그L.P.의 올드보이 3명을 끌어들여 세상을 놀라게 했다. 블룸버그 사단의 창립 멤버인 찰스 제거Charles Zegar, 톰 세쿤다Tom Secunda, 던컨 맥밀런Duncan MacMilan 등은 블룸버그와 함께 1982년 미디어그룹 블룸버그L.P.Limited Partnership를 창립했던 사람들로, 30년간 블룸버그와 일하며 모두 억만장자가 됐다. 이들은 그간 자선업계에서 전혀 알려지지 않았던 인물들인데 과거의 보스 블룸버그가 기빙플레지에 참여하면서 동참하게 되었다. 이 때문에 미국 언론에서는 이들을 '블룸버그 사단The Bloomberg Bunch'으로 부르고 있다.

블룸버그 시장은 기빙플레지 서신에서 블룸버그L.P.로 얘기를 시작한다.

"블룸버그L.P.의 시니어 매니저 중의 한 사람은 최근 내게 이런 말을 했다. 신입사원을 뽑는데 한 응시자가 '오너가 모든 이익을 자선재단에 기부하는 이런 회사 말고 또 어떤 회사에서 일할 수 있겠느냐'는 얘기를 했다는 것이다. 이 얘기보다 더 내게 자부심을 주는 말은 지금까지 없었다."

블룸버그 시장은 블룸버그L.P.에서 벌어들이는 수익 대부분을 다양한 사회단체에 기부하고 있는데 기빙플레지에 참여하며 보낸 편지에서도 죽을 때까지 모든 재산을 기부할 것이라고 밝혔다.

블룸버그 시장은 특히 개인수준에서 진행해오던 나눔과 기부가 게이츠와 버핏에 의해 슈퍼 부자들의 집단 기부로 변화되고 있는 것에 대해 만족감을 보이면서 "여기에 더 많은 그룹이 참여할수록 더 많은 사람들이 기부의 즐거움을 나누게 될 것이고, 전 세계가 더 많이 그 혜택을 볼 것으로 생각한다"고 낙관론을 피력했다.

블룸버그 사단인 던컨 맥밀런은 기빙플레지의 서신에 이렇게 썼다.

"쌓아놓은 재산은 우리를 어디에도 데려가주지 못한다. 돈은 타인을 위해 사용될 때 가치가 있으며 우리가 사는 세상을 좀 더 지속 가능하고 윤택하게 만드는 역할을 한다. 교육과 보건의료 분야에서 재단의 역할은 아주 긴요한데 우리는 그런 이유로 러트거스대학교와 존스홉킨스대학교의 교육 및 의료연구를 지원하고 있다. 또한 문화의 발전을 위해 예술 분야는 물론 지역사회에도 기부를 하고 있다. 우리가 기빙플레지의 일원이 된 것에 대해 감사하게 생각한다. 기빙플레지는 우리에게 사회 구성원으로서의 책임은 물론 너그러움과 희망의 자세에 대해 영감을 주고 있기 때문이다.”

맥밀런은 부인 낸시와 함께 쓴 이 편지에서 “우리는 특히 영감과 동기를 부여하고 격려해주는 동료, 친구들 속에서 일하는 행운을 누렸다”고 강조, 블룸버그 사단의 일원으로서 재산을 쌓고 또 함께 나눔에 동참하게 된 것에 대한 자부심을 우회적으로 드러냈다.

미국 언론도 몰랐던 자선계의 새로운 스타들

기빙플레지에는 미국인이지만 거의 알려지지 않았던 숨은 자선사업가들도 있다. 〈CNN머니〉에 따르면 기빙플레지에 참여한 신인 자선사업가는 니컬러스 베르그루엔 Nicolas Berggruen, 1961~ 베르그루엔 홀딩스 대표와 존 폴 드 조리아 John Paul DeJoria, 1944~ , 리다 힐 Lyda Hill, 조지 카이저 George Kaiser, 1943~ 등이 대표적이다.

이 가운데 가장 극적인 인물은 세계적인 헤어용품 회사인 폴 미첼의 대표 존 폴 드 조리아다. 그는 로스앤젤레스에서 이탈리아 이민자의 아들로 태어나 9세 때 홈리스로 거리에서 신문을 팔며 살았고 고교 졸업 후에는 갱단으로 활동하다 억만장자가 된 입지전적 인물이다. 40억 자산가인 그는 기빙플레지에 “이민자의 아들로 태어나 성공했는데 그 성공을 나누지 않는다면 그 인생은 실패라고 생각한다”는 내용의 편지를 보내며 참여를 신청했다. 그가 나눔에 관심을 갖게 된 동기는 아무리 어려워도 이웃을 도와야 한다는 어머니의 가르침 때문이었다고 회상한다.

"어머니는 나와 내 동생을 로스앤젤레스의 유럽 이민자 사회에서 키웠는데 당시 나는 두 살이었다. 우리는 갖고 있는 게 거의 없었고 TV조차 없었다.

내가 여섯 살 되던 해에 어머니는 우리 형제를 로스앤젤레스 시내의 대형 백화점으로 데리고 갔는데 그때 나는 상점 윈도우에 전시된 화려한 인형과 장난감 기차들을 처음 보았다. 돈이 들지 않았던 그 행사는 내게 크리스마스 정신을 되새겨준 아주 좋은 기억으로 남아 있다.

어머니는 우리 형제에게 동전을 쥐어줬고 우리는 그것을 종을 치는 한 신사의 바구니 속에 넣었다. 그러고 나서 내가 '탄산음료나 사탕을 살 수 있는 동전을 왜 저 사람의 바구니에 넣으라고 했느냐'고 묻자 어머니는 이렇게 대답했다.

'이분들은 구세군인데 도움을 필요로 하는 사람들을 돕는 분들이란다. 네가 얼마나 갖고 있느냐에 상관없이 세상에는 너보다 훨씬 더 도움이 절실한 사람들이 늘 있단다. 그러니 액수가 적더라도 늘 기부를 하도록 노력하렴.'

어머니의 그때 말씀은 내 뇌리에 깊숙이 박혔고 내가 어른이 된 뒤에도 그 말씀을 잊어본 적이 없다. 이제 나와 내 가족은 사람들을 도울 수 있는 특권과 세상을 좀 더 살기 좋은 곳으로 변화시킬 수 있는 힘도 갖게 됐다. 이런 기회를 그저 흘러가게 두면 안 된다.

사는 것은 주는 것이다 Living Is Giving. 나는 우리가 이미 갖고 있는 것을 도움이 필요한 사람들과 나누는 일이 얼마나 기쁜 일인지 내 가족과 공유하려 한다. 그것은 음식일 수도 있고 피난처, 보살핌,

그리고 미래일 수도 있다. 내가 쌓은 재산을 사회에 되돌리는 것은 실천이자 기쁨이다. 나와 내 가족은 현재는 물론 미래에도 세상을 돕는 일을 계속할 것이다."

소셜 미디어 페이스북의 공동 창업자인 마크 주커버그^{Mark Zuckerberg, 1984~}와 더스틴 모스코비츠^{Dustin Moskovitz, 1984~}도 청년 슈퍼 부자의 대열에 들어선 주역이다. 그런데 두 사람 모두 기빙플레지에 참여함으로써 또다시 주목을 받았다.

마크 주커버그는 이미 2010년 9월 뉴저지주 뉴워크의 공립학교에 1억 달러를 기부하겠다고 밝힌 바 있는데 기빙플레지에 참여하면서 이렇게 말했다.

"사람들은 좀 더 나이가 든 다음 나중에 재산을 환원하겠다고 하는데 그럴 필요가 없다고 생각한다. 젊은 시절에 기업을 창업해 성공을 거둔 세대로서 우리는 가능하면 일찍 자선활동을 통해 재산을 사회에 환원함으로써 그 노력의 결실을 보고 싶다."

〈로스앤젤레스타임스〉^{2011. 7. 19}에 따르면 마크 주커버그는 억만장자임에도 불구하고 검소한 생활을 유지하기 위해 노력하는 인물이다. 그는 최근 700만 달러짜리 집을 구입하기 전까지 월세를 살았으며, 페이스북 관심사 코너에도 '미니멀리즘', '욕망자제'를 게시해놓고 있다.

230억 달러 자산을 보유, 세계에서 가장 젊은 억만장자로 꼽히는 더스틴 모스코비츠도 친구인 주커버그와 마찬가지로 부의 과시

적 소비보다는 검소한 생활을 유지하며 자선활동에 주력하고 있
다. 그는 기빙플레지 가입 편지에서 다음과 같이 나눔의 구상을 밝
혔다.

> "2004년 나는 페이스북 탄생을 돕는 아주 특별한 기회를 갖게 되
> 었는데 그것은 5억 인구를 연결시키는 매체로 성장했다. 이로써 상
> 호 커뮤니케이션은 극적으로 늘었고 전 세계적으로 투명성도 커지
> 게 됐다. 페이스북의 성공으로 나는 내가 기대했던 것 이상으로 금
> 융자산을 벌게 됐다. 오늘날 나는 그러한 보상이 개인적인 부가 아
> 니라 내가 세상을 향해 더 혜택을 베풀 수 있는 도구라고 생각한다.
> 나는 효과적인 자선에 대한 이해를 도와주고 도움이 필요한 분야를
> 교육시켜주고, 좋은 아이디어를 갖게 해준 친구들과 가족에게 감사
> 한다. 앞으로 우리는 영향력을 줄 수 있는 기여를 하기 위해 적절한
> 목적을 구체화하게 될 것이다. 우리는 가장 긴급하게 도움이 필요한
> 일에 먼저 기부하고 투자할 예정인데, 그것은 보다 안전하고 건강하
> 며 경제적으로도 강화된 글로벌 공동체를 만들기 위한 목적이다."

〈로스앤젤레스타임스〉에 따르면 모스코비츠는 샌프란시스코에
있는 80만 달러짜리 아파트에 살고 있다. 2008년 페이스북을 퇴사
한 뒤 자신이 창업한 비즈니스용 소셜 네트워크 소프트웨어 업체
인 '아사나'까지 자전거로 출퇴근한다. 항공기도 일반석을 이용한
다. 하지만 스스로 자선단체를 만들어 적극적인 기부활동을 하고
있으며 생전에 자신의 재산을 모두 기부하겠다는 목표를 갖고 있
다. 모스코비츠는 "물질이 행복을 가져다줄 수 없다"며 "명품 등을
갖고 있는 나를 상상해봤지만 이것들로 보다 의미 있는 삶을 살 수

페이스북의 공동 창업자인 더스틴 모스코비츠(왼)와 마크 주커버그(오)

없다는 결론을 내렸다"고 말했다.

세상에서 이룰 만큼 이룬 중장년층의 나눔운동인 기빙플레지에 젊은 두 사람이 당당히 끼어 있다는 것은 나눔문화의 미래가 그만큼 밝다는 것을 말해준다. 빌 게이츠만 해도 20~30대엔 일에 파묻혀 살면서 "아직은 일을 해야 해요"라고 주장했던 인물이었다. 그러나 21세기 글로벌 세계를 주도하는 소셜 미디어 왕국 페이스북을 만든 20대 후반의 청년 부자들은 "미래로 미루지 말고 현재 여기서 나누는 게 중요하다"고 생각하는 데다가 나눔과 삶을 구분하지 않는 자세를 보이고 있다는 점에서 미국 신세대 억만장자들이 벌여나가는 나눔운동은 과거와는 전혀 다른 유형이 될 것으로 보인다.

기빙플레지 참여자들
2011년 8월 현재 총 69명

1 폴 앨런 Paul Allen, 1953~ 마이크로소프트 공동 창업자, 불칸 회장, 자산 130억 달러

2 존 D. 아널드 부부 John D. Arnold and wife Laura, 1974~ 헤지펀드 매니저, 자산 40억 달러

3 니컬러스 베르그루엔 Nicolas Berggruen, 1961~ 베르그루엔 홀딩스 대표, 자산 22억 달러

4 마이클 블룸버그 Michael Bloomberg, 1942~ 블룸버그 L.P.의 창립자, 뉴욕시장, 자산 180억 달러

5 엘리 브로드 부부 Eli Broad and wife Edythe, 1933~ 선아메리카보험 전 대표, 브로드재단 운영, 자산 58억 달러

6 워런 버핏 Warren Buffett, 1930~ 버크셔해서웨이 대표, 자산 500억 달러

7 스티브 케이스 부부 Steve Case and wife Jean, 1958~ 아메리카온라인 AOL 공동 창립자 및 CEO

8 레온 쿠퍼맨 부부 Leon G. Cooperman and wife Toby, 1943~ 오메가 어드바이저스 Omega Advisors의 설립자 겸 대표, 자산 15억 달러

9 빌 커밍스 부부 Bill and Joyce Cummings, 1937~ 커밍스 부동산 회사 창립자 겸 대표

10 레이 달리오 부부 Ray Dalio and wife Barbara, 1949~ 브리지워터 어소시에이츠 Bridgewater Associates 대표

11 존 폴 드 조리아 John Paul DeJoria, 1944~ 노숙자 출신의 기업인, 헤어용품업체 폴 미첼 대표, 자산 40억 달러

12 존 도어 부부 John Doerr and wife Ann, 1951~ 인텔 출신 벤처 자본가, 자산 22억 달러

13 배리 딜러 부부 Barry Diller and Diane von Furstenberg, 1942~ 파라마운트영화사 전 대표, 자산 13억 달러

14 래리 앨리슨 Larry Ellison, 1944~ 오라클 창립자 겸 최고경영자, 자산 395억 달러

15 척 피니 Chuck Feeney, 1931~ 애틀랜틱 필랜트로피즈 대표

16 테드 포스트만 Ted Forstmann, 1940~2011 포스트만 리틀 자산운용사 창립자, 자산 16억 달러

17 필립 프로스트 부부 Philip Frost and wife Patricia, 1935~ 테바 제약 회사 대표, 자산 1억 달러

18 빌 게이츠 부부 Bill and Melinda Gates, 1955~ 마이크로소프트 공동 창립자, 자산 590억 달러

19 데이비드 그린 부부David Green and wife Barbara, 1941~ 공예품 체인점 하비로비Hobby Lobby 창립자, 자산 26억 달러

20 제프 그린Jeff Greene, 1954~ 부동산 사업가, 민주당 상원의원 출마자

21 해럴드 햄 부부Harold Hamm and wife Sue Ann, 1945~ 석유개발업자, 자산 86억 달러

22 리다 힐Lyda Hill, 1943~ 댈러스의 석유업자 상속인

23 배런 힐튼Barron Hilton, 1927~ 힐튼호텔 전 공동 회장, 자산 27억 달러

24 존 헌츠먼 시니어 부부Jon Huntsman, Sr. and wife Karen, 1937~ 헌츠먼코퍼레이션 창립자

25 칼 아이칸Carl Icahn, 1936~ 투자 전문가, 자산 125억 달러

26 어윈 제이콥스 부부Irwin M. Jacobs and wife Joan, 1933~ 퀄컴 공동 창업자 겸 전 회장, 자산 12억 달러

27 조지 카이저George Kaiser, 1943~ BOK금융 회장, 자산 89억 달러

28 비노드 코슬라 부부Vinod Khosla and wife Neeru, 1955~ 선마이크로시스템 공동 창립자, 자산 14억 달러

29 시드니 킴멜Sidney Kimmel, 1929~ 영화제작자

30 리처드 킨더 부부Richard Kinder and wife Nancy, 1945~ 킨더모건 에너지 대표, 자산 64억 달러

31 케네스 랭곤 부부Kenneth Langone and wife Elaine, 1935~ 벤처투자 전문가, 자산 13억 달러

32 H. F. 렌페스트 부부H. F. Lenfest and wife Marguerite 미디어 기업가

33 로리 로키Lorry I. Lokey, 1927~ 비즈니스와이어 설립자 겸 대표, 4억 달러 이상 기부

34 조지 루카스George Lucas, 1944~ 영화감독, 자산 32억 달러

35 던컨 맥밀런 부부Ducan MacMillan and wife Nancy 블룸버그 사단

36 앨프리드 맨Alfred E. Mann, 1925~ 기업인, 자산 14억 달러

37 조 맨수에토 부부Joe Mansueto and wife Rika, 1956~ 모닝스타 설립자 겸 대표, 자산 16억 달러

38 버니 마커스 부부Bernie Marcus and wife Billi, 1929~ 홈데포 공동 설립자, 자산 15억 달러

39 마이클 밀켄 부부Michael Milken and wife Lori, 1946~ 금융가

40 조지 미첼 George P. Mitchell, 1919~ 미첼 에너지 대표, 자산 16억 달러

41 토마스 모너건 Thomas Monaghan, 1937~ 도미노피자 설립자 겸 CEO, 카톨릭 정신에
입각한 자선사업가

42 존 모그리지 부부 John Morgridge and wife Tashia, 1933~ 시스코시스템스 CEO

43 더스틴 모스코비츠 Dustin Moskovitz, 1984~ 페이스북 공동 설립자, 자산 14억 달러

44 피에르 오미디야르 부부 Pierre Omidyar and wife Pam, 1967~ 이베이 공동 설립자 겸 CEO,
자산 67억 달러

45 버너드 오셔 부부 Bernard Osher and wife Barbro, 1927~ 버너드는 기업가 겸 자선사업
가, 바브로 오셔 1940~ 는 샌프란시스코 주재 스웨덴 총영사 겸 자선사업가

46 로널드 퍼렐먼 Ronald Perelman, 1943~ 맥앤드루스&포브스 홀딩스 대표, 자산 120억
달러

47 피터 피터슨 Peter Peterson, 1926~ 블랙스톤그룹 설립자, 자산 28억 달러

48 T. 분 피킨스 T. Boone Pickens, 1928~ 금융투자자, 자산 14억 달러

49 줄리언 로버트슨 Julian Robertson, 1932~ 헤지펀드 매니저, 자산 23억 달러

50 데이비드 록펠러 David Rockefeller, 1915~ 존 D. 록펠러의 손자로 체이스맨해튼은행
전 CEO, 자산 29억 달러

51 에드워드 W. 로즈 부부 Edward W. and Deedie Potter Rose, 1941~ 카디널인베스트먼트
설립자

52 데이비드 루벤스타인 David M. Rubenstein, 1949~ 칼라일그룹 공동 설립자, 자산 26억
달러

53 허브 샌들러 부부 Herb Sandler and Marion, 1931~ 월드세이빙은행 설립자

54 데니 샌포드 Denny Sanford, 1935~ 퍼스트프리미어은행 설립자 겸 소유주, 자산 10억
달러

55 로저 W. 샌트 부부 Roger W. Sant and wife Vicki, 1930~ 기업가. 자산 17억 달러

56 린 슈스터먼 Lynn Schusterman, 1942~ 석유 에너지 사업가 찰스 슈스터먼의 미망인,
자선사업가, 자산 25억 달러

57 월터 스코트 Walter Scott, Jr. 1931~ 건설 사업가

58 톰 세쿤다 부부 Tom Secunda and wife Cindy, 1954~ 블룸버그L.P. 부회장

59 짐 시몬스 부부 Jim Simons and Marilyn, 1938~ 헤지펀드 매니저, 자산 106억 달러

60 해럴드 시몬스 부부 Harold Simmons and wife Annette, 1937~ 기업인, 자산 57억 달러

61 제프 스콜 Jeff Skoll, 1965~ 캐나다 출신 벤처 기업가, 자산 32억 달러

62 패트릭 순 시옹 부부 Patrick Soon-Shiong and wife Michele Chan, 1952~ 남아프리카공화국 출신으로 유방암 치료제를 개발한 미국 외과의사

63 톰 스테이어 부부 Tom Steyer and wife Kat Taylor, 1957~ 자산관리 전문가, 자산 12억 달러

64 제임스 스토워스 부부 James E. Stowers and wife Virginia, 1924~ 투자자문 전문가, 줄기 세포 분야 자선사업에 집중

65 테드 터너 Ted Turner, 1938~ CNN설립자, 자산 21억 달러

66 샌포드 베일 부부 Sanford Weill and wife Joan, 1933~ 시티그룹 전 회장

67 셸비 화이트 Shelby White 뮤추얼펀드 매니저 레온 레비 Leon Levy의 미망인, 유산 2억 달러

68 찰스 제거 부부 Charles Zegar and wife Merryl Snow, 1958~ 블룸버그L.P. 공동 설립자, 자산 10억 달러

69 마크 주커버그 Mark Zuckerberg, 1984~ 페이스북 공동 설립자. 자산 175억 달러

*출처 = 기빙플레지(www.givingpledge.org)

4부

자선 휴머니즘이
희망이다

1
—

미국의 저력,
자선재단에서 나온다

거대한 유산이 된 미국의 재단

미국에서 가장 부러운 것은 웬만한 나라의 총수출액을 상회하는 거액을 매년 기부하는 미국인들의 너그러운 마음씨와 헤아리기 어려울 정도로 많은 자선재단이다. 미국인들의 70%는 어떤 의미로든 기부를 하며, 그들의 기부총액은 매년 3,000억 달러에 육박한다. 기빙 USA재단에 따르면 2009년 기부총액은 2,908억 9,000만 달러다. 이 액수는 2008년 모금된 2,803억 달러에 비해 3.8% 증가한 수치다.

미국인들의 어마어마한 기부액도 놀랍고 부럽지만 록펠러재단, 카네기재단 등 뿌리 깊은 나무처럼 1백년 가까이 꿋꿋하게 건재하는 자선재단은 우리가 도저히 따라잡기 힘든 거대한 유산 같은 느낌이 든다. 록펠러재단은 2013년 창립 100주년을 맞는데, 이것을 계기로 미국의 재단들이 지난 100년간 미국과 글로벌 세계를 위해 해온 역할도 새롭게 조망될 전망이다.

미국의 재단에 관련된 연구자료에 따르면 2008년 기준 미국의 재단 수는 대략 11만 2,000개, 총자산은 6,270억 달러에 달한다. 이 자선재단들은 미국은 물론 전 세계가 좀 더 나은 방향으로 변화될 수 있도록 소금과 같은 역할을 하고 있다. 미국 안팎의 사회복지와 문화·예술, 빈민구제, 보건사업 분야에서 다양한 활동을 벌이며 매년 400억 달러의 기금을 제공한다. 또한 2007년 기준 한 해 동안 420억 달러를 미국 내외 연구단체와 자선기구에 기부했다.

미국의 재단 수나 기금의 양, 활동은 세계 최대 수준이다. 독일이나 영국, 일본, 이탈리아, 네덜란드 등에도 자선재단은 있지만 미국처럼 숫자가 많고 그 활동이 활성화된 나라는 없다. 우리나라에 있는 자선재단도 50개를 채 꼽기가 어려울 정도로 숫자나 규모가 미미하고, 그 활동 또한 미국과는 비교자체가 불가능할 정도다. 미국 자선재단은 이처럼 유럽이나 아시아 어디에서도 유례를 찾아보기 힘들게 지속적으로 이어져왔는데 그 역사가 그리 오래된 것은 아니다.

데이비드 햄먹David C. Hammack과 헬무트 안하이어Helmut K. Anheier의 '미국 재단의 역할과 사회공헌'에 따르면 미국 재단의 연원은 1790년까지 거슬러 올라간다. 18~19세기에는 종교적 측면의 빈민구제 등 특수한 목적에 기반을 둔 재단이 많았다. 근대적 의미의 재단은 20세기 초 카네기재단과 록펠러재단 등이 설립되면서 시작됐는데 이 시기는 산업화 1세대 기업인들의 은퇴기와 일치한다. 산업화 과정에서 석유, 강철 등으로 엄청난 돈을 모은 백만장자 기업인들이 사회사업을 위한 영구재단을 설립하면서 재단 창설의 붐이 일게 된 것이다. 제일 먼저 만들어진 것은 1907년 창설된 러셀세이지재단이고, 이어서 뉴욕의 카네기코퍼레이션_{카네기재단}이 1911년, 록펠러재단이 1913년에 만들어졌다. 이에 앞서 록펠러는 1901년 록펠러 보건의료연구소The Rockefeller Institute for Medical Research, 카네기는 1902년 카네기 워싱턴연구소The Carnegie Institution of Washington, 1905년에는 카네기 교육개발재단The Carnegie Foundation for the Advancement of Teaching을 만들어 재단 창설의 길을 열었다.

20세기 초 미국의 대표적인 백만장자 기업인인 카네기와 록펠러가 기부활동에 나서면서 미국의 자선재단 설립 역사가 시작되었다. 석유재벌 록펠러는 사재를 털어 병원과 봉사재단을 만들었고, 미국 산업화의 상징인물이던 강철왕 카네기도 카네기재단을 만든 후 본격적인 자선사업을 시작했다. 이들이 재단을 통한 지속적이고 체계적인 사회복지사업에 나선 것은 사회적 부의 불평등은 일회적 시혜나 자선을 통한 대증요법에 의해 해결될 수 없다는 인식에 따른 것이다. 보건, 교육 분야에서 가능한 한 좋은 조건을 마련함으로써 빈곤층이 스스로 자신의 문제를 해결할 수 있도록 체계적이고 장기적으로 지원한다는 게 이들의 출발점이었다.

미국의 빈부격차를 해소하고 사회복지를 위한 재단이 잇따라 창설된 배경에는 미국이라는 국가가 이 같은 기능을 제대로 수행하지 못했기 때문이기도 하다. 20세기 초까지만 해도 미국 연방정부의 파워는 주정부보다 약했다. 미 연방정부의 역할은 1920년대 프랭클린 루스벨트 대통령의 뉴딜정책 이전까지 미미했다는 게 정설이다. 그 당시는 연방차원의 사회복지 예산이 매우 빈약했는데 그래서인지 미국에서 재단의 역할은 전통적으로 미 정부의 역할보다 강했다. 연방정부가 제 역할을 못하는 상황에서 정부보다 적극적으로 고등교육과 보건, 사회복지 분야에서 큰 역할을 한 게 재단이다. 2차 대전 때까지만 해도 미국의 교육, 사회복지 시스템은 느리게 발전했고, 1950년대 초부터 연방기구들은 재단들보다 많은 돈을 각 분야에 쓰기 시작했다. 이후 1960년대 민권운동기가 돼서야 연방정부는 사회복지와 의료 분야에 대한 지원 작업을 시작했다. 따라서 미 건국 이후 1960년대까지 근 200년간 미국의 중요한 사회복지 및 빈민구제 역할은 개인들이 세운 재단이 담당해왔다 해도 과언이 아니다. 이렇게 볼 때 재단은 미국의 독특한 역사 구조 속에서 발생한 미국적 발명품이라는 평을 받기도 한다.

종교의 자유를 찾아 신대륙 미국으로 건너온 초기 정착자들은 국가적 사회복지 시스템이 마련되지 않은 상황에서 모든 문제를 자체적으로 해결하는 법을 먼저 배웠다. 유럽에서는 국가적 자선기구가 중세부터 발달했지만, 미국에서는 이민자들에 의한 사회단체가 국가 시스템보다 먼저 만들어졌기 때문이다. 따라서 신대륙에 건너온 이민자들 중 산업화 시기에 엄청난 부를 축적한 이들은 곧바로 공공 목적의 재단을 만들어 일반 대중들의 사회복지 문제를 해결하는 데 관심을 보이기 시작했다. 이 같은 예는 미국 재단의 원조라 할 수 있는 산업자본가 카네기와 록펠러가 자선사업가로 전환, 재단을 창설하는 과정을 보면 잘 드러난다.

이후 출범 백년도 안 되어 미국의 재단은 2000년 기준 총 5만 6,582개, 총자산은 4,861억 달러가 되었다. 이것은 2008년 기준 11만 2,000개, 총자산은 6,270억 달러로 다시 늘어났다. 재단 수는 2배, 자산은 1.5배가량 증가한 것이다. 불과 20년 전인 1986년 재단은 2만 5,639개였고 자산은 1,200억 달러였는데 해가 갈수록 재단의 숫자나 자산총액이 폭발적으로 증가한 셈이다. 이런 이유로 재단은 20세기 미국의 가장 성공적인 비즈니스로 꼽힌다.

전통적으로 미국의 자선활동은 보스턴과 뉴욕, 시카고, 휴스턴 등 동부와 중부 지역을 중심으로 이뤄져왔다. 카네기재단이나 록펠러재단, 포드재단 등 미국의 주요 재단 본부가 뉴욕에 있는 것은 우연이 아니다. 그런데 20세기 말 캘리포니아의 실리콘밸리 중심으로 닷컴붐이 일면서 미 서부의 샌프란시스코와 시애틀 등이 자선의 새로운 허브로 부상했다. 빌 게이츠의 마이크로소프트는 시애틀에서, 인텔, 휴렛패커드, 구글, 이베이 등은 실리콘밸리에서 대성공을 거두면서 이 도시들이 20세기 초 카네기와 록펠러 등이 활동했던 뉴욕처럼 자선의 새로운 중심지로 떠오른 것이다.

미국 자선재단의 사회적 역할

미국의 재단들은 미국 내뿐만 아니라 세계의 자선운동에서도 핵심적 역할을 했다. 미국의 재단들이 미국의 국경을 넘어 활동하기 시작한 것은 카네기재단 및 록펠러재단 등 근대적 의미의 재단들이 형성된 시기와 맥을 같이한다. 어떻게 미국의 재단들은 20세기 초부터 국제적 이슈에 관심을 갖고 국제적 지원활동을 하게 됐을까.

스티븐 헤이드먼 Steven Heydemann 과 레베카 킨제이 Rebeca Kinsey 는 '미국 재단의 국제적 역할'이란 글에서 "우드로 윌슨의 국제주의에 공감하는 미국의 자유주의적 엘리트들이 국제주의 운동에 관심을 갖게 되면서 확산된 것"이라고 분석했다. 미국 및 국제사회에서 사회개혁 및 문맹, 질병, 기아 퇴치, 노동 착취 일소 등의 이슈가 부상하면서 미국의 여러 재단들이 이에 대한 기금을 지원하기 시작했다는 것이다. 특히 1차 대전 이후 국제연맹이 해체되자 미국 지도층에선 국제적 분쟁을 피하기 위한 국제적인 기구가 필요하다는 인식이 확산되면서 재단들도 이 같은 이슈에 적극적으로 관여하기 시작했다. 국제 평화를 위한 카네기재단이나 록펠러재단이 세계 각국에 적극적으로 기금을 지원하며 이 분야에 대한 여론조성에 나선 것이다.

우드로 윌슨 대통령의 국제연맹 실험은 비록 실패했지만 글로벌 거버넌스에 대한 확신, 나아가 국제분쟁 방지를 위한 영구적인 국제기구의 중요성이 확인됨에 따라 미국의 개별 재단들의 국제적인 목표와 활동에 대한 확신을 심어주는 데 큰 역할을 했다. 이들 재단의 활동은 미국 정부가 적극적으로 국제적인 활동에 나서도록 엘리트와 정책 입안자들에게 영향을 미쳐 결과적으로 국제 평화와 국제 개발, 글로벌 거버넌스 강화를 미 행정부가 해야 할 미션 America's mission이라고 인식되도록 하는 결과를 낳았다. 미국의 재단들이 1~2차 대전 및 2차 대전 이후의 시기에 미국의 국제주의를 강화시키고 글로벌 거버넌스에 대한 필요성을 확산시키는 핵심 역할을 한 셈이다.

특히 재단들이 일깨워준 국제 협력 및 글로벌 거버넌스의 중요성은 유엔의 창설로 이어졌는데 이 과정에서도 재단들이 크고 작은 일을 도맡았다. 뉴욕의 유엔본부 부지도 록펠러가에서 제공한 것이다. 록펠러가는 뉴욕의 땅 약 7만 제곱미터를 기부해 유엔이 설립되도록 도왔고, 유엔본부 건물은 1952년 완공됐다. 또한 록펠러재단은 만성적인 식량부족에 시달리던 아프리카와 아시아, 라틴 아메리카 지역에 식량증산을 이끄는 녹색혁명을 주도해 수백만 명의 목숨을 구했으며 아시아 등의 개발도상국에서 성홍열을 퇴치하는 데도 큰 기여를 했다.

록펠러재단의 명성은 이미 2차 대전기 유럽에서도 상당했던 모양이다. 빌 게이츠의 아버지인 빌 게이츠 시니어1925-가 쓴《Showing Up for Life》《게이츠가 게이츠에게》로 국내 번역에 보면 1940년대 독일에서 홀로코스트유대인 대학살에 희생된 의사와 기업가가 록펠러재단에 상당한 유산을 남겼다는 얘기가 나온다. 당시만 해도 사람들의 해외여행이 많지 않고 글로벌 미디어의 역할도 미미한 상황이었는데, 이들은 어떻게 록펠러재단을 알고 재산을 기부할 수 있었을까. 록펠러재단 쪽에서도 이들이 왜 유산을 자신들에게 기부했는지 이유를 알지 못한다고 했다. 다만 주변 사람들은 록펠러재단이 해온 선행이 이미 유럽 전역에 알음알음 퍼졌기 때문이 아닌가 추측할 뿐이다. 아돌프 히틀러의 유대인 학살이 자행되던 시기, 인간의 이성에 대한 신뢰조차 무너져버린 상황에서도 유럽 사람들은 록펠러재단을 미래를 위해 활동할 수 있는 유일한 기관으로 신뢰한 듯하다는 게 게이츠 시니어의 평가다.

록펠러재단과 카네기재단은 2차 대전 이후 유럽 재건기 때 유럽에서 큰 역할을 했고, 포드재단도 1950~1970년대 남아시아 지역 개발을 위해 상당히 많은 프로젝트를 실시했다. 록펠러재단은 또한 아프리카와 라틴아메리카, 남아시아 신생 독립국의 고등교육, 인적자본개발에도 적극적인 역할을 했다. 록펠러재단은 2차 대전

후 농업개발 쪽에 사업을 집중했는데 후에 이것은 녹색혁명으로 명명되기도 했다. 농업 분야에 있어 연구투자와 장기적 개발은 농업과학에 대한 글로벌 관점을 확립시키는 역할도 했다. 록펠러재단과 포드재단은 공동으로 국제쌀연구소를 1960년 필리핀에 세우기도 했다.

이때까지만 해도 록펠러재단이나 카네기재단, 포드재단은 미 정부의 국제적 지원활동보다 큰 역할을 했다. 미국 정부도 못하던 일을 록펠러와 카네기, 포드 등 미국 산업화 시대를 이끈 거인들의 유산이 해낸 것이다. 미국 정부의 국제적 역할은 2차 대전 후까지도 미미했고, 국제적 지원을 본격화한 것은 1960년대 존 F. 케네디 정부 때 국제개발처_{USAID}가 만들어지면서부터다. 이때까지만 해도 미국 정부의 국제개발원조 경험은 거의 없었고, 지원기금도 미미했다. 미국 정부의 국제 지원금이 미국의 재단 지원금을 넘어서기 시작한 것은 1970년대부터다.

미국을 넘어 세계의 구원자가 되다

1960~1970년대 미국의 크고 작은 재단들은 미국의 정보기관과 국제 이슈에 대한 낮은 수준의 협력을 해나갔고, 미국식 자유주의를 전파하기 위한 노력을 강화했다. 유럽의 지식인들을 대거 초청해 미국식 자유주의에 익숙하게 만드는 프로그램도 적극적으로 전개했다.

독일의 시사주간지 〈슈피겔〉의 아시아 특파원을 지낸 이탈리아 저널리스트 티찌아노 테르짜니의 회고록 《네 마음껏 살아라》₂₀₁₁에

는 저자가 미국의 하크니스재단 지원으로 우연히 뉴욕 컬럼비아대
학교에서 중국학을 공부하게 된 배경이 소개된다. 테르짜니는 아
들에게 구술하는 형식으로 쓴 회고록에서 이렇게 말했다.

> "그때는 미국인들이 유럽 좌파를 자기편으로 만들려고 애쓰던
> 시절이었다. 유럽의 지도자가 될 젊은이들을 매년 나라별로 대여섯
> 명씩 불러들였다. 그들은 한동안 미국에 가서 살았고 대우도 썩 괜
> 찮았어. 미국인들은 그들이 나중에 각 분야에서 중요한 역할을 하
> 게 되길 기대했고 대부분은 나중에 제 몫을 했지."

미국 재단들은 1980~1990년대 미국과 소련이 대치하던 때 핵
무기 경쟁 종식 및 대량살상무기 봉쇄 등에 노력을 집중했는데
1990년대 소련 동유럽 민주화운동을 전후해 국경을 넘어 활동하는
미국의 재단 수는 엄청나게 늘었다.

렌 벤야민 Lehn M. Benjamin과 케빈 퀴글리 Kevin F. F. Quigley의 조사에 따
르면 미국 재단들 가운데 국제사회에 1만 달러 이상 기금을 제공
한 곳은 1990년 821개, 1994년 1,020개, 1998년 1,009개, 2002년
1,005개다. 재단의 국제적인 기금 제공은 1990년 7억 6,500만 달러
에서 2002년 23억 달러로 폭증했다.

2006 글로벌 자선 인덱스 Index of Global Philanthropy에 따르면, 2004년
미국 재단이나 대학, 자원기구, 종교 재난기구의 국제사회 기금 지
원은 710억 달러에 달한다. 이 액수는 미국 정부가 국제적으로 지
원한 300억 달러 군사 관련 지원 포함의 2배 이상이다. 특히 미국의 이른
바 공적개발원조 ODA가 2004년 190억 달러에 머문 것을 보면, 미국

시민사회에서 국제사회에 제공한 기금이 무려 미국 정부의 공적개발원조보다 3배 이상인 셈이다.

국제사회에 기금을 제공하는 재단들은 세계 평화와 안보, 경제개발, 공공보건, 교육, 환경, 이주, 인도주의, 난민 문제, 정치적 옹호운동 등 세계의 모든 활동에 관여하고 있다. 포드재단, 존 D. & 캐서린 T. 맥아더재단, 록펠러재단, 열린사회연구소, 빌&멜린다게이츠재단, 카네기재단, 찰스스튜어드모트재단 등이 대표적이다. 이들 가운데는 특정 이슈에 대해 미국 정부보다 더 많은 기금을 제공한 곳도 있는데 대표적인 경우가 조지 소로스의 열린사회연구소이다.

소로스는 동유럽 민주화에 큰 기여를 했다. 1989년 동유럽에 첫 열린사회연구소를 세운 뒤 1990년대를 통 털어 미국 정부가 소련 동유럽 지역에 민주주의 진흥을 위해 쏟아 부은 돈보다 훨씬 많은 지원을 했다는 평가를 받고 있다. 이 시기에 소로스는 매년 2억 5,000만 달러씩 열린사회재단을 통해 동유럽에 투입했는데 이 액수는 미국의 국제개발처가 투입한 금액의 5배 이상이다. 소로스는 이외에도 매년 4,000만 달러를 동유럽의 고등교육 및 도서관 지원 사업에 투입했다. 소로스는 당시 동유럽 민주화 때 미국 정부보다도 더 큰 역할을 한 셈이다.

소로스재단이 동유럽에 진출한 뒤 미국 재단들은 동유럽에서 많은 활동을 했다. 포드재단도 동유럽 등에 민주주의를 위한 지원을 확대했는데 1990년 지원예산이 647만 달러였음에도 불구하고 2001년에는 1억 812만 달러로 크게 늘어났다. 소로스재단이 동유럽에 집중한 반면 멜론재단은 남아공의 인종차별정책 이후 제도적 지원을 했고 퓨트러스트는 지구온난화 등 환경적 우려사항에 집중했다.

미국 재단의 국제사회 지원에 대한 평가는 긍정적이고, 소로스 등의 동유럽 지원 역할에 대해서도 역사적으로 큰 성과를 거뒀다는 의견이 일반적이다. 그러나 동유럽 사람들은 그리 만족스러워하지 않았다는 평가도 있는데 이는 마셜플랜 같은 대규모 지원을 희망했기 때문이라는 것이다. 이는 미국 재단들이 동유럽 개별 국가의 상황을 너무 몰라 오류가 많았던 데다 동유럽에 필요한 게 너무 많았기 때문이기도 했다.

소로스재단의 경우 기금 제공에 주력했던 다른 재단들과 달리 동유럽 국가들에 연구소를 만들어 해당 국가의 개혁정책 만드는 데 기여했으며 자유로운 토론을 촉진시키고 지역에서 사업하는 방법을 전수했다. 이사회를 만드는 법에서부터 사업을 위해 지역 스텝을 선발하는 방법 등을 가르쳤다. 그러나 아마추어리즘적인 요소도 많아 기대만큼 큰 성과를 이루지 못했다는 평가도 있다. 소로스도 그런 잘못을 인정한 바 있다. 자선활동 초기에는 모든 게 혼돈된 상태라고 회고했다.

소로스는 동유럽 체제 격변기를 도운 자선사업가로서 확고한 입지를 굳히며 20세기 말 가장 독창적인 자선운동을 벌인 인물이다. 반면 빌 게이츠는 21세기 미국 자선운동을 이끄는 별이다. 빌&멜린다게이츠재단은 1994년 워싱턴주 시애틀에서 윌리엄 H. 게이츠 재단으로 창설됐고, 1999년 현재의 이름으로 개칭했다. 게이츠는 1998년 말과 1999년 거액을 출연, 1999년 기준 자산이 170억 달러를 기록해서 미국 최대의 재단이 됐다. 이후 게이츠는 계속 수십억씩 재단에 기부했고 2002년 기준 자산이 242억 달러를 기록하게 되면서 세계 최대 재단이 됐다. 역사상 한 개인이 자선재단에 내놓은 자산도 최고액이라는 점에서 게이츠는 여러 타이틀을 갖게 된 셈이다. 거기에 2006년 워런 버핏이 게이츠보다 더 많은 310억 달러를 기부하겠다고 약속함으로써 빌&멜린다게이츠재단은 세계 최강의 자선재단이 됐다.

〈뉴욕타임스 매거진〉2000. 4. 16에 따르면 앤드류 카네기가 생전에 기부한 돈은 총 3억 5,000만 달러로 현재 화폐가치로 환산하면 30억 달러다. 존 D. 록펠러의 경우 생전에 5억 4000만 달러를 기부했는데 이것은 현재 가치로 60억 달러가 된다. 따라서 21세기의 버핏과 게이츠는 20세기 자선사업계의 두 거인 카네기와 록펠러가 경쟁적으로 벌이던 자선사업의 전례를 단번에 뛰어넘으며 자선협업 시대를 연 것이다. 이뿐만이 아니다. 카네기, 록펠러와 달리 게이츠는 자선사업에 전념하기 위해 52세의 나이에 과감히 전직까지 감행했다. 그는 2008년 마이크로소프트의 회장 자리를 내놓고 빌&멜린다게이츠재단 회장으로서 전 세계의 질병퇴치와 싸우는 자선활동을 시작했다. 21세기 미국 재단의 역사는 빌 게이츠의 행보에 달려 있는 셈이다.

2

정주영가,
한국의 록펠러가 되나

자선의 역사를 새로 쓴 현대

미국 자선의 역사는 록펠러가에서 시작됐다. 록펠러가의 창시자 존 D. 록펠러 John D. Rockefeller, 1839~1937 는 물론 그의 부인 로라 스펠만 록펠러, 이 부부의 다섯 아들 그리고 친척들이 모두 다양한 재단을 만들어 각기 개성 있는 자선사업을 하고 있다. 20세기 초 시작된 그들의 활동은 21세기에 들어서도 여전히 지속되며 미국 자선의 역사를 새롭게 쓰고 있다.

존 D. 록펠러가 자선사업을 생각한 것은 54세 되던 해 병을 앓게 되면서부터인데, 와병 2년 후인 1895년부터 자선사업을 시작했다. 그런 그가 정식으로 록펠러재단을 설립한 것은 74세가 되던 1913년 이다. 그는 이 재단에 자산의 대부분을 기부한데 이어 1937년 세상을 떠날 때 5억 3,000만 달러를 추가로 희사했다.

그는 20세기 초반 미국 자선사업의 문을 연 거인이지만 그가 경제계의 현역으로 있을 때에는 일반인들의 손가락질을 받던 인물이었다. 심지어 "미국에서 가장 혐오스런 인물"로 꼽힐 정도였다. 존 D. 록펠러는 56세 때 자선사업을 시작해 98세로 세상을 떠날 때까지 자선사업가로서 제2의 인생을 살았다. 자선사업을 시작한 뒤에는 자신을 신의 대리인으로 규정하며 헌신했다.

그는 늘 "신이 내게 재능을 주었기 때문에 돈을 벌 수 있었고 돈을 버는 것은 나의 의무"라면서 "더 많은 돈을 내 주위 사람들에게 내 양심이 명하는 대로 써야 한다"고 말했다. 그가 록펠러재단을 법인화하는 과정에서 '오염된 돈', '트로이의 목마', '유다의 키스'라는 다양한 비난이 쏟아지기도 했으나 록펠러는 묵묵히 자선활동을 했고 그의 사업은 장남인 록펠러 2세로 연결됐다.

그는 록펠러재단 운영과 동시에 장남 록펠러 주니어를 자선사업의 후계자로 키우는 일을 진행, 자선사업이 록펠러가문의 명예이자 전통이 되도록 노력했다. 존 D. 록펠러는 인류복지에 있어 가장 중요한 것은 '건강'이라는 신념을 갖고 있어 초기 재단활동은 건강과 과학, 의학 분야에 집중됐다. 그러나 2000년대 들어서는 미국을 비롯한 세계 각국의 예술, 인문과학, 농업, 보건의학, 인구학, 글로벌 환경, 아프리카 지역 여성 교육 문제 등을 지원하고 있다. 또한 국제안보, 국제 자선사업 등에 대한 연구작업에도 많은 기금을 지원하고 있다. 총 자산은 38억 3,754만 2,000달러다.

록펠러재단이 록펠러가의 장손에게 이어지는 전통과 별도로 록펠러가의 손자들은 1984년 록펠러 브러더스펀드 Rockefeller Brothers Fund

를 만들었다. 록펠러 브러더스펀드는 7억 7,000만 달러의 자산을 갖고 있는데 지속가능한 자원의 활용, 세계안보, 비영리기구 지원, 보건, 건강, 문화·예술에 대한 프로그램을 진행 중이다. 또한 필리핀의 라몬 막사이사이상을 위한 기금도 지원하고 있다. 증손자들은 록펠러 패밀리펀드를 만들어 자선활동을 하고 있는데 특히 세계 평화와 여성 문제에 집중하고 있다.

록펠러재단이 미국 자선 역사의 시작이듯 정주영 현대 명예회장이 1977년 현대건설 주식의 50%로 아산재단을 설립한 것은 한국 자선 역사의 시작으로 볼 수 있다.

정주영 명예회장은 62세가 되던 해 아산재단을 설립하면서 "미국의 록펠러재단이나 포드재단에 버금가는 재단으로 성장시키는 게 내 꿈"이라고 말해 록펠러재단이 벤치마킹 대상임을 공식적으로 밝힌 바 있다. 이런 이유 때문인지 아산재단의 초기 사업은 록펠러재단의 초기와 유사하다. 존 D. 록펠러처럼 정주영 명예회장도 의료, 사회복지, 연구개발, 장학 등 4개 부분으로 사업 영역을 세운 뒤 의료취약지구에 종합병원을 건립하는 일부터 시작했다.

정주영 명예회장은 아산재단을 설립한 이유에 대해 회고록《이 땅에 태어나서》에서 이렇게 밝혔다.

"1975년 10월 정부가 기업공개 대상 업체 105개를 선정·발표하면서 공개를 종용했으나 나는 1977년 전반까지 현대건설의 기업공개를 하지 않았다. 나는 처음부터 현대건설을 일반적인 방식으로 기업공개할 생각이 없었다. 어떻게 돈을 벌 것인가 하는 경제 행위로 출발한 사업이었지만, 그때쯤은 버는 돈을 어떻게 쓸 것인가에

아산재단을 설립한 정주영 명예회장

대해서도 진지하게 생각해야 할 시점이었다. 당시 현대건설을 공개하면 주식의 반만 팔아도 세금 한 푼 안 내고 400~500억 원을 내 돈으로 쓸 수 있었지만, 그렇게 주식을 공개해서 얻는 것이 무엇이냐는 생각이 들었다. 주식을 살 수 있는 사람보다 살 수 없는 어려운 형편이 더 많은 사회에서 여유 있는 사람한테 더 많은 이익을 주는 방식의 기업공개는 진정한 의미의 사회 환원도 기업의 사회적 책임 수행도 아니라는 생각이 들었다. 끼니를 잇기 어려울 만큼 가난한 사람, 병이 들어도 병원에 갈 수 없는 사람, 학자금이 없어 학업을 중단해야 하는 수많은 청소년을 돕고 지원하는 것에 현대건설의 이익을 투입하는 것이 소수의 가진 이들을 위한 기업공개보다 옳은 길이었다." _정주영, 《이 땅에 태어나서》, pp. 238~289

현대건설의 사회 환원은 여유 있는 이들에게 이익을 주는 것이 아

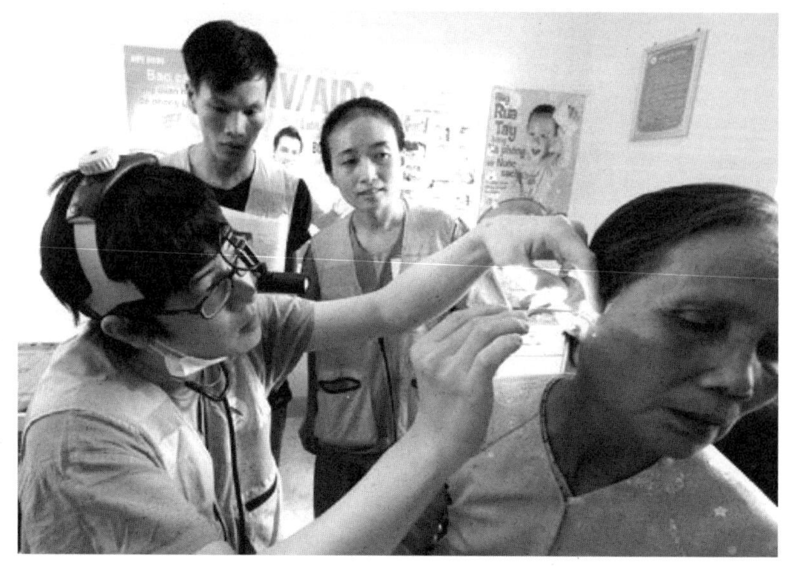

서울아산병원 국제의료팀이 2011년 9월 베트남 동나이성 땀안 보건소를 찾아 현지 주민들에게 무료진료를 실시하고 있다

니라 가난하고 소외된 이들을 돕겠다는 정주영 명예회장의 신념이었고, 이것은 결국 기업공개 대신 아산사회복지사업재단으로 구체화되었다. 그때 정주영 명예회장이 희사한 현대건설 주식 50%는 당시 500억 원 상당이었는데 요즘으로 치면 5,000억 원에 해당하는 거액이었다. 이 같은 뜻에 따라 한국 최대 규모의 자선재단이 설립됐고 매년 약 50억 원의 배당 이익금으로 사회복지 사업을 진행하고 있다.

정주영 명예회장은 복지재단이 유명무실해질 것이라는 일각의 우려와 관련해 "일부 재벌들이 복지재단이라는 유명무실한 간판만 달아놓고 절세수단으로 쓰거나 다른 영리를 추구하는 것을 봐왔다. 그래서 아산재단이 그런 아류로 오해될 우려가 있어 재단설립 발표와 동시에 향후 5년간 우리가 할 사업까지 못 박았다"고 밝힌 바 있다.

이에 따라 의료취약지구에 대한 의료사업으로 1978년 정읍종합병원, 1979년 영덕종합병원이 세워졌고, 1989년 서울아산병원, 금강병원, 홍천병원이 개원했다. 그뿐만 아니라 아산생명과학연구소, 울산의과대학이 설립됐고 사회복지 관련 단체 지원 및 소년소녀 가장돕기사업이 이어졌다. 현재는 정몽준 한나라당 전 대표가 이사장으로 활동 중인데, 2011년 기준 총자산 규모는 2조 원대에 달한다.

그리고 한 세대가 지난 뒤인 2011년 8월 현대 패밀리가 잇따라 1조 원을 기부하면서 주목을 받았다. 우선 8월 16일 정주영 명예회장의 여섯째 아들인 정몽준 전 대표는 2,000억 원의 사재를 털어 현대가 인사들과 함께 5,000억 원 규모의 아산나눔재단을 설립했다. 이어 보름 뒤인 8월 29일 정몽구 현대자동차그룹 회장이 5,000억 원 상당의 주식을 해비치사회공헌문화재단에 내놓았다. 정주영 회장의 10주기를 맞아 현대가의 맏형인 정몽구 회장이 5,000억 원, 정몽준 전 대표와 일가가 5,000억 원을 내놓은 것은 우리나라 자선의 역사를 새로 쓰게 한 획기적인 사건이라는 점에서 현대 일가는 한국의 록펠러가라고 할 만하다.

정몽준 전 대표는 아산나눔재단에 현대 일가와 함께 총 5,000억 원을 출연하면서 정주영 명예회장이 1977년 기부한 500억 원의 가치와 맞먹는다고 설명했다. 정주영 명예회장이 1970년대 씨를 뿌린 자선이 한 세대가 지난 뒤 형제 및 아들들에 의해 개화된 셈이다.

정몽준 전 대표는 〈매일경제신문〉과의 인터뷰2011. 8. 16에서 아산나눔재단 설립 구상에 대해 이렇게 밝혔다.

"재단설립의 결심을 굳힌 것은 올해 3월 아버님 제사 때다. 아버님은 생전에 자신이 보유한 주식의 절반을 출연해 아산재단을 설립해 병원을 세우고 어려운 학생들도 도왔다. 그 뜻을 어떻게 하면 잘 이어나갈까 고민하다가 복지재단 설립을 결정하게 됐다. 요즘은 아버님 시대와 지금 시대가 요구하는 것이 다른 측면이 있다. 새로운 시대에 맞는 새로운 방법을 찾아보려고 한다."

정몽준 전 대표가 주도한 아산나눔재단은 기업이 중심이 된 것이 아니라 기업 오너들의 사재가 대거 투입돼 설립된 재단이라는 점에서 의미가 있다.

법인으로는 현대중공업그룹 2,380억 원, KCC그룹 150억 원, 현대해상화재보험 100억 원, 현대백화점그룹 50억 원, 현대산업개발 50억 원, 현대종합금속 30억 등 총 2,760억 원이다. 개인으로는 정몽준 전 대표가 현금 300억 원과 주식 1,700억 원 등 2,000억 원을 내놓았고, 정상영 KCC 명예회장 35억 원, 정몽근 현대백화점그룹 명예회장 및 정지선 회장 100억 원, 정몽규 현대산업개발 회장 50억 원, 정몽윤 현대해상화재보험 회장 20억 원, 정몽석 현대종합금속 회장 20억 원, 정몽진 KCC 회장 10억 원, 정몽익 KCC 사장 5억 원 등 현대가 오너들이 240억 원의 사재를 기부했다. 이로서 총 5,000억 원이 모아진 것이다.

아산나눔재단 설립은 정주영 명예회장의 10주기를 맞아 '창업주의 유지를 살린다'는 취지로 연초부터 논의가 시작된 것으로 알려졌다. 아산나눔재단은 정주영 명예회장의 기업가 정신을 청년들에게 전수하기 위해 정주영 창업캠퍼스를 운영하고 있으며, 글로벌 청년 리더의 양성을 위해 중국과 러시아, 인도, 브라질 등에 연 1,000명을 파견할 계획이다.

현대자동차그룹의 정몽구 회장은 5,000억 원 상당의 현대글로비스 개인주식을 '해비치사회공헌문화재단'에 출연했는데 이 기부는 지난 2006년 8,400억 원 사재 출연을 약속한 것의 일환이다. 정몽구 회장은 5,000억 원 출연 후 "저소득층 우수 대학생들이 학업을 위해 감당하기 어려운 대출을 받아 힘들어하는 사연이 가슴 아프다"면서 "학생들이 미래에 대한 희망을 잃지 않고 학업에 전념할 수 있도록 도와주고 싶다"고 밝혔다.

정몽구 회장은 지난 2007년 11월부터 2009년 12월까지 3차에 걸쳐 각각 600억과 300억, 그리고 600억 등 총 1,500억 원 상당의 현대글로비스 주식을 기부했으며 이번에 재차 5,000억 원 상당을 기부, 총 6,500억 원을 희사한 것으로 기록된다. 해비치재단은 창립 후 교통사고 피해 가정과 천안함 유자녀들의 교육 지원사업을 주로 해왔는데 2011년 11월 말 명칭을 현대차정몽구재단으로 바꾼 뒤 새로운 사업계획을 발표했다. 저소득층 대학생 학자금 지원을 비롯해 중고생과 과학인재, 저소득층 예술인재 육성, 소외계층의 의료 지원 등이 재단의 주요사업이 될 전망이다.

한국의 록펠러가家가 될 수 있을까

현대가와 록펠러가가 다른 점은 아직 모든 것이 정주영 명예회장에게 돌려지고 있다는 점이다. 정주영 명예회장이 1977년 만든 아산재단은 물론이고, 2011년 정몽준 전 대표가 주축이 되어 현대가 오너들과 만든 아산나눔재단도 정주영 명예회장을 기리기 위한 것이다. 록펠러가에서는 존 D. 록펠러를 기리는 록펠러재단 외에 그의 부인인 로라 스펠만을 기리는 로라스펠만 록펠러기념재단을 별도로 만들어 여성 및 아동 분야에 집중적으로 지원하고 있다.

로라의 아버지 스펠만은 인종차별 반대주의자로 명성을 날렸던 인물로 알려져 있다. 스펠만은 남북전쟁 때 지하철도 건설 작업을 하며 엄청난 돈을 벌었고 그 돈으로 조지아주 애틀랜타에 스펠만대학을 세웠다. 이 대학은 미국의 남부 지역에서 흑인 여성을 위한 최초의 고등교육기관이 됐다. 로라스펠만 록펠러기념재단은 1918년 만들어졌는데 록펠러가 아내 로라를 기념하기 위해 7,400만 달러를 출연함으로써 시작됐다. 1929년 이후 이 재단의 사업은 록펠러재단 사회과학분과에 의해 계승됐는데, 사업 지원은 로라 여사가 관심을 갖고 있던 여성과 아동에 집중됐다. 재단 창설 후 1922년까지 초기 4년 동안 가용재원의 80% 이상을 사회복지나 YMCA, YWCA, 스카우트, 구세군, 침례교 등과 종교 조직 그리고 러시아와 중국의 응급구제기관을 위해 사용했다.

록펠러가에서 존 D. 록펠러를 기리는 록펠러재단과 별도로 그의 부인 로라 스펠만 록펠러를 기리는 재단이 만들어졌듯이 정주영 명예회장의 부인 변중석1921~2007 여사를 위한 재단도 검토해볼 만하다. 현대가 인사들이 아산나눔재단 설립계획을 발표한 날은 변중석 여사의 4주기였는데 이에 대해 서울대 명예교수인 정진홍 아산나눔재단 이사장은 "정몽준 의원이 의미 있는 날이라고 판단해 재단설립 발표일로 정했다"고 밝혀 앞으로 이에 대한 활동도 기대해볼 만하다.

3

한국의 미래 파워, 장학재단

교육이 대한민국의 미래다

미국의 오바마 대통령이나 빌 게이츠 게이츠재단 회장은 강연이나 대화 때 늘 미국 넘버원을 외치는 지도자들이지만, 미국의 교육을 얘기할 때는 꼭 한국의 사례를 언급한다. 오바마 대통령은 백악관에서 열린 교육혁신 캠페인2009. 11. 24에 참석, "한국의 부모들은 아무리 가난해도 아이들에겐 최고의 교육을 시키기 위해 헌신하며 한국 학생들은 열정을 가지고 학습한다"며 한국의 남다른 교육열을 칭찬했다. 지금도 기회만 닿으면 한국 교육의 힘에 대해 강조한다. 게이츠 회장도 찰리 로즈 인터뷰2009. 4. 29에 아버지 빌 게이츠 시니어1925~와 함께 출연한 자리에서 "한국과 중국의 부모들이 자녀 교육에 집중하듯 미국도 그래야 한다"며 미국 교육개혁의 필요성을 강조했다. 식민지 지배와 전쟁을 거친 가난한 나라 한국이 세계 13대 경제대국이 된 비결은 교육에 있다는 게 오바마 대통령과 게이츠 회장의 판단이다. 물론 반론도 있다. 우리의 교육은 지나치게 경쟁위주이고 질보다 양 중심의 교육인데 오바마 대통령이나 게이츠 회장이 한국의 실상을 제대로 알지 못해 그런 얘기를 한다는 것이다.

교육에 대한 한국 사람들의 열정은 미국이나 영국, 프랑스 여느 선진국에 비해 큰 것이 사실이다. 특히 경제적 여유가 있든 없든 간에 자식 교육은 빚을 내서라도 시키겠다는 부모들의 의지는 세계 어느 민족보다 강하다. 정부 또한 교육에 올인했다. 이승만 대통령 이후 역대 대통령들은 국민의 문맹률을 낮추고 공교육 강화를 정부의 가장 중요한 역할 중의 하나로 여겼다.

프란시스 후쿠야마 Francis Fukuyama, 1952~ 같은 미국의 정치학자들은 우리나라가 급속한 경제성장을 이루게 된 것은 역대 정부가 공교육 기반을 강화하며 교육열을 고취시켰기 때문이라고 분석하고 있다. 우리나라가 지난 50년간 양질의 노동력을 바탕으로 경제성장을 이룩한 것은 아시아의 신생 독립국이었던 파키스탄이나 필리핀 등과 비교해도 곧 답이 나온다. 이 나라들은 미국과 세계은행 등의 국제 지원을 소수 지주층 인사들을 위한 고등교육에 투입했으나 우리나라는 1950년대 이래 초중등교육 분야에 투입했다. 한국이 파키스탄이나 필리핀과 달리 반세기만에 중진국으로 발돋움할 수 있었던 것은 교육의 힘 덕분이다.

세계 각국과 비교해볼 때 한국 교육열이 이처럼 유난한 것처럼, 국내의 크고 작은 자선재단들도 대부분 '장학'을 주요 사업으로 내

걸고 있다. 《존경받는 부자들》을 펴낼 때 자산의 규모면에서 한국의 50대 재단을 정리했는데 규모에 상관없이 대부분 핵심사업은 장학이었다. 50개 중 13개 재단만이 자선, 환경, 학술, 예술을 내걸었을 뿐 37개는 모두 장학이 핵심이었다. 미국에는 2008년 기준 11만 2,000개의 재단이 있고 총자산은 6,270억 달러에 달하는데 이 가운데 장학금 지급을 최대 역점과제로 삼고 있는 재단은 드물다. 이들 대부분은 미국은 물론 전 세계가 좀 더 나은 방향으로 변화되도록 한다는 보편적인 목표를 제시하면서 사회복지와 문화ㆍ예술, 빈민구제, 보건사업 등에 기금을 투입한다. 우리의 재단 역사는 일천하고 숫자도 미국과 비교할 바가 안 되지만, 대부분의 재단들은 장학사업에 초점이 맞춰져 있다.

미래를 짊어진 세대에 대한 적극적 투자

대표적인 재단은 삼성이건희장학재단과 관정이종환교육재단이다. 전자는 한국의 대표적 기업인 삼성의 오너들이 8,000억 원을 출연한 국내 최대 규모의 장학재단이고, 후자는 언론에조차 생소했던 중소기업 창업주가 6,500억 원을 출연해 만든 개인 장학재단이라는 점에서 주목할 만하다. 두 재단은 한국의 미래를 이끌어갈 최고의 인재를 양성한다는 목표로 만들어졌다는 점에서 인재양성에 대한 한국 지도층의 집념이 얼마나 강한지 잘 보여준다.

삼성이건희장학재단은 2002년 이건희1942~ 삼성전자 회장이 1,300억 원, 이재용1968~ 당시 삼성전자 상무보가 1,100억 원, 여기에 삼성 계열사가 2,100억 원을 공동 출연하면서 만들어졌다. 또한

2006년 5월 이 회장의 일가가 1,300억 원을 추가 출연하고 이 회장의 3녀인 이윤형1979~2005 씨의 주식 보유분 2,200억 원이 보태지면서 총 8,000억 원 규모의 거대 재단이 됐다. 삼성이건희장학재단은 2002년 설립 직후 2005년까지 매년 100명씩 총 400명의 대학생 장학생을 선발, 전원에게 해외 유학비 전액을 지원했고 2006년에는 70명을 선발해 지원했다.

지난 2002년 7월 18일 당시 삼성의 구조조정본부장인 이학수 사장은 삼성이건희장학재단 설립과 관련 기자간담회에서 "기업인으로서 국가의 미래를 위해 인재를 양성하겠다는 것뿐만 아니라 공익차원에서 부를 사회에 환원한다는 의미도 있다"고 설명했다. 한 명의 천재가 수만 명을 먹여 살리는 시대에 미래를 이끌어갈 인재 양성이 급선무라는 인식이다. 이에 따라 삼성이건희장학재단은 2002년부터 매년 이공계를 중심으로 미래 전략사업 분야인 생명공학 및 인문, 사회, 자연계열 등 전 분야에서 학부 과정 25명, 석사 과정 50명, 박사 과정 25명을 선발, 지원해왔다. 장학생에게는 학부 과정부터 최대 박사 과정까지의 학비와 생활비가 지원되며 미국 기준으로 1인당 연간 5만 달러 수준의 장학금이 지원됐다.

그 후 2006년 삼성그룹 비자금파동이 나면서 삼성은 그해 10월 장학재단을 완전히 독립시켜 삼성고른기회장학재단으로 새롭게 출범시켰다. 이미 마련된 8,000억 원은 온전히 삼성고른기회장학재단의 자산으로 전환됐다. 이 재단은 2010년 삼성꿈장학재단으로 명칭을 변경하고 저소득층 아동 및 청소년들에게 다양한 교육의 기회를 주는 재단으로 방향을 새롭게 설정했다. 삼성은 이와 별도로 삼성이건희장학재단에서 진행해온 대학생 해외 유학생 지원사업을 삼성문화재단 내 삼성장학회에 전담케 하고 있다. 말하자면 2006년 비자금파동을 기점으로 삼성의 장학사업은 소수정예를 위한 삼성장학회 사업과 저소득층 다수의 아이들에게 교육을 통한 자립의 기회를 주기 위한 삼성꿈장학재단 사업으로 분리된 셈이다.

이후 삼성장학회는 미래 한국을 먹여 살릴 소수정예의 인재양성을 위해 매년 해외 대학에 유학할 학생을 선발, 지원하고 있다. 자연과학 및 이공계 분야에 대한 지원을 10년 가까이 집중해온 덕분에 30~40대 신예 과학자들 중심으로 많은 성과가 나오고 있다. 한국에서 노벨상 수상자가 나온다면 삼성장학생 출신이 될 가능성이 높다는 말까지 나올 정도다.

흥미로운 것은 삼성그룹에서 분리된 이후 삼성꿈장학재단의 활동이다. 국내 최대 규모의 8,000억 자산을 갖고 있는 이 재단은 이때부터 저소득층과 소외계층의 어린이와 청소년들을 위한 다양한 장학사업을 펼치기 시작했는데 이것은 국내외적으로 유례가 없는 활동이었다.

삼성꿈장학재단은 이화여자대학교 총장이었던 신인령 초대 이사장을 거쳐 서강대학교 총장을 지낸 손병두1941~ 이사장이 이끌고 있다. 손 이사장은 2009년 재단 이사장에 취임하며 다음과 같이 의지를 밝혔다.

"제 어릴 적 꿈은 의사가 되는 것이었습니다. 어머니는 제가 아홉 살 때 돌아가셨습니다. 옛날 시골에는 의료 환경이 너무 열악해 병원 한 번 못 가고 눈을 감으셨죠. 그때부터 저는 의사가 되어 우리

삼성꿈장학재단의 손병두 이사장

어머니같이 불쌍한 사람들을 행복하게 해줘야겠다고 다짐했습니다. 하지만 어려운 집안 형편은 자꾸만 제 앞을 막아섰습니다. 의사가 되겠다는 일념으로 열심히 공부해 가톨릭대학교 의과대학에 합격했지만 등록금을 내지 못해 그 길을 포기해야 했습니다. 고등학교 선생님께서는 낙담해 있는 저에게 상과대학에 가면 아르바이트를 해서 학비를 벌 수 있다고 말씀하셨고 그래서 결국 저는 이듬해 상과대학에 진학하게 되었습니다.

경제적인 이유로 꿈을 향해 마음껏 도전하지 못했던 지난날의 상실감과 고학을 이어가야만 했던 가난의 시련은 잊고 싶은 기억이기도 하지만 이제는 아름다운 기억으로 간직하고 싶습니다. 왜냐하면 어릴 적 시련은 저에게 더없는 인생의 보약으로 저를 키워주었기 때문입니다. 저는 국내 최대 규모의 민간 장학재단 이사장으로서 저에게 맡겨진 소명을 다하고자 합니다. 재단의 고유한 목적대로 교육 소외계층의 실질적인 교육기회 확대를 위한 장학사업과 복지

친화적 교육여건 조성사업을 성실히 이행하라는 사회와 국민의 또 다른 요청이라 여기고 지금의 부름을 겸허하게 받아들이고자 합니다. 아이들이 꿈과 희망을 잃지 않도록 손을 잡아주는 일이야말로 우리 사회가 응당히 책임져야 할 최소한의 배려이자 보살핌이 아닐까요. 아이들이 스스로 성장하여 듬직한 시대의 축이 될 수 있도록 우리 재단은 든든한 후원자가 되어줄 것입니다."

삼성꿈장학재단은 이후 2007년부터 저소득층 아이들을 위한 다양한 교육사업을 실시했다. 국내 사업으로는 저소득층 가정 아이들에게 멘토링과 교육 프로그램을 제공하는 배움터 지원, 저소득층 우수 인재를 발굴해 차세대 리더로 키우는 사업 등으로 나뉜다. 국외 사업으로는 개발도상국에서 우리나라로 유학을 오는 우수 인재를 지원하는 사업, 한인 후손을 포함한 개발도상국 현지의 빈곤 아동 및 청소년을 지원하는 사업 등이 있다.

삼성꿈장학재단이 2007년부터 2010년까지 장학사업에 투입한 비용은 약 857억 원이다. 분리 첫해인 2007년 84억 원을 지원한 데 이어, 2008년엔 173억 원으로 늘었고, 2009년엔 273억 원, 2010년엔 304억 원을 장학사업에 썼다. 구체적으로는 꿈장학생 2만 1,000명에게 장학금을 지급했고 전국 2,800여 개의 배움터를 지원, 7만 7,000명의 저소득층 아동 및 청소년들이 혜택을 받았다. 재단은 저소득층의 초등학생과 중학생, 고등학생을 꿈장학생으로 지원하면서 이들이 대학에 진학할 경우에도 맞춤식으로 장학금을 지원하고 있다.

재단은 특히 'SOS장학금' 제도를 마련해 갑작스러운 가정 경제상

삼성꿈장학재단에서 지원하고 있는 국내외 글로벌 장학생들의 모습

황의 악화로 위기에 처한 고등학생들을 지원해왔고 보육원 출신 청소년들이 대학에 진학할 경우 학비를 지원하기도 한다. 재단 자료에 따르면 2007~2010년 이 재단의 지원을 받은 저소득층 아동 및 청소년들은 한부모가정 출신이 24.7%로 제일 많았고, 이어 할머니 할아버지가 키우는 아이들 8.4%, 보육원에서 자라는 아이들 7.8%, 장애아 6.5%, 다문화가정 3.5%, 소년소녀가장 1.4%, 탈북자가정 0.4%순이다. '어려운 학생들의 든든한 후원자가 되겠다'는 손병두 이사장의 다짐은 다양한 저소득층 아이들을 위한 수호천사 역할을 하고 있는 셈이다.

재단은 글로벌 국외 장학사업도 적극적으로 펼쳐 2007~2010년 개발도상국의 청소년 3,100명, 구체적으로는 네팔, 동티모르, 몽골, 미얀마 등 22개 개발도상국 출신의 대학생 56명이 국내의 대학 및 대학원에서 공부할 수 있도록 학비를 지원하고 있다. 또한 중국 연변을 비롯해 네팔, 멕시코, 베트남 등 8개 국가의 교육 소외계층 아동 및 청소년들이 학교에 다닐 수 있도록 719명에게 장학금을 지원해왔다. 이와 함께 신생 독립국인 동티모르의 초등학교 시설을 제공, 2,150명의 초등학생들이 공부할 수 있도록 도왔다. 인도에서는 빈곤층 어린이를 위한 교육 프로젝트를 실시하고 있고, 키르기스스탄에서는 고려인 자녀들이 방과 후 학습을 받을 수 있도록 교육 시설이 지원됐다. 연변의 조선족 청소년을 위해서도 청소년 도서실 및 공부방 지원사업이 진행 중이다. 민간 재단인 삼성꿈장학재단이 매년 200~300억 원을 국내외 저소득층 가정의 아이들과 청소년들의 교육을 위해 지원하는 것은 전례가 없었던 일인데, 이 같은 지원금은 미래를 짊어질 세대에 대한 투자라는 점에서 의미가 크다.

인재양성으로 올바른 돈 쓰기

관정이종환교육재단은 삼영화학그룹 이종환1924~ 회장이 사재 6,500억 원을 투입해 만든 장학재단으로 개인이 설립한 장학재단으로는 국내 최대다. 관정이종환교육재단은 2000년 10억 원의 기금으로 출발, 2002년 기본 자산이 3,000억 원이 됐고, 2007년 총 6,000억 원으로 늘어나 2011년 현재 6,500억 원의 자산을 보유하고 있다. 여기서 매년 150억 원을 장학사업에 투입한다.

이종환 회장은 한국의 대기업 회장들이 엄두도 내지 못할 규모의 장학재단을 설립해 재단 발족 때부터 우리 사회에 신선한 충격을 던졌는데 '최우수 인재를 뽑아 최고로 키우기 위해 과감히 지원한다'고 장학철학을 밝혀 또다시 우리를 놀라게 했다. 자연과학과 인

관정이종환교육재단의 이종환 삼영화학그룹 회장

문, 사회 분야의 국내 대학생 및 대학원생 150명에게 매년 1,000만 원, 해외 유학생 100명에게 연간 최고 5만 달러를 지급한다는 목표로 운영되고 있다. 재단은 2002년 첫 장학생을 뽑기 시작했는데 첫해에 국내 장학생 286명, 해외 유학생 99명을 선발한 이후 매년 200명 정도의 국내 장학생과 100명 안팎의 해외 장학생을 선발, 장학금을 지급하고 있다.

이와 함께 국내 각 대학 및 유명 연구소의 연구사업은 물론 외국 학생들의 한국 유학 및 외국 기관의 한국학 연구사업도 지원하고 있다. 대표적으로 2002년 미국 존스홉킨스대학교 국제대학원의 한반도 평화 프로그램을 지원했고, 2003년에는 경남대학교 북한대학원 통일관 건립을 지원했다. 2010년에는 국가의식 고취를 위한 사업으로 국기게양대 제작 및 기증활동을 했는데 의령의 충익사, 일산 동구청 문화공원, 오두산 통일전망대, 칠곡군 다부동에 마련된 국기게양대가 이 재단의 지원에 따른 것이다. 장학사업 외에 사회복지시설의 불우이웃 지원사업도 진행하고 있다.

이종환 회장은 〈조선일보〉와의 인터뷰2008. 6. 28에서 장학재단 창설에 앞서 존 D. 록펠러의 전기를 읽으면서 많은 도움을 받았다고 밝혀 주목을 받았다. 앤드류 카네기와 함께 20세기 미국 자선사업계의 양대 거목인 록펠러는 자선사업을 하면서 구휼 쪽에 초점을 맞췄고, 그가 만든 록펠러재단도 아시아 아프리카 질병퇴치 및 식량증산사업에 주력했다. 장학사업은 당시 록펠러 자선사업의 핵심 이슈가 아니었다. 그런데 이종환 회장은 록펠러의 자선사업을 보고 재단 구상을 하면서도 구체적인 사업은 록펠러 스타일의 자선사업이 아니라 인재양성이라는 장학사업을 택했다. 빈곤층에 대한 자선활동보다는 미래의 한국을 먹여 살릴 세계 최고의 인재를 키워 나라를 부강케 하는 게 더 시급하다고 판단한 것으로 보인다.

그는 재단을 장기적으로 노벨재단처럼 키우고 싶다며 다음과 같이 자신의 장학사업에 대한 철학을 밝혔다.

"인재양성에는 여러 가지 방법이 있어요. 가정 형편이 어려운 아이들을 도와줄 수도 있지요. 저는 노벨상을 받을 만한 인재를 키워 보자는 것이 목표입니다. 아버지가 재벌이라도 실력이 있어서 장학금을 받아가겠다고 하면 줍니다. 실제로 모 대기업 사장의 딸도 장학금을 받았어요. 혹시 돈 있는 집 자식들에게까지 마구 장학금을 준다고 뭐라고 하는 사람들도 있을지 몰라요. 그러나 실력과 가능성을 먼저 봅니다. 장학생에는 7 대 3의 비율로 자연계 학생들이 많아요. 자연과학 분야에서 노벨상 수상자가 나오길 바라기 때문입니다."

이종환 회장은 2000년 재단을 설립할 때 "나라나 기업의 살림은 재산이 아니라 인재가 키운다"는 인재 제일주의 철학을 바탕으로 미래 한국을 위해 장학재단을 만들었다고 밝힌 바 있다. 그는 특히 "돈을 버는 데는 천사처럼 하지 못했으나 돈을 쓰는 데는 천사처럼 하고 싶다"며 95% 이상의 재산을 재단에 출연한 상태다. "어렵게 번 돈을 자식들에게 주려고 애쓰지 말고 깨끗이 사회에 기증해야 사회가 잘 된다"면서 나머지 재산도 정리가 되는 대로 재단에 내놓을 생각이라고 말했다. 사회에서 번 돈을 사회에 아낌없이 내놓겠다는 게 그의 자세다. 그가 이렇게 모든 재산을 인재양성에 바치겠다고 결심한 배경엔 미국 유학 중 자폐아로 판정받아 평생을 자폐의 덫 속에서 살고 있는 둘째아들에 대한 안타까움이 깔려 있는 것으로 알려졌다. 이 회장은 관정이종환교육재단 설립 후 11년간 직접 재단 일을 진두지휘하면서 국내외 대학 및 대학원생 총 6,100명에게 714억 원을 지원했다.

평생 삼영화학을 운영하며 경영의 현장에서 산전수전을 다 겪은 탓일까. 그는 '미래 한국을 이끌 최고의 인재양성'이라는 단 하나의 목표를 갖고 재단을 경영하고 있다. 그의 분명한 비전 덕분인지 이 재단은 설립 10여 년 만에 설립자의 비전대로 모범적으로 운영되는 한국의 대표적 장학재단으로 꼽히고 있다. 그는 미국 경제전

관정이종환교육재단의 2010년 9기 국외 장학생들의 모습

잡지 〈포브스〉2008년 3월호에서 '아시아 48인의 자선사업가' 중 한 사람으로 선정됐다. 48인의 자선사업가에 포함된 한국인 자선사업가는 이 회장 외에 GS건설 주식 1,400만 달러를 기부해 의료, 교육, 문화, 장학사업을 하는 남촌재단을 만든 허창수1948~ GS그룹 회장, 수입의 30%를 기부하는 김성주1956~ 성주그룹 회장, 그리고 30억 원을 기부해 베트남 등의 이주노동자 지원활동을 벌이는 한베재단을 만든 이상준1958~ 골든브릿지 금융그룹 회장 등이다.

4

나눔에도
전략이 필요하다

뜻은 좋으나 갈 길이 먼 구글의 1% 기부

세르게이 브린Sergey Brin, 1973~ 과 래리 페이지Larry Page, 1973~ 는 검색엔
진 회사 구글Google 을 설립하면서 "사악해지지 말자Don't be evil"고 다
짐했다. 나쁜 짓을 하지 않고도 돈을 벌 수 있다는 것을 보여주겠
다는 의지로 기업경영을 시작한 것이다.

2004년 구글을 기업공개할 때 두 사람은 주식 1%를 공익을 위해
설립된 구글닷오르그www.google.org에 기부했다. 또 매년 1%의 수익
금을 자선사업에 기부하겠다고 서약했다. 이에 대해 자선사업계는
열광했다. 빌 게이츠가 마이크로소프트에서 번 돈을 자선사업에
쓰면서 글로벌 자선사업계에 엄청난 영향을 미친 것처럼 구글 창
업주들의 이 같은 결단은 전 세계의 닷컴 기업인들뿐 아니라 자선

사업 자체에도 큰 영향을 줄 것이라고 판단했기 때문이다.

구글의 주식 1%는 공개 당시 시가로 20억 달러였다. 구글이 매년 자선사업에 1%를 출연키로 한 수익금은 2007년 기준 4억 달러에 달했다. 구글이 만든 비영리단체인 구글닷오르그는 대체 에너지를 개발해 개발도상국의 사람들에게 일자리를 마련해준다는 목표를 세웠다.

그러나 의도가 좋았다고 해서 결과도 좋다는 보장은 없다. 구글이 1% 수익을 기부하겠다는 서약을 하고 비영리단체 구글닷오르그 창설에 쓰는 것까지는 좋았으나 그 이후 활동은 그야말로 아무런 방향성 없이 흔들리는 상태가 됐기 때문이다. 〈인터내셔널헤럴드트리뷴〉 2011. 1. 31은 구글의 이 같은 맹서가 이후 어떻게 현실과 충돌하면서 변화됐는지를 잘 보여준다.

페이지는 수익의 1% 기부를 서약할 때 잠재적 투자자들에게 이런 편지를 썼다.

"구글닷오르그가 세계의 거대 문제들에 대한 중요한 자원 역할을 함과 동시에 혁신을 가져오는 기관으로 자리 잡으면서 궁극적으로 구글의 명성을 앞지르길 희망한다."

구글은 거대 문제들, 예컨대 기후변화나 글로벌 빈곤, 전 세계적 전염병 발발 등에 대해 대응하겠다는 의지를 갖고 있었는데 구글닷오르그는 비즈니스 기업처럼 운영되었다. 그래서 초기에 비영리 기구에게 부과되는 여러 제약을 극복할 수 있었다.

구글은 공중보건 전문가이자 실리콘밸리 기업가인 래리 브릴리언트Larry Brilliant, 1944~를 구글닷오르그 책임자로 고용했는데 여러 면에서 탁월한 능력이 있던 그였지만 자선기관을 운영해본 경험이 없다는 게 치명적인 약점이었다.

브릴리언트는 임명된 후 〈뉴욕타임스〉 인터뷰 때 "구글닷오르그는 모든 영역의 일을 하며 이윤을 추구할 것"이라고 말했다. 그러나 그 후 구글닷오르그는 별다른 활동을 못하고 있다. 초기 발족 때 세웠던 야심찬 계획은 거의 수포로 돌아갈 조짐이다. 2009년 브릴리언트는 느슨한 매니지먼트 스타일로 인해 핵심 위치에서 밀려났고 구글의 최고경영자들은 구글닷오르그를 거의 언급하지 않고 있다. 요즘엔 메건 스미스Megan Smith가 구글닷오르그를 총괄하는데 그녀는 구글의 비즈니스 개발 책임자이기 때문에 구글닷오르그에는 파트타임으로만 참여할 뿐이다.

물론 구글은 수익의 1%를 기부하겠다는 서약에 따라 매년 수백만 달러를 자선기관에 기부하고 있다. 2011년에도 구글은 1억 1,500만 달러를 기부금으로 내놓았다. 구글은 기금을 과학과 엔지니어링, 수학교육, 특히 개발도상국의 여성교육 개선 분야에 기부할 계획이라고 밝혔다. 구글은 이에 앞서 아프리카 농촌 지역 인터넷 확대사업을 하는 샌프란시스코 인베니오에 200만 달러, 개발도상국 근로자를 돕는 사마소스오브샌프란시스코에 125만 달러를 기부했다. 이와 함께 성매매와 노동착취에 맞서는 시민단체들에게도 1,150만 달러를 내놓아 주목을 받았다.

그러나 구글닷오르그는 더 이상 각 비영리기관에 기금을 주지 않고 있으며 기업에 재원을 제공하지도 않는다. 그 대신 구글 어스를 활용하는 프로젝트에 집중하고 있다. 구글 어스를 이용, 전 지구적 환경의 변화를 추적하고 모니터링해 유행병의 발병을 조기 경고하는 일을 한다는 것이다. 대부분 초기 고용자들은 회사를 떠났고 구글은 구글닷오르그의 성취를 측정하는 데 집중하고 있는 형편이다.

자선사업계의 많은 이들은 구글의 실험을 회의적으로 본다. 조슈아 코헨_{Joshua Cohen} 스탠포드대학교 법철학 교수는 구글닷오르그의 출범 때 구상에 대해 이렇게 털어놨다.

> "구글닷오르그가 만들어질 때부터 두 개의 아이디어가 있었다. 첫째는 구글닷오르그가 자선을 혁신할 수 있다는 것이었다. 구글의 집적된 지식적 능력으로 세계의 문제에 대해 해법을 제시하고, 새롭게 변화시킨다는 것이다. 두 번째는 좀 더 중도적인 것으로, 구글닷오르그가 세계의 큰 문제들에 대해 언급하고 해법을 찾는 역할을 함으로써 구글이 세상을 위해 좋은 일을 하고 있다는 것을 알리는 것이었다. 사업은 두 번째 쪽으로 진행됐다."

구글닷오르그가 해온 일 중 특기할 만한 것은 구글 플루트렌드다. 여러 데이터를 합해 연구함으로써 플루 증상을 예견하고 그것의 발병 위치를 알려주는 것이다.

브릴리언트는 공중보건 전문가로서 구글의 이 역할이 전 세계 수많은 이들의 목숨을 구하는 일이라고 평가했다. 그러나 2009년 미국에서 돼지 인플루엔자_{스와인 플루}가 확산될 때 구글의 플루트렌드는 그것을 제때 파악하지 못했다. 이 때문에 플루트렌드의 오류는 구글의 엔지니어링 중심적 접근법이 얼마나 잘못됐는지를 보여주는 대표적인 사례라고 전문가들은 지적하고 있다.

한 전직 구글닷오르그 직원은 "구글닷오르그가 개발 문제 전반에 대한 인식을 하기보다 몇몇 복잡한 엔지니어링 문제에 집착했었다"고 털어놨다.

구글닷오르그의 사실상 실패 책임은 기금을 출연한 래리 페이지와 세르게이 브린에게 돌려져야 할 것 같다. 우선 이 조직을 이끌어갈 브릴리언트 박사의 고용이 치밀한 전략하에 이뤄진 게 아니기 때문이다. 두 창업자가 박사의 화려한 경력과 특강에 매료되어 즉흥적으로 고용했기 때문에 거대 플랜을 공유하기 어려웠다는 것이다.

구글닷오르그의 업무는 2년에 걸쳐 5개 분야로 확정, 2008년 1월 발표됐다. 질병의 예견·예방, 중소규모 비즈니스 성장 지원, 정보 접근과 공공서비스 접근의 확대, 재생 가능한 에너지 개발, 하이브리드 자동차 상용화 지원 등이다. 구글닷오르그는 이런 5개 분야에 앞으로 3년간 1억 7,500만 달러를 지원하겠다고 발표했다.

그런데 구글닷오르그 이사들 간에 논란이 있었다. 2,500만 달러의 20% 상당이 InSTEDD^{자연재해나 공중위생의 위협이 발생할 경우 인도적 지원 실시를 목적으로 한 구글닷오르그의 기술 프로젝트}로 주어졌는데 이 회사는 브릴리언트가 세운 기관이었기 때문이다. 브릴리언트 재임 중 InSTEDD는 구글닷오르그로부터 1,100만 달러 기금을 받았고, 그가 공동 설립한 세바^{Seva}재단은 250만 달러를 받았다. 그 후 논란 끝에 브릴리언트 박사는 2009년 2월 스콜 글로벌 위협펀드로 자리를 옮겼다.

구글닷오르그를 처음 구상한 사람은 셰릴 샌드버그^{Sheryl Sandberg}인데 그녀 또한 2008년 페이스북으로 옮겼다. 구글 창업자들은 구글닷오르그가 제대로 된 비전도 없고, 일도 제대로 못하는 것에 대해 큰 불만을 갖고 있다. 그들은 뭔가 새로워져야 한다는 필요성을 느끼고 새 전략을 마련하려 하고 있으나 아직 불투명하다.

구글은 매년 1% 수익을 자선사업에 쓰겠다고 한 약속에 대해선 이행하고 있으나 주식공개 때 1%를 구글닷오르그에 투입, 자선사업을 하겠다고 한 것은 현재로선 실패인 상태다. 기금은 엄청났지만 뚜렷한 목표가 없었고, 자선기관 운영에 대한 노하우도 없었기 때문이다. 의도가 좋다고 늘 결과도 좋으란 법이 없는 것처럼 거금을 자선사업에 출연했다고 해서 그 자선사업이 잘되리라는 보장도 없다. 기금이란 자선사업이 잘되기 위한 하나의 필요조건일 뿐 충분조건은 아니다. 무엇보다도 무엇을 하겠다는 목표가 분명해야 하고, 그것을 이뤄나가기 위한 세밀한 프로그램이 중요하다. 구글의 자선 프로젝트의 실패는 기부금 출연 쪽에 과도하게 초점이 맞춰진 우리나라에도 시사점을 준다. 기부도 중요하지만 그것보다 더 중요한 것은 좋은 목표를 세우고 그것을 잘 실현시켜 나가는 전략이다.

5

슈퍼 부자들의
지혜가 우리를 구한다

진짜 존경받는 부자가 되기 위한 조건

나눔과 기부로 세상을 바꾼다면 거액소수 중심 슈퍼 부자들의 운동이 효과적일까, 아니면 소액다수 중심의 시민운동이 효과적일까. 1960년대 말 미국의 대표적 시민단체 '퍼블릭 시티즌'을 창립해 시민에 의한, 시민을 위한 시민운동을 주창해온 소비자운동의 기수 랠프 네이더Ralph Nader, 1934~가 평생 견지해왔던 시민 중심의 시각을 전면 혁신해 소수 슈퍼 부자 중심의 사회개혁을 제창해 관심을 끌었다.

1960년대 미국 소비자운동의 기수였던 랠프 네이더는 평생 미국 정부와 대기업을 비판해온 좌파 리버럴이지만, 2009년 여름 《슈퍼 리치만이 우리를 구할 수 있다Only Super-Rich Can Save Us》는 다소 역설적

랠프 네이더

인 책을 냈다. 최고 부자들만이 우리를 구할 수 있다니. 평생 소비자운동을 하며 정부와 거대기업의 전횡을 비판해온 그가 이런 책을 낸다는 것 자체가 혁신적이라고 생각됐다.

그는 이 책에서 억만장자 워런 버핏을 주인공으로 내세워, 17명의 미국 부자들이 사회개혁에 참여하는 과정을 그리고 있다. 17명의 등장인물들은 실존인물이지만, 책에 기술된 것은 모두 가상의 얘기들이다. 실존인물과 가상 얘기를 적절히 혼합해 랠프 네이더식 사회개혁 방법을 제시한 것이다. 책의 시작은 오마하의 현인으로 불리는 투자가 버핏이 2005년 9월 허리케인 카트리나 사태로 뉴올리언스가 물에 잠기자 흑인 빈민층들이 최악의 생존위기로 내몰리는 장면을 TV를 통해 지켜보면서, 동료 억만장자들을 규합해 사회개혁의 방법을 논의하고 지원하게 된다는 내용이다. 최고 부자들은 자신들의 재력과 네트워크, 미디어에 대한 영향력을 발휘해 사회개혁 프로그램을 추진하며 깨끗한 선거당을 조직, 의회에 진출하면서 미국을 더 살기 좋은 나라로 만들게 된다는 해피엔드의 가상 스토리다.

랠프 네이더는 730페이지에 이르는 이 책을 쓰게 된 동기를 이렇게 설명한다.

"2004년 대선에 출마했다가 정의를 구현할 전통적 방법이 다 막혔음을 알게 됐다. 정당, 법원, 노조, 미디어까지 기대할 게 없어 국민들은 자포자기한 상태다. 새로운 상상력의 창을 열기 위해 이 책을 썼다. 연로한 억만장자들이 재산과 영향력을 이용해 워싱턴에 똬리를 튼 기업과 그 동맹을 물리치는 데 나서게 되면 어떨까.

정의를 구현하려면 돈이 필요하다. 게다가 워런 버핏, 테드 터너, 오노 요코 등 상이한 경험과 영향력을 가진 이들이 모이면 엄청난 힘을 발휘한다. 미국 역사에서는 부자들이 사회적 대의에 봉사한 선례가 있다. 부자들은 보스턴 노예해방에 나섰고, 환경운동과 민권운동도 지지했다. 부자들을 100% 반동이라고 배격하면 안 된다. 소수의 뜻있는 부자들을 찾아 기여할 수 있게 해야 한다. 특히 노인이 되면 철학적으로 변해 후세를 위해 무엇을 남길까 생각하게 된다. 이들 중 1%만 나서도 큰 변화를 만들어낼 수 있다. 이것이 새로운 사회개혁의 시나리오다." _〈조선일보〉 인터뷰, 2011. 3. 14

워런 버핏은 "가난한 자들을 돌보지 않는 사회는 부자들도 돌볼 수 없다"는 신념하에 2006년 1월 하와이제도 알레누이하하해협 마우이섬에 동료 억만장자들을 모은다. 워런 버핏은 70~90대 노장층 억만장자 16명을 선발하는데 거기에 바탕이 된 것은 지식과 경험, 투지, 모험심, 영향력, 충성심, 독립심, 신뢰 유지도, 도덕적 용기, 타 문제에 대한 이해 흡수력 등이다. 돈이 많다고 아무나 클럽에 들어올 수 있는 것은 아니다. 워런 버핏을 포함해 17명 모두가 이미 자신만의 독특한 철학으로 자선사업을 해오던 사람들이다.

이들은 미국을 대전환하기 위한 10대 의제를 우선 설정한다. 1.경제적 불평등 개선, 2. 의회개혁, 3. 공정선거를 위한 정당과 유권자 개혁, 4. 교육개혁을 위한 예산 확보, 5. 대언론 네트워크 확립 및 홍보강화, 6. 전문가 및 시민단체 등 사회적 신뢰그룹 접촉, 7. 지속가능한 경제구축을 위한 진보적 기업 설립, 8. 공정사회를 위한 기반구축, 9. 집단시위와 행진, 토론회를 통한 공론 조성, 10. 시민공익사업위원회 결성 등이다. 17명이 사회에서 쌓아온 경험과 지혜를 바탕으로 적절하게 역할분담을 한다. 이들은 한편으로는 자선활동을 하면서, 다른 한편으로 사회 대전환을 위한 의회 로비와 정치활동 강화를 위해 150억 달러를 모은다. 아울러 회의장에 모인 17명의 노익장 자선사업가들은 자신이 미국 대전환 사업에 관여하게 된 배경과 자선의 필요성에 대한 정견도 발표하고 공유한다.

폴 뉴먼 Paul Newman, 1925~2008은 미국 사상가 헨리 데이비드 소로의 말을 인용하며 이렇게 얘기한다.

> "소로는 사람들이 대부분 조용한 절망 속에서 산다고 했다. 오늘날 수많은 투자자들 역시 방식은 다르지만 영혼 없는 삶을 살고 있다. 자선은 이들에게 영혼을 불어넣는 숨결이 될 수 있다."

프라이스클럽 창업자인 솔 프라이스 Sol Price, 1916~2009는 자신이 워런 버핏 클럽에 참여하게 된 동기와 부자들의 기부 필요성을 이렇게 얘기한다.

"괴팍한 구두쇠이자 의심 많은 회의론자인 나는 비록 늦었지만, 여기 계신 분들과 함께 대담한 상상력과 도발적인 기획에 참여할 수 있었던 것을 일생의 행운으로 생각한다. 지금까지 부자들은 철저한 순응주의자라고 생각했다. 또한 그들의 기부 행위는 자신에게 이익이 되기 때문에 이뤄지는 것이며, 혹은 죄책감 때문에 하는 것이라고 생각해왔다. 그러나 우리의 호소에 응답하는 부자들이 사회 변화를 자신의 시민적 의무로 받아들이고 나서는 것을 보면서 이 나라의 미래에 대해 새로운 가능성을 발견했다. 우리의 활동은 공동의 이상을 실현하려는 하나의 실천이다."

미국 냉동식품업계의 신화적 인물인 제노 파울루치Jeno Paulucci, 1918~는 슈퍼 부자들이 공정성을 주장하면 사회적으로 영향력을 미친다면서 이렇게 얘기한다.

"거부들이 공정성을 강조하면, 사람들은 하던 일을 멈추고 경청하게 된다. 성공한 사람들의 말은 다른 누구의 말보다 신뢰를 얻는데 유리하고, 그때 비로소 일어날 일들에 대해 믿기 시작할 것이다."

파울루치는 부자들이 사회적 공정성을 사회운동의 이슈로 삼아야 할 필요성에 대해 이같이 얘기한 뒤 과세 문제를 구체적 어젠다로 삼자고 제안했다. 그의 발언에 대해 빌 게이츠의 아버지인 빌 게이츠 시니어가 말을 받았다. 그간 벌여온 상속세 폐지 반대운동의 성과를 설명하면서 부자들이 좀 더 자신을 드러내며 공개적으로 얘기해야 사회적 파급력도 그만큼 커진다면서 이렇게 말했다.

"우리가 부자들에게 도덕적 의무를 부과하는 작업을 하려 할 때 막후에서 일을 진행해서는 안 된다. 대리인이나 홍보 회사를 통해서가 아니라 우리 자신이 대중 앞에 직접 나서서 공인으로서의 모습을 보여줘야 한다. 진정성을 보여주려면 기꺼이 말을 하거나 글로 써야 하고 토론과 증언을 하며 심문을 받고 반대 심문도 하며 도전에 응해야 한다. 열린사회는 배후에서 조종하는 사적인 비밀 결사단체에 의해 만들어지는 게 아니다. 우리가 도덕적으로 본받을 만한 가치를 지닌 교육가로 나설 수 있다면 익명성에 집착할 필요가 없다."

폴 뉴먼과 솔 프라이스, 제노 파울루치, 빌 게이츠 시니어가 정말 이런 얘기를 했는지는 확인이 필요하다. 소설인 만큼 랠프 네이더가 그들의 입을 빌려 이렇게 주장한 것일 가능성이 크다. 그렇지만 네이더가 "이 책은 실명으로 쓰인 픽션이지만, 개별 인사들의 언급내용은 실제 그들의 발언을 참고로 했다"고 밝히고 있어 100% 허구적인 발언은 아닌 듯하다. 네이더는 책을 집필하면서 주인공인 워런 버핏과 사전에 얘기를 하지는 않았지만, 버핏의 평소 발언과 행동을 바탕으로 기술했다고 밝힌 바 있다. 따라서 이 책에 기술된 17명 거부들의 사회개혁에 대한 구상과 구체적 활동은 그들이 그간 밝혀온 여러 주장을 네이더가 자기식으로 해석해 옮겼을 가능성이 크다. 워런 버핏은 이 책이 출간된 후 자신이 매년 오마하에서 벌이는 주주총회에 랠프 네이더를 초청해 책을 소개했을 정도로 관심을 표현했다.

재밌는 것은 이 책이 슈퍼 부자들의 재산 50% 기부운동 전후로 나와 결과적으로 이 운동에 추동력을 제공했다는 점이다. 네이더는 〈조선일보〉와의 인터뷰에서 "내 책이 버핏과 게이츠의 기빙플레지에 영향을 줬다"면서 "사회에 필요한 것은 단순한 자선보다 정의의 실현"이라고 주장했다. 그러나 네이더의 주장대로 버핏과 게이츠가 벌이는 기빙플레지에 영향을 줬는지 여부는 좀 더 따져봐야 한다.

《슈퍼 리치만이 우리를 구할 수 있다》는 뉴욕 세븐 스토리스 프레스Seven Stories Press에서 2009년 출간됐는데 네이더가 원고를 탈고한 것은 2009년 7월이다. 그는 이 책의 서두에 실린 '저자의 노트'에서 "이 책은 소설도 아니고 논픽션도 아니다"고 정의한 뒤 "문학의 세계에서 이 책은 아마도 현실적 유토피아로 기술될 수 있을 것"이라고 썼다. 그는 또 "가공적 비전은 새로운 현실이 될 수 있다"면서 "알려지거나 또는 알려지지 않은 인물들이 가공적 역할을 맡고 있는데, 여기에 당신의 상상력 있는 참여를 촉구한다"고 덧붙인 뒤 2009년 7월 워싱턴에서 썼다고 기록했다.

기빙플레지는 2010년 6월 16일 뉴욕에서 첫 선을 보였다. 네이더가 원고를 탈고한 지 1년 만에 최고 부자들이 기빙플레지를 공식 시작한 것으로 볼 때 네이더의 상상력이 버핏과 게이츠를 움직인 게 아닌가 하는 생각이 드는 게 사실이다.

그런데 기빙플레지에 대한 구상이 시작된 것은 2009년 5월이다. 〈이코노미스트〉2010. 6. 19에 따르면 빌 게이츠와 멜린다 게이츠, 버핏은 데이비드 록펠러, 마이크 블룸버그, 조지 소로스, 테드 터너, 오프라 윈프리 등과 비밀 미팅을 갖고 기빙플레지 구상을 구체화했다. 이후 이들은 비밀 저녁모임을 뉴욕과 샌프란시스코에서 몇 차레 더 하면서 구상을 구체화했고 2010년 6월 16일 첫 공개식을 가졌다.

기빙플레지의 형성 과정에 대해 빌 게이츠와 워런 버핏이 찰리 로즈 인터뷰 때 공개한 내용도 〈이코노미스트〉의 보도와 상당부분 같다.

따라서 《슈퍼 리치만이 우리를 구할 수 있다》가 기빙플레지에 영향을 줬다는 랠프 네이더의 주장은 맞기도 하고 틀리기도 하다. 외형적으로 볼 때 영향을 준 것처럼 보이지만, 실제적으로는 두 프로젝트가 서로·다르게 시작된 일이기 때문이다.

그럼에도 불구하고 네이더가 자신의 책을 통해 제안했던 많은 프로젝트가 기빙플레지를 통해 구체화될 가능성은 높다. 워런 버핏과 빌 게이츠는 기빙플레지를 주도하면서 "재산 50%를 기부하는 서약을 할 뿐 구체적으로 출연금을 내어 어떤 일을 함께한다는 식의 자선캠페인은 아니다"고 선을 그었다. 또한 자산을 기부해 어떤 자선활동을 할지에 대해선 순전히 각자의 판단이라는 게 그들의 설명이다. 그렇지만 기빙플레지에 참여한 이들의 자산이 앞으로 미국 사회를 긍정적인 방향으로 변화시키는 기금으로 쓰일 것이란 점에서는 이론의 여지가 없다.

랠프 네이더는 책에서 "슈퍼 리치들은 훌륭한 가치와 이상을 갖고 있고, 이들은 사회변화를 가져올 수 있는 힘과 돈도 있다"면서 "단순한 자선보다 정의의 실현이 더 중요한 만큼 이들의 사회개혁 아이디어와 재원이 있다면 사회변화를 촉진할 수 있다"고 말했다. 그는 그간 세상을 소리 없이 변화시키는 것은 수많은 시민들이라는 관점에서 사회운동을 해왔다. "저것은 넘을 수 없는 벽이라고

랠프 네이더의 《슈퍼 리치만이 우리를 구
할 수 있다》

고개를 떨어뜨리고 있을 때, 담쟁이 잎 하나는 담쟁이 잎 수천 개를 이끌고 결국 그 벽을 넘는다"고 노래했던 도종환 시인의 시 '담쟁이'는 딱 그를 위한 시였다.

그런 점에서 슈퍼 부자들의 통 큰 결단이 사회변화를 이끌 수 있다는 네이더의 주장은 시민 중심의 사회변화를 주창한 이들에겐 '세계관의 전복'이자 배신일 수 있다. 그러나 이 주장은 시민운동계의 산전수전을 다 겪으며 대통령 출마까지 거듭한 70대 후반의 노익장이 내놓은 가장 실현 가능한 사회개혁안이라는 점에서 랠프 네이더 지혜의 완결판이라 하겠다.

6

지속가능한 나눔혁명을 위하여

한국과 미국의 나눔은 현재진행형이다

우리나라의 나눔문화는 2000년대 들어 큰 폭으로 변화하고 있다. 기부와 나눔혁명의 불씨가 서서히 확산되고 있다는 것을 곳곳에서 느낄 수 있다.

나는 《존경받는 부자들》의 기부와 자선에 대한 한국과 미국의 차이를 다룬 글에서 "한국인은 미국인들과 비교할 때 기부활동에서는 6분의 1 수준이고, 자원봉사에서는 5분의 1 수준밖에 되지 않는다"고 썼다. 또한 이 같은 차이는 한국의 보통 사람들이 미국의 보통 사람들보다 훨씬 이기적이고 타인의 삶에 대해 관심이 적음을 드러내주는 것이라고 해석했다.

당시 이 같은 주장을 할 때, 나는 아름다운재단의 〈기빙코리아

2002〉에 나타난 통계수치를 미국 인디펜던트섹터에서 펴낸 '미국의 기부와 자원봉사' 보고서와 비교하면서 한미 양국의 기부와 자원봉사 현황을 상호 분석했다. 그 후 8년이 지났지만 미국은 여전히 압도적인 자선 선진국이다. 미국의 자선 역사는 매년 새로 쓰여진다. 지속되는 경제위기에도 불구하고 이웃과의 공동체를 위한 미국인들의 기부 열기는 날이 갈수록 뜨거워지고 있다.

미국인들의 기부 관련 종합보고서를 연례적으로 발간하는 기빙 USA재단과 인디애나대학교의 자선센터가 발표한 '2010 미국의 자선 동향'에 따르면 미국의 2009년 자선 기부금은 2,908억 9,000만 달러다. 2008년 모금된 2,803억 달러에 비해 3.8% 인플레이션 감안시 2.1% 증가했다. 미국의 금융위기가 본격화된 2008년의 기부액은 전년대비 13% 감소했는데, 미국의 경제가 나아지지 않는 상황에서도 2009년 기부액이 3.8%나 증가했다는 것은 미국인들이 보다 더 힘든 환경에 처한 이웃을 생각하며 지갑을 열고 있다는 점에서 주목할 만한 현상이다.

특히 미국 기부의 중심축은 개인들의 소액 기부라는 점이다. 지난해 개인들의 기부는 2,117억 7,000만 달러로 전체의 73%를 차지했다. 이는 지난해에 비해 2.7% 상승한 것인데, 경제침체로 실질임금이 하락하고 실업률이 9.1%까지 치솟은 상황에서도 미국인들은 가진 것을 서로 나누는 십시일반 정신을 실천하고 있는 셈이다. 또한 사후 유산 기부도 늘어 228억 3,000만 달러를 기록했다. 전년대비 18.8%가 늘어난 수치다. 이어 개인이 만든 자선재단이 410억 달러, 기업이 152억 9,000만 달러를 기부했다.

기업의 자선활동은 광고나 언론보도를 통해 많이 알려지는 데 비해 액수는 크지 않은 반면, 수많은 미국 시민들은 주변에 특별히 생색내지 않고 자신이 가진 돈을 기부하고 있는 셈이다. 에디스 포크 기빙USA재단 이사장은 2010년 보고서 발표 후 "2008년 금융위기 이후 극심한 경제침체 속에서 시민들의 수입은 줄었지만 공동체를 위한 따뜻한 마음씨는 여전하다는 것을 확인했다"고 평가했다. 클레어 코스텔로 뱅크오브아메리카 자산관리 담당자는 경제난 속의 기부총액 증가 현상에 대해 "이제 미국인들이 기부를 필수적인 생활지출 요소로 간주하고 있다는 것을 의미한다"고 평했다.

미국의 자선모금액이 2,000억대를 돌파한 것은 지난 2000년이다. 1990년대 중반만 해도 1,400억 달러 수준에 머물던 모금액이 1999년 1,700억 달러가 됐고, 2000년에 들어서면서 2,000억 달러를 돌파했다. 미국 자선업계에서는 2007~2008년 자선기금이 3000억 달러를 넘어설 것으로 예측했지만 불행히도 그 무렵 리먼브러더스의 파산으로 인한 금융위기가 도래하는 바람에 기부열기는 얼어붙었다. 이 때문에 기부액은 2008년 이래 계속 2,800~2,900억 달러 선에 머물고 있다.

미국인들의 자선기금은 종교단체와 교육기관, 공익단체 등으로 향하는데 대표적인 것이 종교단체와 교육기관이다. 2010년 자선기금 보고서에 따르면 종교기관 및 단체가 전체의 35%인 1,006억 달러를 받았다. 이어 ▲ 교육기관 416억 7,000만 달러 14% ▲ 자선 및 사회재단 330억 달러 11% ▲ 인도주의 단체 264억 9,000만 달러 9% ▲ 의료봉사단체 228억 300만 달러 8% ▲ 공익단체 242억 4,000만 달러 8% ▲ 예술·문화단체 132억 8,000만 달러 5% 순이다.

아직 미국에 비교할 만한 수준은 아니지만 한국에서도 눈에 띄는

2010년도 기빙코리아 심포지엄의 포스터

변화가 진행되고 있다. 〈기빙코리아 2010〉을 보니 지난 8년 여간 한국의 나눔과 봉사에 큰 변화가 있었다는 것을 수치로 확인할 수 있었다. 이 자료에 따르면 2009년 기준 한국인의 자선 기부액은 약 6조 2,000억 원이다. 이는 2009년 정부예산 273조 8,000억 원의 2.3%이고, 2009년 국가총생산GDP 대비 0.581% 규모다. 1인당 기부액으로 환산하면 인구 5,000만을 기준으로 했을 때 2009년 12만 4,000원을 기부한 셈이다.

미국의 2009년 총 기부액은 2,908억 9,000만 달러다. 미국 인구가 2011년 4월 3억 570만 명을 돌파했으니 1인당 기부액은 1,000달러에 육박하는 셈이다. 미국과 한국의 기부 격차가 무려 10배나 난다. 그렇지만 한국 내에서 진행되고 있는 변화가 중요하다. 그런 면에서 〈기빙코리아 2010〉은 지난 8년간 우리사회에 나눔혁명의 불씨가 곳곳에서 서서히 확산되고 있음을 드러내주는 결과라는 점이 주목된다.

아름다운재단이 지난 2010년 10월 발표한 〈기빙코리아 2010〉에 따르면 순수 기부참여 여부를 묻는 질문에 55.7%가 '경험 있다'고 답했고, '경험이 없다'는 44.3%였다. 이 같은 기부에 종교단체의 헌금 및 보시 등을 포함하는 포괄적인 참여에 대해 물을 경우, '경험 있음'의 비율은 92.2%로 높아진다. '경험 없음'의 비율은 7.8%

에 불과하다.

이것을 아름다운재단의 〈기빙코리아 2002〉와 비교할 때 눈에 띄는 변화가 드러난다. 〈기빙코리아 2002〉는 2001년 한 해 한국인들의 기부와 자원봉사 추이에 대한 여론조사인데, 조사에서 73.6%가 기부했다고 응답했다. 당시 조사에서는 순수 기부냐 포괄적 기부냐를 나누지 않았는데, 여론조사 문항 구성을 보면, 포괄적 기부를 물은 것으로 추정된다. 따라서 기부참여가 2002년 73.6%에서 2010년 92.2%로 무려 18.6% 높아진 셈이다.

2001년 조사 때 기부했다고 답한 73.6% 중 순수 자선기관 기부자가 33%로 제일 많았다. 이어 종교적 자선기관 기부자 24%, 종교기관 기부자 16.6% 순이다.

한 사람의 연평균 기부액도 지난 8년간 크게 늘었다. 2010년 보고서에서 순수 기부자의 평균 기부액은 18만 2,000원, 포괄적 기부자의 평균 기부액은 97만 2,000원으로 집계됐다. 반면 2002년 보고서엔 순수 기부액이 9만 9,000원, 종교단체의 헌금 등을 포함하는 포괄적 기부액은 28만 1,000원이었다. 경제규모의 변화와 더불어 기부액도 큰 변화를 보인 셈이다.

2010년 보고서에서 순수 기부자의 기부처는 자선단체를 위한 기부라는 응답이 67.0%로 가장 높았고, 포괄적 기부자의 기부처로는 경조사비라는 응답이 91.2%로 가장 높았다. 결혼 축의금 및 부의금 등 경조사비에 대한 지출이 외국에 비해 유난히 많은 것은 한국의 전통적인 상호부조 문화에 따른 미풍양속이기도 하지만, 기부액의 증가를 어렵게 하는 장애요인이기도 하다.

기부액의 증가와 더불어 자원봉사도 큰 폭으로 늘고 있다. 〈기빙코리아 2010〉에 따르면 순수 자원봉사활동 참여에 대해 경험이 있다고 응답한 비율이 23.9%, 경험 없음은 76.1%다. 종교단체를 위한 자원봉사 경험을 포함한 포괄적 자원봉사 참여에 대해서도 경험 있음 비율이 31.5%, 경험 없음 비율은 68.5%였다.

2002년 보고서에서 자원봉사활동은 17.7%만이 참여했다고 응답, 82.3%는 자원봉사활동을 전혀 하지 않는 것으로 나타났다. 자원봉사에 참여한다고 응답한 이들 중에서도 정기적 참여자는 36%뿐이고, 비정규적 봉사자가 64%나 됐다. 그나마 자원봉사활동에 가장 적극적인 참여자는 학생으로 주로 사회복지시설과 종교기관에 집중되어 있다. 여전히 미미한 수준이긴 하지만 자원봉사활동 참여가 지난 2002년 보고서에 비해 2배 가까이 늘어났음을 알 수 있다.

자원봉사 시간의 경우, 2010년 보고서에서 순수 자원봉사의 경우 61.9시간, 포괄적 자원봉사의 경우 77.1시간으로 집계됐는데 이것 또한 8년 전인 2002년 보고서의 38.4시간에 비해 2배 가까이 늘어난 수치다.

아름다운재단은 2009년 한국인의 자선적 기부와 자원봉사를 금전적 규모로 환산하면서 기부는 6조 2,000억 원, 자원봉사 총량의 가치는 2조 1,880억 원 규모라고 했다. 일반 자원봉사의 총량은 5억 4,702만 2,398시간인데 자원봉사의 가치는 이것을 시간당 최저임금인 4,000원 2009년 기준으로 환산한 것이다.

자선 기부와 자원봉사의 총규모를 금전적 가치로 환산하면 8조 4,000억 원이 된다. 이것은 2009년 정부예산의 3.1%며 GDP 대비 0.79%다. 2000년 정부의 국민기초생활보장예산 6조 9,300억 원보다 규모가 크다는 점에서 시민 나눔의 규모가 이제 정부의 저소득층 부조예산보다 많아졌다는 것을 의미한다.

더 중요한 것은 시민의 자선적 나눔의 양상이 확산추세라는 점이다. 아름다운재단이 2001년 이후 지속적으로 기빙코리아 통계를 통해 확인한 바에 따르면, 지난 8년간 나눔과 봉사가 2배 가까이 늘어났다. 한국에서도 자선혁명이 가능하다는 것을 확신케 해주는 수치로 볼 수 있다. 한국도 더 이상 기부와 자선 후진국이 아니라 시민사회가 질적으로 성숙하면서 자선도 세계적인 추세와 더불어 변화와 발전을 하고 있다.

나는 왜 10억 달러를
기부했는가

피 터 슨 재 단 을   만 든   피 터   피 터 슨

마커스 놀랜드 Marcus Noland 는 미국의 대표적인 한반도 전문가다.《김 정일 이후의 한반도》,《파국 피하기 : 남북한의 미래 Avoiding the Apocalypse: The Future of the Two Koreas》는 그의 대표작들인데 출간될 때마다 국제적인 주목을 받은 책이다. 그가 일하는 국제경제연구소 IIE 는 프레드 버그스텐 C. Fred Bergsten, 1941~ 박사가 1981년대 창설한 싱크탱크로 워싱턴에서 지명도가 높고 한국에도 많이 알려진 경제전문연구소다.

놀랜드와는 워싱턴 특파원 때부터 북한 문제 취재를 위해 만나면서 친해졌고 이메일과 전화로 자주 연락하는 사이다. 그런데 2006년 어느 날 피터슨국제경제연구소라는 이름으로 메일을 보내왔다. 아무리 일자리와 거주지, 함께 사는 파트너를 밥 먹듯이 바

꾼다는 미국인이지만 아무 말도 없이 직장을 옮겼나 싶어 바로 답
신을 보냈다.

"피터슨연구소로 옮긴 거야?"
"아니, 우리 연구소 이름에 피터슨을 붙였지."
"왜?"
"응, 피터 피터슨 회장이 거액을 기부했거든. 앞으로 피터슨국제
경제연구소라고 불러줘."
"그럼 누구나 앞에 이름이 붙을 수 있는 거야?"
"물론이지. 네가 피터슨보다 1달러라도 더 많이 기부하면 이미숙
국제경제연구소가 될걸."

버그스텐 박사가 1981년 창설해 이끌어온 이 연구소의 이름에
창립 25주년 만에 난데없이 피터슨이란 이름이 붙은 이유가 거액
을 기부했기 때문이란다. 피터슨은 1981년 버그스텐 박사가 이 연
구소를 만들 때 공동 창립자로 참여했는데 2006년 그가 80세가 되
던 해 국제경제연구소에 큰돈을 기부하면서 연구소 이름을 아예
피터슨국제경제연구소로 바꿨다. 물론 버그스텐 박사는 여전히 연
구소 소장이다.

피터 피터슨Peter Peterson, 1926~은 투자금융 전문가로 큰돈을 벌었
고 리처드 닉슨 행정부 때 상무장관을 지냈다. 이후 투자 회사 블
랙스톤의 회장으로 있으면서 〈포브스〉의 미국 400대 부자 명단에
들었고, 총재산은 28억 달러로 추산된다. 그는 피터슨국제경제연
구소에 기부한 것 외에도 2008년 피터피터슨재단을 만들어 자선사

투자 회사 블랙스톤의 회장이며 〈포브스〉 선정 미국 400대 부자로 꼽히는 피터 피터슨

업을 해오고 있으며 뉴욕 공립도서관에도 1억 달러를 기부했다. 또한 2010년 기빙플레지에도 참여했다.

그는 기빙플레지에 보낸 편지에서 자선에 관여하게 된 배경을 이렇게 설명했다.

"내가 자선에 나서게 된 배경에는 몇 가지 이유가 있다. 내 부모는 그리스 이민자로서 17세 때 미국에 왔는데 교육은 초등학교 3학년까지밖에 받지 못했다. 영어는 한마디도 못했고, 주머니에 동전조차 거의 없었다. 내 부모의 꿈은 그들뿐 아니라 아이들이 아메리칸드림을 이뤘으면 하는 것이었다.

아버지는 유니언퍼시픽철도의 주방에서 접시 닦는 일부터 시작했는데 거기서 먹고 자면서 돈을 모았다. 그 후 아버지는 작은 그리스 레스토랑을 차렸는데 거기서 1년 365일씩 25년간 일했다. 이 시기 동안 그는 늘 그리스의 가난한 가족에게 송금했고 배고파 레스토랑 문을 두드리는 수많은 이들을 먹여 살렸다. 그리고 그 돈으로 아이들을 교육시켰다. 내 아버지를 보면서 나는 그가 베푼 나눔이 타인에게 얼마나 큰 도움이었는지를 알게 됐다. 요즘 나는 돈을 벌 때보다도 나눌 때 훨씬 더 큰 기쁨을 느낀다. 이것은 아마도 다른 자선사업가들과 아주 비슷한 체험일 것이다."

피터슨은 〈뉴스위크〉 2009. 5. 30에 기고한 '나는 왜 10억 달러를 기부했나'란 글에서도 그리스 이민자 출신 아버지가 네브래스카주 키어니에서 하루 24시간 식당을 하며 돈을 모았다고 소개했다. 그러면서 억만장자가 된 자신을 보면 아버지가 제일 기뻐할 것이라는 소회도 밝혔다.

그가 자선에 대해 진지하게 고민하게 된 것은 81세가 되던 2007년 블랙스톤그룹의 기업공개로 수십억대 부자가 되면서부터다. 그는 이때 "이제 무엇을 할 것인가"라는 자각 속에서 "은퇴해 요트를 타며 돈을 써대는 삶은 내게 맞지 않는데, 어린시절 내 영웅이었던 존 D. 록펠러와 앤드류 카네기와 같은 사람이 되는 것은 어떨까 생각해봤다"고 썼다. 그러면서 그는 동시대 자선사업가인 워런 버핏, 조지 소로스, 빌 게이츠, 마이클 블룸버그, 엘리 브로드를 떠올리며 이들이 열정과 신념을 갖고 돈을 기부하고 있는 것처럼 자신도 가치 있는 일에 돈을 쓰겠다고 결심, 마침내 10억 달러를 들여 피터피터슨재단을 만들었다.

그는 기빙플레지 편지에서 그때의 생각을 이렇게 썼다.

"내가 세운 블랙스톤그룹의 기업공개로 2007년 10억 달러를 벌

게 됐을 때, 나는 이 돈으로 무엇을 할까 곰곰이 생각했다. 결국 그 돈을 전부 투입해 피터피터슨재단을 세우기로 했다. 내 재단은 글로벌 위협이 되는 핵무기 확산 문제에 중요한 기여를 했다. 나는 오랫동안 샘 넌 Sam Nunn 전 상원의원을 알고 지냈는데 그가 이 문제에 대해 생애를 기울여 헌신한 점을 깊이 존경한다.

나는 미국의 부채 증가, 저축 부족 문제가 미국의 주권을 위협하고 건강보험 비용이 우리 경제를 파산하게 만드는 수준까지 가지 않을까 우려한다. 그래서 이 재단을 통해 이 같은 문제들에 대해 교육하고 대중적 공감을 확산시키는 일을 하고 있다.

나는 아주 운이 좋은 아메리칸드림 실현자이다. 그런 꿈이 앞으로 내 다섯 자녀는 물론 9명의 손자손녀들의 세대까지 이어지길 희망한다. 그런데 국가부채가 늘고 세금도 상상이상으로 부과되는 현실에서 나는 그들의 미래가 위협받지 않을까 우려된다. 이것은 경제 문제가 아니라 국가안보, 나아가 도덕적 이슈다. 현재의 정치적 도전이나 최소한의 공유된 희생을 수용하지 않으려는 태도로 볼 때 의심의 여지없이 내 재단의 미션은 점점 더 커지고 있다.

조지 스티글러 George Stigler 시카고대학교 교수는 '대안이 없다면 문제도 없는 것이다'라고 말한 바 있다. 나는 스스로 이렇게 자문해 본다. 앞으로 10년이나 20년 후 내가 오늘을 되돌아보며 왜 우리가 이러한 유산을 남겼을까 묻는다면, 왜 우리가 미국뿐 아니라 우리 아이들, 그리고 그 아이들의 아이들에게 이런 것을 남겼느냐고 묻는다면, 이것보다 더 나쁜 느낌이 있을 수 있을까. 우리는 더 늦기 전에 뭔가 수용가능한 대안을 찾아야 한다."

도움이 된 책과 글

- Bill Clinton, 《Giving》 (김태훈 옮김, 《기빙:우리 각자의 나눔으로 세상을 바꾸는 법》, 물푸레, 2007)
- Bill Gates Sr, 《Showing Up for Life》(Brodway Books, 2009)
- Conor O'clery, 《The Billionaire Who Wasn't: How Chuck Feeney Secretly Made and Gave Away a Fortune》 (이순영 옮김, 《아름다운 부자 척 피니》, 물푸레, 2008)
- David C. Hammack, Helmut K Anheier, 《American Foundations: Roles and Contributions》(Brookings Institution Press, 2010)
- Francie Ostrower, 《Why the Wealthy Give: The Culture of Elite Philanthropy》(Princeton University Press, 1997)
- Greg Mortenson, 《Stones into Schools: Promoting Peace with Books, not Bombs in Afganistan and Pakistan》(Penguin Books, 2010)
- Joel Fleishman, 《The Foundation: A Great American Secret》(Public Affairs, 2007)
- Mattew Bishops & Michael Green, 《Philanthrocapitalism: How Giving Can Save the World》 (안진환 옮김, 《박애자본주의》, 사월의 책, 2010)
- Ralph Nadar, 《Only the Super-Rich Can Save Us》 (강경미 옮김, 《슈퍼리치만이 우리를 구할 수 있다》, 꾸리에, 2011)
- Raymond B. Fosdick, 《The Story of the Rockefeller Foundation》(Transaction Publishers, 1988)

- Thomas J. Tierney and Joel L. Fleishman, 《Give Smart: Philanthropy That Gets Results》(Public Affairs, 2011)
- 그레그 모텐슨 · 데이비드 올리비에 렐린, 권영주 옮김, 《세 잔의 차》(이레, 2009)
- 로나 머서, 전은지 옮김, 《안젤리나 졸리의 세 가지 열정》(글담, 2008)
- 로버트 라이시, 형선호 옮김, 《슈퍼 자본주의》(김영사, 2008)
- 마이클 블룸버그, 장용성 · 윤덕노 옮김, 《월가의 황제 블룸버그 스토리》(매일경제신문사, 1999)
- 마이클 샌델, 이창신 옮김, 《정의란 무엇인가》(김영사, 2010)
- 아름다운재단, 〈기빙코리아 2010〉
- 안젤리나 졸리, 박유안 옮김, 《안젤리나 졸리의 아주 특별한 여행》(바람구두, 2007)
- 이미숙, 《존경받는 부자들》(김영사, 2004)
- 정몽준, 《나의 도전 나의 열정》(김영사, 2011)
- 정주영, 《이 땅에 태어나서: 나의 살아온 이야기》(솔, 1998)
- 조지 소로스 · 마이클 카우프만, 김정주 옮김, 《소로스: 그는 현인인가 악인인가》(베스트인코리아, 2002)
- 줄리아 몰든, 이정아 옮김, 《쉰둘 빌 게이츠처럼》(에버리치홀딩스, 2009)
- 테드 터너 · 빌 버크, 송택순 옮김, 《테드 터너 위대한 전진》(해냄, 2011)
- 티찌아노 테르짜니, 이광일 옮김, 《네 마음껏 살아라》(들녘, 2010)
- 폴 앨런, 안진환 옮김, 《아이디어맨》(자음과 모음, 2011)

- Economist
- Giving USA 2010
- Giving Pledge
- International Herald Tribune
- Financial Times
- FT Wealth
- Huffington Post
- Korea Herald

- Los Angeles Times

- Newsweek

- New York Review of Books

- New York Times

- NYT Magazine

- PBS, 'Charlie Rose Show'

- Vanity Fair

- Wall Street Journal

- 문화일보

- 조선일보

- 매일경제

찾아
보기